HISTORIA ÍNTIMA
DE LA
REVOLUCIÓN CUBANA

COLECCIÓN CUBA Y SUS JUECES

EDICIONES UNIVERSAL, Miami, Florida, 1997

ANGEL PÉREZ-VIDAL

Para la amiga Kaleena con afecto sincero la Historia de la Revolución cubana Traicionada sinceramente Angel Perez Vdd 6/13/33

HISTORIA ÍNTIMA
DE LA
REVOLUCIÓN CUBANA

_____

Primera edición, 1997

EDICIONES UNIVERSAL
P.O. Box 450353 (Shenandoah Station)
Miami, FL 33245-0353. USA
Tel: (305) 642-3234   Fax: (305) 642-7978

Library of Congress Catalog Card No.: 97-60682
I.S.B.N.: 0-89729-840-3

Composición y revisión de textos: Manuel Matías
Diseño de la cubierta: Alma Pérez-Vidal

DEDICATORIA:

A todos los cubanos que durante más de treinta y ocho años han sufrido la terrible tragedia de vivir bajo el terror comunista. A todos los que han regado con su sangre, en generoso ofrecimiento, la sufrida tierra cubana. A los que han atravesado la terrible experiencia de las prisiones comunistas. A más de un millón de niños, mujeres y hombres que hemos sido lanzados a las playas del exilio. A todos ellos, dedico con inalterable fe en la libertad que alcanzaremos, estas páginas, producto de mis experiencias y recuerdos. ¡A Cuba volveremos!

El autor.

To my beloved wife Alma, for her understanding, support and ever present love, especially during the most hard and difficult times of my life.

Angel

ÍNDICE

Dedicatoria 5

Reconocimiento 7

Prólogo 11

Capítulo I
    Recuento 19

Capítulo II
    Gestando al líder traidor 33

Capítulo III
    El nuevo inquilino del Palacio Presidencial: Dr. Manuel Urrutia 169

Capítulo IV
    Desde el Palacio Presidencial hasta la etapa final de la Revolución Cubana . 199

Epílogo 251

PRÓLOGO

El día 18 de enero de 1963, después de cuatro años y dieciocho días bajo el régimen de Castro, logramos salir de Cuba en uno de los aviones de la Cruz Roja Norteamericana, la cual en aquellos momentos se encontraba realizando viajes a Cuba llevando alimentos y medicinas en pago por el rescate de los prisioneros de la fracasada invasión en la Bahía de Cochinos. Precisamente ese avión sería el último que saldría de La Habana, trayendo de regreso a los ciudadanos norteamericanos que aún permanecían en la Isla. Durante ese período de los viajes de la Cruz Roja Norteamericana, entregando mercancías de rescate y repatriando a los norteamericanos, le habían señalado la salida a mi esposa en varias ocasiones, por motivo de ser ella nativa de la ciudad de Nueva York y, por tanto, norteamericana.

La Embajada Suiza en la ciudad de La Habana, representaba los intereses de los Estados Unidos de Norteamérica. Cuando dicha Embajada fue notificada oficialmente que el avión de la Cruz Roja que llegaría en pocos días sería el último, uno de los vice-cónsules de la misma se comunicó con mi esposa, advirtiéndole que ésa sería la última oportunidad de repatriación que se presentaría posiblemente en mucho tiempo, toda vez que las operaciones de la Cruz Roja de entrega de mercancía de rescate terminarían con ese vuelo. Mi esposa le expuso al funcionario el mismo argumento que anteriormente les había notificado, es decir, que si la Embajada Suiza no podía colaborar para ayudar a que yo fuera introducido en el mismo avión, ella no estaba dispuesta a regresar a los Estados Unidos si yo no podía acompañarla.

El día antes de la salida del avión, recibimos una llamada telefónica de la Embajada Suiza, informándole a mi señora que visitara esas oficinas esa misma tarde. Cuando nos dirigimos al moderno edificio que pertenecía al gobierno norteamericano y desde el cual los diplomáticos suizos se encargaban de los asuntos de esa nación, una turba vociferante y agresiva rodeaba todo el edificio que ocupaba la sede diplomática. Al aproximarse el auto de alquiler en el cual viajábamos, la turba trató de volcar el vehículo. El chofer con muchísima razón, se aterrorizó y dio un fuerte viraje, trayéndonos de nuevo al lugar en que estábamos residiendo, que era un pequeño apartamento que la llamada Reforma Urbana le había dado a mi padre en la barriada del Vedado cuando lo obligaron a dejar su residencia en lo que había sido el Club Naútico de Marianao. Nosotros ya hacía tiempo que no teníamos casa ni propiedades. Mi padre nos daba albergue, compartiendo lo que era su pequeño apartamento.

Al regresar a la casa, mi esposa se comunicó con un vice cónsul de la Embajada Suiza, de apellido Dullón, el cual le dijo que él nos esperaría en la entrada de la Embajada por la puerta principal, indicándonos que regresáramos inmediatamente, pues incluso el Embajador había presentado una protesta ante el gobierno cubano por los hechos violentos que estaban ocurriendo.

De nuevo regresamos a los predios diplomáticos. En efecto, el vice cónsul Dullón nos esperaba frente a la entrada de lo que había sido la Embajada de los Estados Unidos de Norteamérica. Después de conversar con nosotros, nos informó que había una oportunidad de que pudiéramos viajar en el avión de la Cruz Roja que saldría de La Habana al siguiente día. Le informamos que estábamos listos para partir en cualquier momento, sin importarnos los riesgos que tuviéramos que tomar y asumiendo toda la responsabilidad y culpa de la acción. En definitiva, al siguiente día desde horas muy tempranas, pudimos llegar al aeropuerto José Martí y, horas más tarde, ser introducidos en el avión que partiría rumbo a la ciudad de Miami cuando los trámites de todos los norteamericanos que regresaban repatriados fueran resueltos y la salida aprobada.

Durante el corto viaje de La Habana a Miami, recorrí en mi memoria los últimos tres años de mi vida, desde que un día fuimos despojados de todas nuestras pertenencias, incluyendo mis libros, los muebles, el automóvil y la cuenta bancaria, y nos refugiamos en el pequeño apartamento de mi padre que hemos mencionado, en la barriada del Vedado, en la Calle 21 entre las avenidas F y G. Ese había sido el apartamento que le asignaron a mi padre, después de, como dije, haberlo desalojado de la vivienda que tenía en el reparto residencial del Club Náutico de Marianao. En diferentes ocasiones, en forma periódica, se aparecían en el lugar donde residía un par de agentes de la llamada Seguridad del Estado, pidiéndome que los acompañara hasta las oficinas del G-2 castrista, localizado en la Quinta Avenida y la calle 14 en Marianao.

En esa dependencia me sometían a largos interrogatorios, que a veces duraban horas y hasta días. Ni siquiera se molestaban en informarme las razones de este tipo de detenciones. Los interrogadores, que se turnaban por horas, me hacían toda clase de preguntas, desde las que las más estúpidas hasta las más ofensivas y vejaminosas. En una de esas ocasiones me dijeron que alguien me acusaba de haber participado en el atentado a la vida del Jefe de Milicias del pueblo El Cano, situado en las inmediaciones de la ciudad de La Habana. Me confrontaban con el que me acusaba, un joven de unos 18 ó 20 años, que aceptaba su participación en el acto, pero siguiendo mis instrucciones expresas y la garantía de que lo llevaríamos para los Estados Unidos, diciendo que yo trabajaba para una agencia del gobierno norteamericano y que mi señora era de esa nacionalidad. Ese joven, conocido con el nombre de "Camagüey", al menos para mí, al parecer era la persona escogida por la seguridad para lograr una "culpabilidad" de mi parte, la cual no existía en lo absoluto. A los pocos días, después de un rígido interrogatorio, sin saber cómo ni cuándo, me dejaron en libertad sin ninguna explicación. Simplemente me dijeron que me fuera. Así vivimos muchos cubanos, especialmente los que habíamos sido fundadores o miembros del Movimiento 26 de Julio y habíamos arriesgado la vida por poner a Castro en el poder. En el mes de octubre de 1962, sobre las siete de la noche, observé que la cuadra donde estaba situado el apartamento de mi padre, había sido totalmente ocupada por agentes del Ministerio del Interior y los cuerpos de Seguridad del Estado. En aquel momento no pensé que dicha muestra de fuerza tuviera que ver conmigo, pues generalmente un par de agentes eran los que regularmente me venían a buscar. Un automóvil negro se paró frente a nuestro apartamento. Pude observar que un hombre joven, vestido de completo uniforme militar salía bien custodiado del mismo, acercándose al lugar en que vivíamos nosotros. Inmediatamente reconocí a aquel militar, que fungía de jefe de los que le rodeaban. Se trataba del comandante Figueredo, conocido como el "Chino" Figueredo. Nosotros conocíamos a Figueredo desde algunos años atrás. Nuestra amistad fue sólidamente cimentada por varios motivos, entre ellos que en una ocasión casi pierdo mi vida, o al menos la puse en peligro, por salvarle la de él. Era en tiempos pasados, en los cuales simplemente luchábamos por la libertad, la paz y la felicidad para Cuba.

El comandante Figueredo tenía ya un triste historial de crímenes que podía competir con los más peligrosos delincuentes. Habiendo sido miembro del Directorio Revolucionario, aceptó ser enviado a Rusia desde los primeros meses de la revolución, a una de esa famosas escuelas de formación de "cuadros" represivos y de inteligencia. Después de un saludo afable, me pidió que le dijera a mi esposa y a mi padre, que fueran a casa de algún familiar o vecino, pues él quería hablarme en completa intimidad. Incluso le ordenó a sus propios guardaespaldas que junto a él habían penetrado en el apartamento, que esperaran afuera en el pequeño portal. Comenzó entonces su perorata con una larga y detallada explicación del problema del gobierno cubano revolucionario y de la necesidad de que todos los que habíamos luchado por lograr derribar la dictadura de Batista, nos mantuviéramos unidos. Me mencionó las actividades mías que ellos consideraban "negativas" y que "me señalaban". Finalmente, después de más de una hora de lo que él llamó "diálogo" y que no era más que un simple monólogo, me informó que "el caso mío" había sido discutido ampliamente y que, a pesar de mis errores, —sobre todo mi actitud en el proceso de destitución del Presidente Urrutia—, el Movimiento 26 de Julio quería que los que como yo habíamos sido de los fundadores, volviéramos a responzabili- zarnos con las labores fundamentales del gobierno revolucionario. Nos informó que estaban comenzando A TENER DIFICULTADES CON LOS ANTIGUOS JERARCAS DEL VIEJO PARTIDO COMUNISTA, y que Fidel quería asegurar que el poder siempre estuviera en manos de los miembros del 26 de Julio. Entre los altos dirigentes del Gobierno se había decidido realizar varios cambios en las altas esferas del gobierno y que, finalmente, Fidel había aprobado que yo fuera designado Ministro de Educación, porque se pensaba que Armando Hart ocuparía otra importante posición en los mandos gubernamentales. Aunque Hart se mantuvo de

Ministro treinta años más, nunca estuvo tan cerca de ser sustituído. El comandante Figueredo me dijo que no tenía que preocuparme de vivienda ni de transporte, pues una vez que aceptara la posición de Ministro de Educación, "me diera una vuelta por la Quinta Avenida de Miramar y escogiera la residencia que estimara conveniente y que inmediatamente me se proporcionaría un automóvil y un chofer".

Si nunca hubiera tenido la extraordinaria fe que poseo en Dios, ese día me habría convertido en el más fiel de sus discípulos. En forma silenciosa, noté que me comunicaba con Él, pidiéndole ayuda y amparo. Pensé en mi señora que sin ser cubana estaba sufriendo todas las penalidades por mis ideales y mi actitud... Pero no podía por ninguna razón ni fuerza, aceptar lo que se me proponía. Creo que estuve en silencio algunos minutos, hasta que el mismo comandante Figueredo me sacó de mi mutismo. Serenamente le expliqué que no podía aceptar esa posición ni ninguna otra en aquel gobierno. Que yo había solicitado permiso de salida del país para, junto a mi sacrificada esposa, comenzar una nueva vida en la ciudad de Nueva York. Tengo que admitir que el comandante Figueredo, pareció mostrar alguna comprensión hacia mi situación. Pero de todos modos, y en un tono muy frío y muy firme, me advirtió que la oportunidad que me daban era tal vez la última que tendría, y que mi actitud podría representar un serio problema en mi futuro inmediato. Conversamos por una hora más aproximadamente sin que yo cambiara mi decisión. Figueredo se marchó con su escolta, y yo me quedé allí pensando en las amenzas implícitas en sus palabras. Creo que Figueredo se alejó pensando que en unas horas o tal vez en unos pocos días me estaría comunicando con él.

Esa fue la última vez que vi o supe del famoso comandante Figueredo. Como en una novela de Koestler, años después, y residiendo ya en Estados Unidos, un antiguo compañero me informó que el "Chino" Figueredo había sido eliminado del gobierno y que finalmente había muerto en forma misteriosa y desconocida. Así paga el diablo a los que bien le sirven. El comandante Figueredo aumentó la larga lista de víctimas de la barbarie fidelista.

...De pronto volví a la realidad, el avión comenzaba a aterrizar. Llegábamos a la ciudad de Miami. Atrás quedaban la patria, los seres queridos, una vida, mil esperanzas frustradas... Atrás dejábamos todo lo que de veras habíamos amado apasionadamente. Era nuestra personal historia, eran nuestros recuerdos, nuestros amigos, las calles en que andábamos desde niños, nuestros sueños y esperanzas, lo que de veras representa y tiene significado el abandonar el suelo en que habíamos nacido, sin querernos ir, obligados por las circunstancias más allá de lo que en aquellos momentos eran nuestros deseos de permanencia. Era la misma tragedia de otros miles que nos antecedieron y de otros miles, y más miles, hasta sobrepasar la cifra de un millón, que vendrían al exilio, a residir a tierras extrañas, que aunque generosas, eran ajenas.

Cuando salimos del avión mi esposa y yo, nos estaba esperando un antiguo compañero de luchas revolucionarias: Joaquín Sanjenís, el cual nunca nos imaginamos que íbamos a ver nuevamente. Estaba acompañado por otros dos señores que no conocíamos. Nos ayudaron a pasar por el prceso de la inmigración, aligerando todos los trámites e informándonos que deseaban hablar conmigo en privado.

En forma atenta y cordial, nos llevaron a un antiguo hotel localizado en la zona comercial de la ciudad de Miami: el Hotel Tamiami, hoy demolido para darle paso el progreso de esta florecida urbe. Después de dejar a mi esposa en el hotel, regresamos al automóvil, el cual se dirigió a un motel, en lo que a mí me pareció eran las afueras de la ciudad, aunque mis conocimientos de la misma eran muy limitados.

Después de breves frases de bienvenida y saludos, uno de esos señores me expresó que deseaba que yo me incorporara a trabajar con ellos en el problema cubano. Le solicité la identificación de la agencia de empleo o institución a la cual ellos pertenecían y simplemente me informaron que estaban relacionados con el gobierno norteamericano. Cuando inquirimos qué tipo de trabajo esperaban que yo realizara, me informaron que primeramente podíamos colaborar revisando los expedientes de los que trataban de llegar al territorio norteamericano, así como otros muchos que ya habían entrado en el país. Después que revisara los expedientes le informaría a ellos si yo creía que algunos de estas personas pudieran estar vinculadas al gobierno cubano y fueran por tanto infiltrados comunistas.

Realmente, han pasado más de tres décadas y aún recuerdo el vuelco que sentí en el estómago y el mal sabor que me vino a la boca. A mi mente acudieron los días de La Habana en que estábamos a expensas de cualquier individuo perteneciente a los llamados "Comités de Defensa de la Revolución", que precisamente se dedicaban a ese tipo de tarea y que en Cuba eran conocidos como "chivatos".

Supongo que debo haber contestado algo bastante fuerte sobre la proposición que me hacían, pues el que había sido compañero mío de luchas revolucionarias, y que incluso estuvo a punto de jugarse la vida compartiendo una expedición en la cual los dos estábamos fuertemente comprometidos —más adelante en el libro aparecerá la historia—, poniéndome una de sus manos en el hombro me dijo que esa era también una manera de luchar por la libertad de Cuba. Finalmente, uno de esos señores, queriendo aparentar que comprendía la situación que confrontaba, en forma irrespetuosamente paternal, me dijo que entendía mi situación, pero que probablemente yo estaba en estado de elevada tensión; que tal vez había sido un error el abordarme tan de repente y tratar el tema y que o mejor sería que junto a mi esposa estuviéramos un par de meses orientándonos y más tarde, de nuevo nos reuniríamos para conversar sobre la mejor manera de desarrollar un trabajo conjunto. Diciendo estas palabras, me introdujo en el bolsillo de la camisa un rollo de dólares, invitándome a que descansara y me distrajera un poco, agregando que en otra ocasión hablaríamos con más tiempo.

Creo que aún me molesta el pensar cómo era posible que existieran tantas personas que entendieran el drama de Cuba y lo redujeran a pesos y centavos —de dólares en este caso—. Recuerdo que lo único que hice fue sacarme el dinero del bolsillo de la camisa y, dejándolo caer al piso, le pedí a Joaquín Sanjenís que me llevara de regreso al hotel en que pocas horas antes había dejado a mi esposa.

Al siguiente día, en las primeras horas de la mañana, nos presentamos en las oficinas del Refugio Católico, que estaban localizadas en la famosa "Torre de la Libertad", y solicitamos que nos proporcionaran dos pasajes para la ciudad de Nueva York, toda vez que no habíamos querido comunicarnos con la familia de mi esposa para notificarle nuestra salida de Cuba, por temor a que algo saliera contrario a lo que deseábamos. Además, eso era nuestro problema personal. En esas oficinas nos facilitaron dos pasajes de avión y nos entregaron la cantidad de diez dólares. Al llegar al aeropuerto nos dirigimos en ómnibus y tren subterráneo a la ciudad, al apartamento de un amigo nuestro, el cual nos proporcionó algún dinero para alquilar una habitación amueblada —los llamados "furnished rooms"—, y comenzar la nueva etapa de vida que se nos presentaba.

Para mí, como para otros miles de cubanos, el sueño de una patria libre y soberana se perdía en la distancia. como nuestros y sacrificios; todo aquel constante bregar en busca de un futuro mejor para los cubanos. A Cuba, una nación pequeña de hombres y mujeres valientes y trabajadores, la habíamos dejado atrás en pena y sufrimiento, sin saber cómo ni cuándo la volveríamos a ver. Pero en todo ese cuadro de dolor, en lo más profundo del corazón sabíamos lo que todo cubano patriota sabe: ¡que volveremos!

Creo que ésta es la primera vez que relato estos detalles de nuestra llegada a Norteamérica, conocidos únicamente por los más íntimos amigos que nos alentaron en aquellos días difíciles. El rumbo que llevó mi vida, fue similar al de otros muchos cubanos: luchar duramente y, después de realizar los más humildes trabajos: desde lavar platos y pisos hasta recoger tomates en los campos, volver a los estudios buscando un porvenir mejor.

Tras muchos años sacrificios, y gracias a los inmensos esfuerzos y privaciones míos y de mi esposa, pude lograr graduarme de doctor en psicología clínica y obtener la posición que actualmente poseo de Profesor del Departamento de Psiquiatría de la Universidad de Miami. A ella le dedico ese título. Y espero que algún día todos los conocimientos adquiridos pueda utilizarlos en una Cuba libre y soberana. ¡Estoy seguro que así será! El futuro nos debe una victoria ¡y la conquistaremos!

Lo que muy pocos conocieron, fue la manera que pude conservar algunas cartas de Fidel Castro, junto a otras de personas que participaron en el período organizativo de la revolución cubana. Igualmente conservo muchos otros documentos que aparecen en el presente libro, y que creo que representan algo importante en la historia contemporánea de Cuba.

Siempre he tenido la costumbre de escribir notas sobre todos los acontecimientos en los cuales he participado, o que han tenido significado en mi vida. Estas notas, junto a los documentos que aparecen en el presente libro, fueron enviadas por correo, desde los primeros días del triunfo revolucionario, a los miembros de la familia de mi esposa, para que fueran guardados para un futuro que comprendía que se aproximaba en forma trágica. Precisamente, esas notas, las se refieren a la vida en el Palacio Presidencial, fueron escritas en la máquina portátil, que desde el exilio, había llevado a Cuba como una de mis pocas propiedades. Esa misma maquinita de escribir, sería la que serviría para redactar la renuncia del Presidente de la República Dr. Manuel Urrutia; la que reflejó tantos de mis sueños y pesares; la que sirvió para llenar tantas y tantas páginas de la historia de mi propia vida y experiencia. Esa vieja máquina de escribir, hermana de mis confidencias, quedó en Cuba, como todas nuestras demás posesiones.

Pocos meses después de mi llegada a Nueva York, un buen amigo, el periodista Paco Pérez Fernández, me insistió para que escribiera, basado en mis propias experiencias, un libro de la revolución cubana, es decir, sobre mi involucración desde sus comienzos hasta lo que yo interpreto como etapa final. En realidad era lo mejor que podía hacer, no solamente por el hecho de que estaría así ocupado en algo importante para mi vida en el aspecto personal e intelectual, sino por la realidad de que al transcribir al papel mis recuerdos y experiencias, este libro quedara como un documento histórico para el futuro de Cuba. De ahí surgieron estas páginas...

Había acordado con Paco Pérez que yo escribiría la parte correspondiente a mi participación en el proceso de la revolución y él que agregaría la correspondiente a sus actividades, tanto en Cuba como en el exilio, en relación a su participación en los acontecimientos revolucionarios organizados por el Directorio Revolucionario, del cual él había sido uno de sus miembros fundadores, desde los días en que se organizaba el ataque al Palacio Presidencial en la ciudad de La Habana. Fueron infinidad de páginas las que ambos escribimos. Los años pasaron y el sueño del libro quedó rezagado.

Algunos años más tarde, el buen amigo y compañero Paco Pérez fue a residir a Puerto Rico, vinculándose como periodista al rotativo "El Mundo". Uno de los tantos días encontró la muerte en forma violenta, cuando fue asesinado en la misma capital de Puerto Rico.

Dios quiera que el libro que ahora les presento contribuya a esclarecer y conocer mejor cómo se organizó, se constituyó y, trágicamente se ayudó a triunfar esa gran revolución que se convirtió en el monstruo que ahora oprime, tortura y mata a todo un pueblo en lo que considero es etapa final de la verdadera revolución cubana. A los historiadores, a los curiosos del tema, a los cubanos deseosos de aprender de su historia, y a usted, querido lector, les dejo la última palabra; el juicio postrero de esta obra, y de lo que ella relata con mi palabra sencilla pero veraz...

Capítulo I

Recuento

Año mil novecientos cincuenta y dos. La República de Cuba marchaba a un ritmo constitucional democrático y ascendente. Ya vencidas reiteradas etapas de violencia, los cubanos usaban y abusaban de todas las libertades. La prensa, la radio, la televisión, presentaban día y noche mil noticias y comentarios, sobre todo relacionado con las próximas elecciones generales, señaladas para el primero de junio de 1952, y a las que concurrirían tres candidatos a Presidentes y varios a Senadores y Representantes.

Candidatos a la presidencia de la República lo eran el ingeniero Carlos Hevia, el Dr. Roberto Agramonte y el "general" Fulgencio Batista.

Los debates, las informaciones llegaban a las esquinas de todas las calles de la nación, los caminos y guardarrayas de nuestros campos del Cabo de San Antonio, en la Provincia de Pinar del Río, hasta la Punta de Maisí en la Provincia de Oriente, a donde la radio llevaba el contagio de la agitación política; los cafés, fábricas y demás centros de trabajo; los ómnibus; cines, teatros, escuelas, Institutos Academias y Universidades —principalmente la de La Habana—, constituían centros y medios de manifestaciones de la libre expresión y pensamiento que reinaban en el país. Pero muy pocos de esos debates y expresiones eran buenos o positivos para alguien o para algo.

Había una carrera desenfrenada hacia el dislocamiento estatal y ciudadano. No había comunismo, pero ya se sembraba inconscientemente la semilla. Esta semilla del mal estaba —a mi modo de ver— representaba en gran parte el Partido Ortodoxo, nido de demagogia, por la forma y manera de conducir sus actuaciones. Luego vendría su fruto: Batista, y más tarde sus rojas espinas: Fidel Castro.

El gobierno, presidido por el Dr. Carlos Prío Socarrás, dejaba decir y hacer, respetando como jamás en Cuba, y acaso en el resto del mundo se habían respetado, la libertad individual, de pensamiento, de acción y de omisión; ¡de todo! Seguía en eso el Gobierno, y en otras muchas cosas por el estilo, los pasos del anterior gobierno denominado de la "Revolución Auténtica", que encarnó el Dr. Ramón Grau San Martín.

Por primera vez en la historia de la Patria, habían transcurrido ocho años consecutivos de gobiernos, sin un sólo preso político; sin un exiliado político; sin un asesinato ordenado por los mandatarios de la nación.

Solamente faltaba erradicar completo de la vida pública, el vicio del peculado, para que Cuba fuera la Patria que soñó José Martí "con todos y para el bien de todos". Sin embargo, hablando honestamente, ya no se hacía tan mal uso de los dineros y las posiciones del gobierno como en años anteriores. Muchas habían sido las leyes y los organismos creados, al amparo y complementarios de la Constitución de 1940, para frenar y terminar con los ladrones de la administración pública.

El Dr. Carlos Prío Socarrás quiso ser el personero del último gobierno que hiciera, en parte, un mal uso de los fondos públicos. La honestidad sería en lo adelante piedra filosofal del complejo engranaje de toda la nación, empezando por las alcaldías y terminando en el mismo Palacio Presidencial. El Tribunal de Cuentas y el Banco Nacional, entre otras muchas leyes, eran buena prueba de ello.

También el fraude electoral estaba en agonía. En las elecciones anteriores a las señaladas para el año 1952, el hermano del Presidente Prío, Antonio Prío, había aspirado a la alcaldía de la ciudad de La Habana, y fue derrotado por el más popular Nicolás Castellanos, que ya había ocupado antes esa posición.

El hermano del Primer Ministro, Dr. Antonio de Varona, que fue también Presidente del Senado de la República, aspiró por la ciudad de Camagüey a la alcaldía, e igualmente fue vencido; reveses que el Gobierno aceptó sin represalias. La derrota del hermano del señor Presidente, es decir, un candidato de los partidos políticos del gobierno, era cosa única y constituía a la vez síntoma evidente de dos hechos muy raros.

El primero que se respetaba la voluntad del pueblo emitida en las urnas, y el segundo, que el electorado no quería un alcalde de La Habana cuya ejecutoria pudiera parecerse a la de un Ministro de Hacienda (representado por el propio Antonio Prío), que dejó bastante bueno que desear como administrador probo.

Resultó electo, pues, alcalde de la ciudad de La Habana Nicolás Castellanos, que tampoco fuera antes ni después un modelo diferente de política, en lo relativo al manejo de los fondos del municipio, pero por lo menos hacía las cosas con más recato, aunque de sobra eran conocidos sus manejos como auto-administrador de la alcaldía, que había regido como coto privado. Sin embargo, hay que admitir que Castellanos fue bastante constructivo.

Durante la vida pública cubana, había florecido un tipo de depedrador del tesoro Público con ínfulas de apolítico y de honrado. Ese era el "*suministrador*" de cualquier dependencia oficial. El suministrador a veces no suministraba nada; otras veces sólo la mitad o la tercera parte de lo que aparecía en los papeles y era casi siempre de peor calidad que la requerida. Era algo similar a lo que hacían algunos contratistas, que refrendaban obras públicas que nunca llegaron a realizarse, como sucedió con la famosa "Biblioteca del Parque Trillo" en la ciudad de La Habana, que nunca se edificó y que más tarde hicieron una nueva asignación de fondos para destruirla por no adaptarse a las regulaciones municipales. De las obras que llegaban a realizarse, muchas dejaban bastante que desear y un buen margen para el contratista, que lo compartía con el funcionario, pariente, amigo o "influyente" que lo patrocinaba. Sin embargo, todos estos señores "suministradores" y "contratistas" estaban generalmente en las páginas sociales como ejemplo de honradez en sus méritos por haber alcanzado elevadas posiciones económicas. Como si solamente los políticos fueran los ladrones del erario público. Esos otros delincuentes con traje de "persona decente", generalmente presumían de apolíticos y cuando más en algunas ocasiones aceptaban "sacrificarse" aspirando a Senador o Representante, cuando en realidad lo hacían únicamente para proteger sus bastardos intereses económicos.

A pesar ello, el cuadro político que se contemplaba, materialmente, balanceando los pro y los contra, eran los más placenteros en cincuenta años de república. Había libertad ¡y eso era bastante!

Pero la propaganda resultaba mordaz, cruel, despiadada, para el Gobierno y sus instituciones y sus hombres. El Partido Ortodoxo, uno de los partidos políticos contrarios al gobierno, tal vez sin saberlo, representaba el papel de una gran incubadora de comunismo, socavándolo todo. Sembraba el odio, el desconcierto, la irrespetuosidad, con el alarido diario del locutor José Pardo Llada y los desplantes del resto de sus partidarios, desde los más encumbrados hasta los más humildes.

Haciendo un pequeño recuento histórico de la política cubana observamos que con el transcurso de los años, el Partido Auténtico, como era conocido el Partido Revolucionario Cubano, había la Presidencia de la República en la persona del Dr. Ramón Grau San Martín en 1944.

Los problemas comenzaron a multiplicarse en las esferas gubernamentales y los pecados de gobiernos anteriores comenzaron a destacarse. Se acusaba abiertamente los desafueros de figuras del Gobierno en relación directa con lo que llamaban "figuras del Tercer Piso del Palacio Presidencial" con algunos Ministros y otros funcionarios de la Administración. Como resultado de esa dura y constante crítica, muy justificada por el pueblo y muy aprovechada por algunos líderes políticos y medios de prensa escrita y radial, el descontento se profundizó en las filas auténticas, Uno de los líderes, jefe político del autenticismo en la Provincia de Oriente, y Senador de la República que gozaba de gran prestigio, reconocido como hombre honorable y luchador incansable, el Dr. Emilio Ochoa, comenzó a expresar su descontento por los acontecimientos negativos que el gobierno del Presidente Grau San Martín representaba.

Había otro líder que el pueblo seguía fanáticamente, por su oratoria fogosa, que semanalmente hacía escuchar su voz por los micrófonos de la radioemisora CMQ, y quien también comenzaba a denunciar los manejos de los fondos públicos: Eduardo R. Chibás. Aunque en realidad la contribución de Chibás a la formación del gobierno había sido siempre limitada, y se comentaba que como Representante a la Cámara primero, y más tarde como Senador, nunca había presentado un proyecto de ley. Pero en cambio había asumido una posición simbólica de "fiscal del pueblo". Sus denuncias eran muchas veces infundadas, o mal informadas; pero en otras tantas ocasiones reflejaban la realidad nacional. Esas filípicas hacían eco en la conciencia ciudadana. El pueblo entusiasmado ante la oratoria combatiente de Chibás comenzaba a reclamar con más fuerza cambios inmediatos.

La realidad de la situación era que se esperaba que en un relativo corto tiempo, la Presidencia del Dr. Grau San Martín terminaría y el Senador Chibás o el Senador Ochoa pudieran convertirse en el futuro Presidente de la República. Desde luego, lo que aparentemente no evaluaron fue la capacidad del Dr. Grau San Martín para maniobrar y, sobre todo, que era un hombre que no olvidaba agravios con facilidad.

Comenzó a destacarse en aquellos tiempos la figura de Carlos Prío Socarrás, señalándolo el pueblo como el "heredero" de la continuidad auténtica. El Dr. Prío Socarrás tenía en su haber méritos sobrados para aspirar a la Presidencia de Cuba. Como Ministro del Trabajo había logrado erradicar por completo el absoluto control que el Partido Comunista había ejercido en los centros obreros, adueñándose de estaciones de radio y periódicos gracias a la íntima amistad y colaboración que ese partido había brindado en todas las ocasiones al llamado "general" Batista y que éste, inclusive, había llevado a algunos de su Gobierno como Ministros en el Gabinete Presidencial. Buena prueba de ello, es el caso del Dr. Carlos Rafael Rodríguez, que era Ministro en el gabinete de Fulgencio Batista y hoy es uno de los principales dirigentes de la tiranía de Fidel Castro si no ha muerto.

Pero, según parecía, para Eduardo Chibás nada de esta historia extremadamente positiva del Dr. Prío tenía importancia. Para Chibás lo único importante consistía en su diaria diatriba por radio y por cuanto medio pudiera propagar sus ideas.

Cuando ya se había hecho prácticamente realidad que sería Prío Socarrás el escogido por el Partido Auténtico para aspirar a la Presidencia de la República, numerosas figuras prominentes del autenticismo comenzaron a agitarse y las reuniones se efectuaban casi a diario. El Dr. Emilio Ochoa decidió poner todo su prestigio político y personal en la formación de una nueva organización política con la "élite de los mejores elementos del autenticismo" y los principios éticos y morales que había hecho posible la "jornada gloriosa del Primero de Junio", como se referían todos ellos al día del triunfo electoral del Partido Revolucionario Cubano.

La realidad que se contempló en forma alarmante por algunos lo constituye el hecho de que fueron a formar filas en el Partido Ortodoxo muchos viejos comunistas que se llamaban a sí mismos "claudicantes" del Partido Comunista, utilizando realmente la Ortodoxia como vehículo útil a sus fines destructivos de la nacionalidad y la democracia cubanas. Al triunfo del castrismo enseñaron sus verdaderos colores, al regresar al seno del movimiento comunista.

En aquellas elecciones generales del año 1948, resultó electo Presidente de la República el Dr. Carlos Prío Socarrás, por una amplia mayoría de votos emitidos libremente por el cueblo cubano.

De nuevo se convocaba a la nación en medio de un amplio clima de paz, prosperidad y verdadera democracia, que daría lugar al término presidencial del Dr. Prío, con el magnífico ejemplo de una sociedad libre, sin exiliados ni presos políticos, para elegir a los futuros mandatarios de la República en todos los niveles, incluyendo al presidente, senadores, representantes, alcaldes municipales y otros muchos cargos que el pueblo cubano escogería con completa y absoluta libertad.

En las elecciones generales que se avecinaban, el ingeniero Carlos Hevia era el candidato a la Presidencia de la República, por un período de cuatro años, por los auténticos. El ingeniero Hevia, persona de reconocida honestidad, sencillo y talentoso, descendiente de un coronel de la Guerra de Independencia, ocupó durante breves horas la Presidencia de la República, sustituyendo a Grau en el año 1934, en la época en que, por medio de un golpe de estado, se hizo dueño del gobierno, un fatídico 4 de septiembre de 1933, el entonces sargento Fulgencio Batista y Zaldívar.

El Dr. Roberto Agramonte, Profesor de la Universidad de La Habana, ostentaba la postulación para presidente de Cuba por el Partido Ortodoxo, el cual había sido miembro de la Asamblea Constituyente de 1940, al igual que Representante a la Cámara y Senador de la República. Si en el pasado el Dr. Prío había sido mencionado como el "heredero legítimo" para la continuación del gobierno Auténtico, el Dr. Agramonte también era considerado como el "heredero legítimo de Eduardo Chibás.

El Dr. Agramonte, hombre de letras, honrado, descendiente de preclaros patriotas, pese a la historia de su Partido Ortodoxo como semilla de discordia, era parco en el decir y digno en el actuar.

Tanto Hevia como Agramonte hubieran sido presidentes distintos: sin ínfulas de grandes líderes, ni peligros dictatoriales y muchos menos dilapidadores del tesoro público. Agramonte y Hevia mesurados, responsables, doctos, honestos, de estirpe mambisa, quizás no tan bien rodeados ni asistidos por quienes más convenían al pueblo cubano, hubieran servido, sin embargo, con entera pulcritud; y eso hubiera sido suficiente, sobretodo habiendo libertad.

Pero Fulgencio Batista subvertió los papeles.

El llamado "general" Batista sería entonces Senador de la República. Y traicionó a la Patria, su ritmo constitucional y democrático, lo mismo como sargento del ejército el 4 de septiembre de 1933, que como Senador de la República el 10 de marzo de 1952.

Traicionó también muy especialmente la confianza del Presidente Carlos Prío, que violando preceptos constitucionales, permitió la toma de posesión de Batista como Senador de la República, aún estando en el extranjero durante todo el proceso electoral. Porque Batista (el "Hombre"), no había querido regresar a Cuba durante el Gobierno del Grau, temeroso de la justicia popular que podía cobrarle viejas cuentas. Ahora también aspiraba a Presidente en las nuevas elecciones generales del primero de junio de 1952. Y dio un nuevo golpe de estado el 10 de maarzo del mismo año, a ochenta y un días de la fecha fijada para celebrar tales elecciones.

¿Por qué Batista, el sargento, el coronel, el "general", quebró el ritmo constitucional y democrático de Cuba...?

Sencillamente —y nadie podrá negarlo—. porque sabía de sobra que no resultaría electo presidente por el voto popular, ¡ni entonces ni nunca! Su Partido era el más pequeño, el más débil; su figura era la más borrosa; tenía enemigos irreconciliables y bien ganados. Era... ¡la vuelta al pasado que nadie quería revivir! Batista fue el gran culpable, pero otros muchos nacionales y extranjeros, cargan con no poca parte de la inmensa responsabilidad de su cobarde traición.

La actitud del propio Presidente Prío ha sido señalada como poco fuerte en aquellos momentos. Unicamente el coronel del ejército Martín Elena, entonces Jefe Militar de la provincia de Matanzas, fue vertical para oponerse al golpe de estado. Ha sido tomado en cuenta el rumor que circuló semanas antes del 10 de marzo, de que el Presidente Prío había renunciado a su alto cargo, dando lugar a protestas y hasta editoriales en periódicos inclusive de la peor oposición al Gobierno, como el del periódico "Alerta", que dirigía Ramón Vasconcelos, pidiéndole que no hiciera tal cosa "para no romper el ritmo constitucional". Sin embargo, ya después de roto ese ritmo, el político y periodista Vasconcelos volvió a unirse al carro de Batista por segunda vez en su vida, con lo que fue demostrado el gran error cometido por Eduardo Chibás al abrirle las puertas de su partido, la Ortodoxia, a Vasconcelos. El ex-machadista y batistiano de siempre.

No ha sido menos conocido el particular de que el Dr. Eufemio Fernández, que fuera Jefe de la Policía Secreta, adscrita al Ministerio de Gobernación (fusilado más tarde por Fidel Castro), igual que Erundino Vilela, que también ocupó ese cargo, más de una vez hicieron llegar al Presidente Prío información oficial que Batista conspiraba; que Rafael Salas Cañizares, oficial de policía que tenía causa abierta por asesinato, y que era jefe de la Sección Motorizada de la Policía Nacional, lo visitaba casi a diario, en forma sospechosa. Otros cuerpos de Seguridad igualmente dijeron al confiado presidente que peligraba la estabilidad de la nación, ya que "se tramaba algo", y que Batista o la ortodoxia preparaban una acción de fuerza, ajena a los trajines electorales... como efectivamente sucedió.

Entendemos sencillamente que Prío tiene también responsabilidad en ese golpe de estado. Mas hay que tener en cuenta que los que los propiciadores de ese trágico día, descontando a sus autores materiales, Batista, Salas Cañizares y García Tuñón, fueron los que desarrollaron la sucia política ortodoxa que era exasperante, desilucionadora, que engendró el colapso democrático y dio paso, primero a la dictadura de Batista y después a la tiranía comunista de Fidel Castro, uno de sus afiliados y fiel sostenedor y por el que aspiraba en aquellas elecciones a Representante a la Cámara.

Quien llegó a ser general luego del 10 de marzo, Jorge García Tuñón, fue desde los primeros momentos, autor intelectual del nuevo cuartelazo de Batista, y así fue reconocido por él mismo en sus declaraciones y entrevistas. García Tuñón ocupaba el cargo de ataché militar en la Embajada de Cuba en Washington cuando lo del golpe de estado. Había ido y vuelto de La Habana a la capital de los Estados Unidos reiteradamente en las últimas semanas, sin reclamo oficial, y por ello se culpa también al Departamento de Estado norteamericano, de alguna o mucha parte de la responsabilidad o conocimiento de esta acción.

Desde luego, sabido es que hasta el presente, lo mismo dentro que fuera de nuestro continente, para millones "son los americanos los que tienen la culpa de todo", no faltando razón para ello en muchos casos; principalmente como en el caso de Batista, ya que Estados Unidos fue el primer país que lo reconoció y luego le dio no poca ayuda, para al final optar por desconocerlo y negarle la venta de armas y municiones por las reiteradas gestiones de los exiliados. También, por cierto, Estados Unidos hizo llegar a Batista la idea de que no reconocerían al Dr. Andrés Rivero Agüero, que nunca llegó a tomar posesión, después de haber sido electo en la farsa electoral del primero de noviembre de 1958.

El temor de que el gobierno norteamericano no reconociera a un gobierno cubano precipitó la caída de Batista el 31 de diciembre de 1958. Sin embargo, Fidel Castro, el comunista, expulsó a los Estados Unidos de Cuba roja, obligándolos a romper relaciones diplomáticas. Transcurridos 38 años, fuera de la frustrada invasión de Bahía de Cochinos, y las valientes acciones de cubanos dentro y fuera de Cuba, con la inmensa secuela de muertes, prisioneros y exiliados, para el gran país del norte, no ha pasado nada, o al menos eso es lo que aparentan demostrar. Desde luego, lo que no pueden negar es que Castro ha continuado extremando la agresión frente a la infinita paciencia de los norteamericanos, a quienes jamás en su historia los han agredido tanto, ni desconocido en su poderío y valor, sus dignidades y sus tributos de hidalguía.

El criminal y traidor golpe de estado de Fulgencio Batista el día 10 de marzo de 1952 no tendrá perdón en nuestra historia. ¿Quién puede negar que si Cuba hubiera seguido su ritmo institucional, no estaría hoy pletórica de dichas y de grandezas; en lugar de estar en manos del comunismo ateo, voraz, asesino y cobarde?

La inacción del pueblo era justificada en parte. En los primeros momentos nada podía hacer ni esperar. No estaba organizado para ningún tipo de guerra, ni de resistencia, y la Policía Nacional estaba ya en manos del que luego se titularía "general" Salas Cañizares, oficial del gobierno del Presidente Prío, que se había pasado al contrario, en traición a la República, como militar que era del gobierno constitucional.

Comenzaron a presentarse como siempre los colaboracionistas, los incondicio- nales, los "guatacas", muchos de los cuales hoy queman aún sus inciensos ante el comunismo trágico de Fidel Castro.

Los "consejeros consultivos", fueron los primeros engendros de la naciente dictadura que, como cosa de Batista al fin, siempre quiso rodearse de un "cachet" democrático. Eran "prohombres", la mayoría de ellos "apolíticos, del alto comercio, de la rica industria, la opulenta banca, la aristocrática sociedad que siempre secretamente despreciaban a Batista, pero públicamente lo halagaban y como mencionamos, esos malos cubanos le "guataqueaban" sin límites; algún que otro intelectual. Y para que no faltara una representación (o acaso más de una), del llamado "ambiente popular", se coló o colaron a algún que otro ciudadano sin importancia que junto a los demás compañeros del recién creado Consejo Consultivo sustituto del Congreso de la República, pretendían dirigir y orientar al nuevo gobierno por senderos de "Honestidad, Justicia, Honradez, Ley y Libertad". ¡Cuántas ridiculeces y crímenes se cometen a nombre de esas virtudes!

Todo aquello fracasó luego de cierto tiempo, que sirvió únicamente para demostrar que no había esperanza alguna de rectificación por parte de los nuevos mandatarios.

La Constitución de 1940 fue suspendida y se pusieron en vigor los llamados "Estatutos Constitucionales" que se hicieron jurar a funcionarios y empleados, maestros, jueces y magistrados. Aquellos que adoptaron una posición cívica y no los quisieron jurar, demostrando y guardándole fidelidad a la Constitución de la República, fueron separados de sus posiciones, quedando su gesto como una protesta a la tan inconstitucional medida de la nueva dictadura. Desgraciadamente, algunos altos funcionarios e incluso funcionarios electos, al igual que varios jueces y magistrados se prestaron al falso juramento de fidelidad, tratando de salvar sus beneficios y salarios. Más adelante hablaremos de uno de esos funcionarios un magistrado, que sí juró esos estatutos, pero que después supo ganarse el respeto de los cubanos al enfrentar la ambición de Castro en el poder, desde el alto cargo que ocupó.

Mientras tanto, cuando el infame golpe, en el recinto de la Universidad de La Habana, junto a la misma estatua que representa el Alma Máter, se preparó una mesa por donde desfilaba el pueblo día y noche, a firmar en sendos libros, junto a la Constitución, guardada en una urna de cristal, lealtad a la Carta Magna de la República. En otros muchos sitios a través de toda la isla de Cuba, se realizaron similares actos de civismo y millones de cubanos demostraron su repudio vertical a la dictadura. Los que se doblegaron al dictado de Fulgencio Batista, tendrían que cargar en sus conciencias el resto de sus vidas la traición a la Constitución de Cuba de 1940.

Cada miembro del Partido Ortodoxo que fundó Eduardo Chibás se proclamaba un adalid, un valiente ciudadano, capaz de dar la vida y todo lo que hubiera que dar, por hacer bueno su lema político de "Verguenza contra dinero". Mas todos esos lemas fueron solamente palabras y sólo palabras. Los ortodoxos "querían morir", y se lanzaban a las calles y gritaban cuando trataban de aumentarle un centavo al pasaje de los ómnibus; cuando subía de precio la manteca y el arroz; cuando se descubría a un concejal o a un alcalde que habían hecho mal uso de los fondos públicos o cosa por el estilo durante los gobiernos de Grau y de Prío. Pero ahora que Batista se había robado entera a la República, eran parcos en desentonar. Eran "cautos". Ahora se mostraban temerosos, y eso que Batista no había empezado a matar todavía en esta nueva etapa. Pero es que lo conocían... Y fueron inocuos los ortodoxos, para oponerse al fortalecimiento de Fulgencio Batista en el poder que usurpaba.

Los llamados auténticos imitaban este el timorato proceder ortodoxo de "abstención", para no oponerse vertical y heroicamente a Batista. Estos se alegraban en parte de que los partidarios de Chibás —ya muerto— tuvieran que callarse y también temían que el poder hubiese caído en manos de los ortodoxos. Los miembros del Partido Ortodoxo a su vez, consolaban sus penas, pensando que los que formaban las huestes del Partido Auténtico habían perdido su poderío después de ocho años.

También el pueblo quiso engañarse a sí mismo, siguiendo la idea del menor esfuerzo. Parecía que se habían olvidado de los desafueros de Fulgencio Batista y sus dignatarios del crímen, del atraco, de la ramplonería cuartelaria.

Más tarde, en definitiva, sería Cuba entera la que pagaría en dolor y luto esta pugna de los dos grandes colosos de la política cubana, el autenticismo y la ortodoxia.

La idea de que "Batista había evolucionado" pareció al principio tener algún fundamento, porque así se quiso que apareciera por parte del propio "general". Se comentó que había sufrido la nostalgia de la patria, que tenía muchos millones de pesos y no necesitaba robar más; que había sabido hacer unas elecciones honestas cuando había entregado el poder al Dr. Ramón Grau San Martín en 1944 después de unas elecciones generales que el pueblo por inmensa mayoría había escogido su nuevo presidente... Tantas y tantas cosas, en apariencia valederas se esgrimían cobardemente, entre ellas el "aquietamiento" del ambiente ciudadano.

Aún más: muchos trataron de justificar el golpe de estado diciendo que "querían un poco de paz". Así, de manera ilusa, anodina, desmemoriada y mediocre se creyó que Batista iba a proporcionar esa paz con orden. Se llegó a decir "Batista es la paz". Triste equivocación, Batista fue la paz ¡de los sepulcros!

Vinieron entonces cientos de cadáveres, miles de presos políticos, de exiliados. Una oposición tenaz, incontenible, infinita... Nadie se atrevía a sostener nítidamente que respaldaba al régimen de fuerza por un ideal; ni siquiera por espíritu de clase los militaristas; sino que declaraban que era por conveniencia privada; porque tenían una posición o prebenda o un grado en la Policía, el Ejército o la Marina, o por que se era pariente o amigo de algún allegado al poder. Porque sabían todos que no había moral, ni razón para ayudar a que se mantuviera aquel grave estado de cosas.

Y el ex-presidente Carlos Prío Socarrás conspiró y gastó mucho dinero en armas y trajines revolucionarios, que primero administraba el Dr. Aureliano Sánchez Arango y luego el dolorosamente desaparecido Dr. Menelao Mora Morales y el Dr. Esteban Lora. De todo ello hablaremos.

Por otra parte, y muy astutamente, Batista no dejaba de organizar farsas electorales. Esas, que dicen los comunistas que "desprestigian a las democracias", como si fueran los demócratas verdaderos los que las hicieran. Vergonzosas mentiras comiciales, que sólo urden los dictadores.

El Dr. Sánchez Arango había sido Ministro de Educación y también de Estado, en el Gabinete del Presidente Prío, y organizó la llamada organización "Triple A", que alcanzó gran renombre, aunque su número no fue nunca muy considerable. Profesionales, estudiantes, políticos y algunos obreros formaban parte de ella. Pero siempre había que pasar por la censura particular de su máximo líder: Aureliano, por lo que se dio en conocerla por el mote de "Asociación de Amigos de Aureliano", aplicando así, más creativamente quizás, las siglas de su nombre "AAA".

Muchas ocupaciones de armas y municiones empezaron muy pronto a ocurrir, descubriéndose conspiraciones, con la siguiente remesa de presos, exiliados y muertos, tras los registros y la persecución.

Hay una anécdota que marcó el inicio de la falta de credibilidad en los miembros de la Triple A en la idea de que estos pudieran derrocar jamás al régimen de Batista, Una vez se hizo una gran movilización ordenando que, con todo su armamento oculto, formaran los inscritos en la Triple A a lo largo del Paseo del Malecón en la ciudad de La Habana, ocupando calles y esquinas, siguiendo después hasta la Quinta Avenida en el Reparto Miramar en la vecina ciudad de Marianao. Pensaron muchos que se trataba de un posible atentado a la vida de Batista, o acaso una demostración de fuerza, pero luego se supo que únicamente se trataba de que el Dr. Sánchez Arango iba a pasar por esos sitios en un automóvil, como si fuera una revista militar anónima, mientras la Policía, y hasta sus más íntimos amigos lo creían en el extranjero.

Vinieron disgustos y problemas en la Triple A, y el Prío pasó la dirección del movimiento a manos del Dr. Menelao Mora, que fuera Representante a la Cámara y Presidente de la Asamblea Provincial del P.R.C. Entonces avanzó un poco más la conspiración contra Batista y por dos veces se fijaron las fechas para realizar el asalto al Palacio Presidencial, como ocurriera más tarde, el 13 de marzo de 1957, orientado y dirigido por el Dr. Menelao Mora y Gutiérrez Menoyo y la magnífica aportación del gran líder estudiantil José Antonio Echevarría y sus compañeros de la Universidad de La Habana, que fue siempre rica fuente de héroes y mártires para la Patria.

El día cinco de agosto de 1955 estuvieron apostados en gran cantidad de automóviles y también como hospedados en el Hotel Sevilla del Paseo del Prado, a un costado del Palacio Presidencial, decenas de hombres con armas largas, granadas de mano y hasta morteros, igual que en la calle de Empedrado, cerca de la Jefatura de la Policía Nacional, el Hotel Lincoln y otros hoteles; en el garage de Santa Marta y Lindero y en los paraderos de varias rutas de ómnibus, donde Menelao Mora tenía gran ascendencia, por haber sido varios años presidente de la Cooperativa de Omnibus Aliados en la ciudad de La Habana.

El asalto al Palacio Presidencial iba a ser ese día cinco de agosto de 1955, a las tres de la tarde, en ocasión de la presentación de credenciales de algunos miembros del Cuerpo Diplomático, ya que muchas veces Batista permanecía durante semanas en el Campamento Militar de Columbia.

El contraalmirante Rivero Travieso, Embajador del Uruguay, que se había distinguido por sus pocas simpatías con la dictadura, estaba señalado para asistir a Palacio en esa fecha, con motivo de encargos especiales de su gobierno. Pero la hora fue trasnferida para las seis de la tarde, y luego se suspendió definitivamente y, con ello, el asalto al Palacio Presidencial.

Vinieron entonces las detenciones de varias decenas de estudiantes de la Universidad de La Habana, contándose entre ellos Fructuoso Rodríguez, entonces presidente de la Federación Estudiantil Universitaria, por sustitución reglamentaria;

Juan Pedro Carbó Serviá, José Machado y Joe Westbrook —un adolescente todavía—, muertos más tarde en los sucesos de la casa situada en Humbolt 7 en La Habana. Alberto Mora y Rolando Cubelas, así como otros miembros de los Institutos de Segunda Enseñanza, al igual que cerca de doscientos obreros, varias mujeres pertenecientes al grupo de las llamadas "Mujeres Martianas".

Aquel acto del asalto organizado por segunda vez, fue mandado a suspender de nuevo, ahora por Carlos Prío, al extremo de llegar a romper hostilidades los dos amigos y compañeros, Prío y Menelao Mora, aunque más tarde volvieron a reconciliarse, llevándose a cabo finalmente la acción heroica el día 13 de marzo de 1957. Son dignos de destacar, en la organización de estos frustrados asaltos, y que siempre prestaron su más decidida cooperación a la lucha por la libertad de Cuba, al lado de quien consideramos como su líder y compañero: Carlos Gutiérrez Menoyo y Daniel Martín Lavandero unos días antes, al tratar de escaparse del Castillo del Príncipe, prisión de La Habana, donde estaba prisionero.

Se produjo después la entrada de un factor muy discutible, en los trajines revolucionarios, al tomarse la República Dominicana, con la anuencia del dictador Rafael Leónidas Trujillo, como base para derrocar a Batista. Esto sin embargo duró muy poco tiempo, toda vez que los congregados para esa acción militar, exiliados cubanos, tuvieron que regresar a la ciudad de Miami, cuando los dictadores Trujillo y Batista se pusieron de acuerdo, poniendo por delante los intereses que ambos detentaban en sus respectivos países.

El pueblo quería acción, guerra contra la dictadura. Y ésa era, precisamente, la que no se producía, siendo Fidel Castro, sin barbas ni patillas, el que un día 26 de julio, en el año 1953, el que había dado muestras de coraje bélico cuando asaltó con un grupo de jóvenes el Cuartel Moncada de Santiago de Cuba.

Corría entonces el año 1953, inicio del liderazgo de Castro, que era tenido por un "muchacho loco", sin escrúpulos para ser "un buen enemigo de Batista y su pandilla de militares".

Los "auténticos insurreccionales", que así se hacían llamar para predicar una acción armada contra la dictadura encabezada por Batista, empezando por el Dr. Prío, Menelao Mora y sus seguidores, subestimaron en todo a Fidel Castro, creyendo que éste nunca podría realizar una verdadera revolución armada. Sin embargo, la suma de los factores que ansiaban una lucha frontal e inmediata contra Batista, fueron los que le dieron en definitiva a Fidel Castro su beligerancia, sobre todo después que llegó a la Sierra Maestra.

El pueblo cubano, entonces como ahora, repetimos, quería la guerra que el Dr. Prío y sus hombres en realidad no llegaban a desencadenar. La acción más notable de guerra la constituyó el ataque realizado al Cuartel Goicuría, en 1958, situado en la ciudad de Matanzas, capital de la Provincia del mismo nombre. Esta acción fue lidereada por Reynol González, quien murió heroicamente, junto a casi todos sus acompañantes, en esa acción verdaderamente bélica. Desde luego, todas estas acciones facilitaban grandemente la posición de Fidel Castro en su reclamo de "guerra armada contra la dictadura".

Es de notar que, durante esta época de la dictadura de Batista, como en la anterior, no había un verdadero orden para nada, ni preconcebido ni de ocasión. Todo marchaba al acaso, "provisionalmente", hasta que otra cosa se dispusiera. Y Batista ensayaba la "mano dura" con la "mano suave", la dictadura y la dictablanda, pues lo único que le interesaba era permanecer en el Palacio Presidencial, disfrutando de sus gajes en efectivo y en vanagloria.

Por eso no hay que asombrarse que pese a toda la opresión que ofreciera Batista, reiteradamente ofreciera soluciones electorales, viciadas siempre en su origen o desarrollo. Así también (y éste fue su peor error político), puso en libertad a Fidel Castro cuando lo capturó tras el ataque al Moncada, subestimándolo también, como lo hizo Prío después del asalto al Moncada, teniendo que ejercer para lograr su libertad, una fuerte presión en el Congreso de esa época, totalmente hechura suya, para que aprobara la ley dictada al efecto.

Durante los primeros años de dictadura de la segunda etapa batistiana, es decir, de 1952 a 1958, puede decirse que se vivió, tanto para los del Gobierno como para los de la Oposición "con las botas puestas y las maletas preparadas".

Cada noche se pensaba que Batista se iba a caer, o lo iban a tumbar; y cada día Batista se fortificaba más en su opresión.

Y sobrevivinieron más ataques y levantamientos, como el de la Bahía de Cienfuegos, donde participaron más de cien militares de alta graduación. En eso fue un factor importante la "Organización Auténtica (O.A.), presidida por el Dr. Antonio de Varona, Presidente del Senado y Primer Ministro durante el gobierno del Dr. Carlos Prío Socarrás. El líder más destacado de ese intento de liberación lo fue el capitán de la Marina Dionisio San Román, que misteriosamente fuera ejecutado por la dictadura, pensando muchos que fue lanzado al mar, con las manos y los pies atados a pesados bloques de cemento.

La llamada "Conspiración de los puros", donde intervinieron comandantes y capitanes del ejército, entre ellos el coronel Barquín y el capitán Borbonet, tuvo lugar el 4 de abril de 1956, en que quisieron darle un golpe de estado a Batista y por ello fueron sometidos a relumbrante consejo de guerra. Pero en todos estos hechos quedó demostrado a las claras que aquello del "bloque monolítico" de la dictadura de Batista era puro cuento, y que lo mismo los soldados, que los marinos, que los civiles, estaban hastiados de la opresión y la arbitrariedad, del robo y del ultraje, que tocaba todas las esferas de la vida nacional.

Con Carlos Prío consentidor, se usó el odio y la diatriba sin límites; con Fulgencio Batista, dictador, se ensayó el "diálogo cívico", aunque desde luego no dejó de haber hombres verticales, que permanecían de pie, aún en los cuarteles, para ofrecer sus vidas en aras de la libertad.

En sentido general, la "guapería ortodoxa" y el "guerrerismo auténtico", al partir del 10 de marzo de 1952, con las excepciones señaladas y algunas más que se nos escapan del recuerdo, fueron acallados, dejando de tener la expresión de histeria colectiva que poseían. Pero en la sombra empezó a crecer y fructificar el árbol de la rebeldía, de la inconformidad y de la más franca oposición al régimen dictatorial.

Así surgieron varias organizaciones y "movimientos", palabra que se puso muy de moda. Pero la organización más destacada y relevante fue la que se llamó los "Amigos de la República", que presidió el coronel don Cosme de la Torriente, intachable patricio de la Guerra de Independencia, de reconocida moral y capacidad, que por sí solo monopolizó con los Amigos de la República los trajines oposicionistas, sostenido por el Dr. José Miró Cardona como secretario, quien a la vez ocupaba el cargo de Presidente del Colegio de Abogados de La Habana.

Por ese camino, sin saberlo, ganó el Dr. Miró Cardona su nombramiento de Premier, calorizado y firmado por el Presidente Manuel Urrutia, al asumir el gobierno de Cuba el 1ro. de Enero de 1959. Con ese antecedente hubiera ocupado el Dr. Miró Cardona la Presidencia de la República, primero si al destituir Fidel Castro al Dr. Urrutia, lo hubiera escogido para el cargo, como se tramitó por algunos allegados, con la anuencia del propio Dr. Miró Cardona, o algún tiempo después al ser designado Presidente del Consejo Revolucionario en la ciudad de Miami y sobrevenir la invasión de Bahía de Cochinos, que resultó catastrófica; pero si hubiera sido victoriosa, sin duda alguna que el Presidente designado lo hubiera sido el Dr. Miró Cardona, que se tuvo durante muchos meses como "el hombre de las simpatías de los norteamericanos", hasta que divergencias aún no muy definidas, además de las trágicas consecuencias de la invasión, separaron las coincidencias entre el Presidente norteamericano John F. Kennedy y el ex-Premier cubano, Dr. José Miró Cardona.

Durante el famoso "diálogo cívico." los Amigos de la República, con su principal dirigente, el coronel don Cosme de la Torriente, asistieron al Palacio Presidencial, entregándole personalmente a Fulgencio Batista una exposición donde se planteaban los puntos necesarios para una solución patriótica, sin derramamiento de sangre. Fotos de esa entrevista, que luego se trató de repetir y Batista no autorizó, salieron en la televisión y todos los diarios cubanos.

En la primera entrevista Batista se mostró hasta amable con don Cosme, y un hilo de esperanza salió de todos los corazones cubanos para ser tronchado después con la negativa a otro "diálogo cívico". Como el ofrecido cuando el regreso a Cuba del Dr. Prío, al amparo de garantías constitucionales que fueron violadas, en medio de todo el aparato de propaganda que se había montado, bajo el nombre de la "lucha por las garantías", fue sacado de su casa con la ropa que tenía puesta únicamente y montado en un avión que lo llevó de nuevo al exilio en las playas de la Florida.

Antes de llegar a ese extremo, de la expulsión física del Dr. Prío por la fuerza bruta de Batista, el agua y la luz habían sido cortados a la casa donde residía el ex-Presidente constitucional en la finca "la Chata"; disparos de ametralladoras cada noche rompían la quietud del lugar; el teléfono había sido cortado, no permitiéndose la entrada ni salida de sus moradores, ni de periodistas, ni visitantes en muchas oportunidades. El clima de terror y de vejaciones sin cuento, que la dictadura había montado alrededor de la figura de Prío, que estaba decidido a mantenerse en Cuba, tenía como fundamento el obligarlo a cejar en sus propósitos de buscar una solución pacífica. Mas una mañana no tuvo más remedio que aceptar la expulsión que por la fuerza se realizaba en su persona.

Pocas semanas antes, en la inmensa Plaza del Muelle de Luz, en La Habana, el Dr. Prío asistió a un gran mitin conjuntamente con otros sectores de la población, en la llamada "lucha por las garantías" con la cual prácticamente fueron cerrados todos los caminos pacíficos.

El periódico "Prensa Libre" de Sergio Carbó, con Humberto Medrano y Ulises Carbó; la revista "Bohemia", con Miguel Angel Quevedo, Agustín Tamargo, Andrés Valdespino, Jorge Quintana y otros, representaban la prensa de oposición, manteniendo el espíritu de rebeldía y la consigna de batalla. Pero la revista "Bohemia" no era insurreccional, sino en cierto modo pacifista, ya que criticaba a Batista y quería que se fuera, pero sin guerra y sin más sangre derramada.

Ramón Vasconcelos, desde su periódico "Alerta", y José Pardo Llada, desde su hora radial, pugnaban defendiendo uno al gobierno y el otro a la oposición. La "tesis insurreccional", sostenida calurosamente por un joven abogado llamado Fidel Castro, que durante sus estudios en la Universidad de La Habana se distinguiera por su "combatividad y pocos escrúpulos" —lo mismo al adquirir sus notas en la carrera universitaria que cursaba, algunas de ellas apunta de pistola—, que participando en manifestaciones callejeras y visitas bélicas a otros países, como Colombia, cuando el famoso "bogotazo" y la expedición de Cayo Confites, para invadir a Santo Domingo—, empezó a tomar relieves, en sus principios de novela y luego de drama crucial, épico, cuando después de aparecer dos vibrantes artículos de Fidel Castro en el periódico "La Calle" bajo la dirección de Luis Orlando Rodríguez, que se conocía como el discípulo más destacado de Eduardo Chibás, tuvo que salir rumbo a México, donde comenzó a organizar su regreso a Cuba en pie de guerra, bajo el lema de "héroes o mártires", que después fue cambiado por el de "patria o muerte", al que se agregó más tarde el "venceremos".

Era un Fidel Castro sin barbas ni patillas, que aún no era repelente, aunque desde muy joven en la Universidad de La Habana se le conocía con el mote de "bola de churre", por su falta de aseo personal. Quizás fuera eso un "desaliño" considerado como de juventud. Pero ya mayor, llegaría a infectar con su hedor de paranoico comunista no sólo a Cuba, sino también a todo el continente y a otras regiones del mundo.

Capítulo II

Gestando al líder traidor

Mientras en Cuba los partidos políticos —los viejos y los que se formaban como nuevos—, seguían en su trajín electoral, después de haberse realizado una prédica constante en favor de la insurrección, el pueblo, entre escéptico y frustrado, contemplaba casi estático el panorama nacional. Tal vez recordaba y observaba a un joven que en forma romántica, había realizado un ataque frontal, calificado de suicida, contra la fortaleza que constituía el Cuartel Moncada, sede principal de las Fuerzas Armadas en la ciudad de Santiago de Cuba, Oriente.

Fidel Castro, orientador, guía y dirigente máximo de aquella acción de guerra, después del terrible fracaso, con el resultado trágico de la pérdida de innumerables vidas por ambas partes, fue sentenciado a prisión en Isla de Pinos. Desde luego, todo el episodio de la presentación o entrega de Fidel Castro a las autoridades se hizo a través de personeros de las instituciones religiosas, económicas y sociales: las famosas "fuerzas vivas" que existían en cada localidad, cuya especialidad consistía en producir arreglos para "evitar males mayores". Como le llamaba el pueblo: burdas componendas. Esto ha quedado probado con el tiempo, ya que lo único que dichos arreglos o componendas daban como resultado era grandes tragedias que generalmente ninguno de los que formaban filas en esas "fuerzas vivas" sufrían en carne propia o en la de sus más allegados familiares. Desde luego, la realidad indicaba que los poderosos lazos familiares que unían a Fidel Castro con altos personeros del régimen de Batista podían asegurarle una corta prisión y un trato agradable, como sucedió. Las víctimas, quienes ofrendaron sus vidas en ambos bandos, durante el ataque al Cuartel Moncada, quedaban olvidados, tanto por parte de Castro como de Batista, ya que a estos dos grandes culpables de tanta tragedia cubana, nunca les preocupó la muerte ni el dolor de otros, aunque fuera de aquellos que morían defendiendo sus respectivas causas. Desde luego, los canallas no sienten remordimientos.

La prisión de Fidel Castro duró escasamente dos años, barajándose diferentes factores para lograr la libertad del que, sin pena ni gloria, enlutó a tantas familias cubanas. Por un lado, la presión que ejercían los familiares íntimos de Castro, que representaban una gran fuerza de poder en las más altas esferas gubernamentales, unidas a las personales características de Batista que trataba de presentarse como "hombre que olvidaba agravios", lograron el perdón anhelado. Muchos se preguntaban cómo había sido posible que Batista indultara al responsable de tantas muertes de militares que habían defendido al régimen, sin darse cuenta que Batista, a través de su vida militar y política había sido un artífice en destruir y vencer hombres y voluntades, corrompiéndolas la mayoría de las veces y otras atemorizándolas. A Fulgencio Batista, el sargento, coronel y general, y finalmente Presidente, nunca le importó cómo hacer las cosas, siempre y cuando el resultado le fuera favorable o propicio. El indulto general que firmó, había sido con el fin de preparar el escenario que necesitaba, en vista de los propósitos que perseguía.

El mismo error que cometiera el Dr. Carlos Prío Socarrás, dándole más garantías a Batista que a cualquier otro ciudadano, lo que le costaría más tarde la Presidencia de la República, con su secuela de vicisitudes para todos los cubanos, lo repetía ahora el propio Fulgencio Batista en el caso de Fidel Castro. Desde luego es necesario aclarar, que las motivaciones, tanto de Prío como las de Batista, fueron completamente diferentes. El Presidente cordial buscaba la paz y la tranquilidad ciudadana a través de aumentar los lazos del perdón y el olvido en busca de la felicidad nacional. Fulgencio Batista lo hacía con el único propósito de controlar el poder personalmente o por medio de uno de sus testaferros. Mas su traición a la República el 10 de marzo de 1952, le costó el tener que huir vergonzosamente el 31 de diciembre de 1958, entregándole de hecho el poder a Castro, que no hubiera podido lograrlo por medio de las armas. Uno de los principales testaferros, hoy con el cargo de vice-presidente de Cuba, Carlos Rafael Rodríguez, fue el intermediario del cambio de poder, del "general" que huía dejando a sus servidores a merced de las fuerzas vencedoras y del pueblo que clamaba justicia, pero asegurando que su persona y sus más íntimos familiares estaban a buen resguardo, tanto física como económicamente. Por culpa de su funesto golpe de estado en aquella trágica madrugada del 10 de marzo, hoy Cuba se encuentra en las garras del comunismo y todo el continente a las puertas de la misma destrucción.

El pueblo, desde los mismos comienzos de toda esa serie de conferencias. y "diálogos cívicos" que constituían el falso "permanente renuevo" solamente podían dar al traste con sus legítimas aspiraciones de paz y felicidad. La tesis insurreccional, sembrada por algunos líderes oposicionistas, había echado sus raíces y el pueblo prefería, frente a un Zanjón capitulador, un Baraguá heroico. Fidel Castro comprendió esos sentimientos y supo capitalizarlos, para después traicionarlos también.

Una vez liberado de la prisión en Isla de Pinos, Fidel Castro comenzó a realizar una serie de declaraciones y apariciones públicas, montando una propaganda que bien sabía realizar y utilizando los más populares vehículos publicitarios, especialmente la revista Bohemia, que junto a otros periódicos y estaciones de radio y televisión le facilitaban sin trabas ni cortapisas. Fue en aquellos momentos que este gran simulador decidió convertirse en un nuevo exiliado, marchando hacia México.

La "tesis insurreccional", que ya había abrazado el pueblo, creada por todos los que se oponían a Batista, en manos de Fidel sería utilizada en su provecho propio. Apenas arribó a México proclamó la "guerra necesaria", y utilizó la prédica martiana para encender los ánimos y despertar conciencias. Fidel se proclamaba el continuador del pensamiento del Apóstol de la Independencia de la patria cubana.

Desde su arribo de Fidel Castro a México, fue precisamente la prensa gobiernista y la que se hacía llamar de oposición al gobierno de Batista, los mejores vehículos publicitarios para señalar el argumento de Castro de esa guerra "necesaria". Desde luego, esta forma de proceder de los medios noticiosos era algo a lo que el cubano estaba acostumbrado, ya que esos métodos habían constituido un vicio de la época Republicana. Querían participar y disfrutar de los gajes que la dictadura les proporcionaba y, al mismo tiempo, aparentar simpatías hacia el llamado "gesto rebelde" del autor del ataque al Cuartel Moncada. Era la vieja costumbre arribista "de encenderle una vela a Dios y otra al diablo", aunque en este caso las dos velas la encendía el diablo, posiblemente sin saberlo. Deseaban ser victimario para mantener sus beneficios y al mismo tiempo simular solidaridad con la víctima. El eterno rejuego que había empobrecido el panorama cubano en muchas generaciones. El oportunismo hipócrita y hábil de los que siempre querían estar asegurados. Presentaban los hechos o los inventaban de acuerdo a sus personales intereses. Desde luego, siempre existieron posiciones honorables.

Al llegar Castro a México comenzó a tratar un plan rico en detalles orientado especialmente a la búsqueda de adeptos y de recursos económicos. Fue su primer albergue la casa de Teté Casuso, viuda del poeta cubano Pablo de la Torriente Brau, muerto en la Guerra Civil Española, peleando al lado de la República. Teté Casuso, radicada en México desde hacía años, vivía hasta cierto punto holgadamente. Más tarde, la residencia, la influencia y los vastos recursos económicos del ingeniero "Fofó Gutiérrez serían puntos fundamentales en el andamiaje que Castro construía. Estas residencias que escogió Castro como base de sus actividades estaban radicadas, la de Teté Casuso en las lomas de Chapultepec, y la del ingeniero Gutiérrez en el aristocrático y exclusivo Pedregal de San Angel, en las afueras de la ciudad de México.

En aquella época, a México había arribado un verdadero líder revolucionario, humilde, sacrificado, honrado, leal. Era Juan Manuel Márquez. La historia de Márquez como combatiente por la libertad se remontaba a los tiempos de la tiranía machadista, cuando siendo aún un adolescente la supo combatir frontalmente. Había sido uno de los creadores, y máximo dirigente de la que en un tiempo fuera heroica y gloriosa organización "Jóvenes Auténticos". Luchó desde su formación, cuando todavía el Partido Revolucionario Cubano no había sido legalizado, en los cuadros juveniles. Fue entonces cuando precisamente sé forjó una amistad entre el autor del presente libro y aquel joven gallardo, amistad que se prolongaría hasta el final de la vida de ese combatiente sin par, que fuera asesinado en la Sierra Maestra, después de haber sido hecho prisionero por las fuerzas del ejército del dictador Batista. Con el paso de los años, Márquez nunca dejó de combatir por sus ideales. Cuando arribó a la edad máxima que permitían los estatutos de su organización de Jóvenes Auténticos, se retiró de sus filas, dedicando todo su talento y energías a fortalecer el Partido Revolucionario Cubano (Auténtico).

Más tarde, Juan Manuel Márquez formó filas con el Partido Ortodoxo, enamorado siempre de la perfección política y de los principios éticos que debe mantener toda persona catalogada como servidor público. Cuando se produjo el triste golpe de estado del 10 de marzo, Juan Manuel Márquez fue uno de los primeros combatientes contra esa traición a la República, haciéndolo en forma decidida y vertical. Por su actitud había sufrido la tortura y la cárcel, viéndose más tarde obligado a tomar el camino del exilio, que para él no era nada nuevo. Márquez era considerado por todos como un orador formidable, de profunda palabra y pensamientos nítidos. Era de los hombres que, amando la paz, combatía para conquistarla en primera línea, en cumplimiento del deber, sin odios infecundos ni ambiciones bastardas, dándolo todo sin pedir nada a cambio.

De hombres como Juan Manuel Márquez necesitaba Fidel Castro. Por ello se le acercó y le habló en el idioma que éste conociera desde niño. Castro simulaba con palabras las propias ideas de Márquez, y las fingía en actitud. Y tuvo en él a su más fiel consejero, su más dinámico organizador, su más sacrificado combatiente...

Fidel Castro, en la elaboración de los planes de organización de lo que sería el "Movimiento 26 de Julio", necesitaba comenzar dándose figura continental, buscar la solidaridad y el apoyo económico, moral y social, y nutrir sus muy limitadas filas con figuras que no solamente representaran a los exiliados políticos y emigrados cubanos, sino también con otras figuras de América que se sintieran solidarias con la postura guerrera que él asumía.

Para la preparación militar de los futuros combatientes y la invasión que anunciaría posteriormente, contaba con quien se hacía llamar "general" Alberto Bayo, que había sido coronel del Ejército Español y era nacido en Cuba, aunque no se acordaba ni de la forma de hablar de los cubanos.

El coronel Bayo era un resentido, frustrado, acomplejado por una doble nacionalidad, entre las cuáles no sabía escoger; con un odio profundo e infinito a todo lo creado, y sin escrúpulos de ninguna clase. Sería el perfecto encargado de adiestrar en las prácticas de guerra de guerrillas a los cubanos que ya había comenzado a llegar a México, y a otros que se encontraban exiliados desde antes. Había nacido Bayo, como dijimos, en Cuba, en la Provincia de Camagüey, y fue hijo de una aristocrática familia muy adinerada que zarpó para España en sus mejores tiempos, haciendo que su hijo, que llegó después a ser coronel, estudiara la carrera de las armas en la academia militar española. Era oficial de academia, pues, y sin embargo, después pasó a ser el organizador máximo de las "guerrillas", que defendieron a la República Española. En esas luchas perdió un ojo, siendo conocido desde entonces por el inevitable mote de "el tuerto Bayo".

La apariencia del "general" Bayo era a veces infantil y estúpida, igual que sus lecciones, pero el tiempo ha demostrado que el tuerto Bayo sabía bastante de milicias, pues adiestró a jóvenes cubanos, latinoamericanos y de otras latitudes. En sus planes, que orientaba Fidel Castro, estaba el posesionarse de Venezuela, Colombia y hasta de Puerto Rico.

Fidel Castro conocía desde Cuba, incluso en la prisión, de las actividades que realizaban los cubanos en el extranjero, principalmente en la ciudad de Nueva York, que se había convertido en el centro de trabajos anti-batistianos. Además, había olfateado lo que representaría su naciente movimiento, en emoción, en caudal político, en ayuda económica y de todo tipo, el tratar de copiar lo que había sido el peregrinaje heroico, la forma de organización y trabajo creada por el Apóstol José Martí, que dio como resultado la libertad de Cuba del coloniaje español

Castro logró en lo que a esfuerzos, sacrificios y ayuda por parte del exilio y la emigración cubana se refiere, trazar un paralelo entre aquella época gloriosa y esta otra que se comenzaba. Martí sería, como dijera demagógicamente Castro en su discurso de defensa cuando el juicio por los sucesos del Cuartel Moncada, el "inspirador y guía del nuevo movimiento". Se hacía necesario para sus planes el "conquistar la plaza Nueva York".

Castro conocía que entre las organizaciones que existían en la ciudad norteamericana, había una que el autor de este libro dirigía y orientaba. También conocía de los estrechos vínculos que a través de los años de lucha, existían entre Juan Manuel Márquez y yo, como dos antiguos compañeros de luchas e ideales. Precisamente, con esas ideas preparó el viaje de Márquez a Nueva York, a palpar la realidad y las posibilidades que existían.

Algunos años antes yo había tenido que salir de Cuba. Las luchas de siempre por el mantenimiento de ideales, arrojaban a las playas extranjeras a muchos cubanos. Eso, desgraciadamente ha sido parte importantísima de la historia y la tragedia cubana. Ese era mi caso.

En Nueva York, cuando se produjeron los hechos del 10 de marzo de 1952, existía un comité compuesto por un pequeño grupo de cubanos que constituían una filial del Partido Ortodoxo de Cuba. Sus actividades, antes de ese día, era lógicamente muy limitadas. Más bien representaban un eslabón romántico, unido a la Isla a través de la distancia.

En abril de 1952, al mes escaso de haberse apoderado Batista de Cuba, se reunía otro grupo de cubanos, representado por dos o tres nacionalizados norteamericanos, unos pocos residentes legales del país y otros emigrados de los llamados de "29 días", que eran los que, sin haber logrado la residencia permanente, habían llegado a los Estados Unidos con visas de turistas y se habían quedado "contra viento y marea", en busca de un porvenir mejor, fundando "Acción Cívica Cubana", buscando la unidad contra la dictadura, exigiendo solamente a sus afiliados, como constan el los estatutos de la organización en esa época el "ser opuesto a cualquier clase de totalitarismo, bien fuera nazismo, fascismo o comunismo, y jurar fidelaidad a la Constitución de 1940", abolida por el régimen usurpador de Batista, y aceptar las obligaciones que esta actitud deparara.

Acción Cívica Cubana no sólo se preocupó por destacar el problema de Cuba, sino también porque sus dirigentes y afiliados comprendieran la necesidad que existía de que todos los seres humanos que lucharan por la libertad y la democracia se sintieran unidos, no sólo en el pensamiento, sino también en la acción. Cuba no era más que un eslabón en el continente, y la tragedia que sufría la habían padecido ya antes otros muchos pueblos de América.

Históricamente, la ciudad de Nueva York ha sido cuna de innumerables exiliados, que se han visto obligados a abandonar la Patria en busca de libertad; el punto de partida de muchos movimientos revolucionarios de América.

La primera actividad realizada por Acción Cívica Cubana, en abril de 1952, a un mes escaso de la traición de Batista, consistió en el llamamiento que se hizo a toda la colonia cubana residente en la ciudad, para que concurriera al local que había abierto la organización en un modesto sótano en la calle 96, entre las avenidas Amsterdam y Columbus, aproximadamente en el centro de la isla de Manhattan, para firmar allí, frente a la bandera cubana y el busto del Apóstol Martí, fidelidad a la Constitución de 1940, que regía en Cuba antes del golpe de estado batistiano.

Se invitó a otros muchos exiliados de países hermanos que, como Cuba, sufrían de regímenes dictatoriales, y se pudo contemplar el elevado espíritu de solidaridad de muchos que, sin ser cubanos, sentían el problema como cosa propia.

Como dato histórico es necesario señalar la acogida que los cubanos que residían en Nueva York tuvieron por parte de hombres y mujeres representativos de lo mejor de sus respectivos países. Uno de los primeros en hacer acto de presencia y además de solicitar la inscripción como afiliado a la organización, fue el periodista dominicano Andrés Requena, que poco más tarde por su lucha contra la tiranía trujillista, fuera asesinado por esbirros a sueldo, en pleno Nueva York, sin que pudieran ser localizados sus asesinos. Era el precio que pagaban en aquellos tiempos los hombres honrados que luchaban por la libertad.

También fueron visitas asiduas al pequeño local que la organización mantenía abierto, costeado por los propios exiliados y emigrados cubanos, tomando parte activa en sus actividades, en sus mítines y asambleas, hombres que, por su cultura y sus experiencias, además de ayudar a la causa de Cuba libre, aumentaban el caudal de conocimientos de los asistentes en sus charlas y conferencias, a los miembros e invitados de la organización. El humilde sótano se convertía, por amor a la libertad, en escuela y trinchera, en bandera y escudo.

En relación de las figuras notables que visitaban el local de la organización cubana, figuró, honrando con su presencia, un hombre de calibre excepcional: Jesús de Galíndez, asesinado también por los secuaces de la tiranía trujillista, en forma espectacular, pues inclusive fue secuestrado en la propia ciudad de Nueva York y llevado a la República de Santo Domingo para ser ultimado, sin que apareciera nunca su cadáver ni pudieran ser detenido ninguno de los participantes de ese horrendo crimen.

Otro de los asiduos visitantes fue Rómulo Betancourt, que en aquellos tiempos se encontraba también exiliado en Nueva York, y que más tarde llegó a ocupar la primera magistratura de su querida Venezuela. Del Perú, en representación del partido Aprista, Acción Cívica Cubana se honró con la cotidiana visita del ingeniero

Carlo Odiaga, incansable luchador por la democracia en América junto a Víctor Raúl Haya de la Torre, con quien estuvo íntimamente ligado desde su juventud, convirtiéndose en uno de los primeros y más ardientes orientadores de la naciente organización, estando presente en todos sus actos.

El profesor Germán Arciniegas, colombiano preclaro, que con el prestigio de su vida limpia y su enorme caudal de conocimientos, brindaba charlas y conferencias a los exiliados cubanos, exhortándolos a continuar la lucha contra la dictadura cubana que sufría la patria de José Martí.

De la misma forma, algunos norteamericanos con visión de futuro y alteza de miras, se consideraron unidos a los cubanos que iniciaban la lucha. Entre esos pocos, se destaca la figura de Frances Grant, mujer con profundos conocimientos de las tragedias que sufren los pueblos de América Hispana. Frances Grant hizo siempre causa común con los movimientos libertadores del Continente. Viajera incansable, conocía por sus obras a Martí, a Juárez, a Bolívar y a todos los grandes próceres de los pueblos de la América hispana, habiendo aprendido su idioma para comprenderlos mejor y ser más útil en la causa común de la libertad y la justicia. Estas fueron algunas de las figuras que alentaban a los cubanos en su decisión de cooperar en la gran causa de recuperar la libertad de Cuba.

En otras palabras, cuando Fidel Castro, le pide a Juan Manuel Márquez que se dirigiera a la ciudad de Nueva York en busca de ayuda, él bien conocía que desde hacía tres años la causa de Cuba Libre era defendida en la ciudad de los rascacielos.

Al llegar a Nueva York, lo primero que hizo Juan Manuel Márquez fue dirigirse a su antiguo amigo y compañero de toda la vida —en aquellos tiempos yo presidía y dirigía las actividades de la organización Acción Cívica Cubana—, en busca de orientación y estudio de las posibilidades de organizar el Movimiento 26 de Julio, comenzando —y esto representa un dato histórico para esa gran ciudad— lo que produciría la continuidad del proceso martiano.

Como dos buenos amigos y luchadores nos encontramos de nuevo, soñando como siempre habíamos hecho en la felicidad de la nación cubana y el derecho de sus hijos a vivir en paz dentro de las fronteras nacionales. Ambos analizamos con amplitud las posibilidades que existían dentro del exilio y la emigración cubana.

Juan Manuel Márquez fue expresivo en sus pronunciamientos y su palabra ardiente hablaba de Cuba libre. Esbozó las ideas que darían vida al nuevo movimiento que se gestaba y habló de Fidel Castro como de una "gran promesa para el porvenir". Anunciaba la guerra necesaria y patentizaba su fe combatiente, al expresar que el "único camino que quedaba para lograr la libertad de Cuba, frente al entregismo de los políticos cubanos, era la insurrección armada, que se haría con el dinero que cada uno pudiera ofrecer y el sacrificio que cada uno quisiera brindar".

Ningún emisario hubiera podido realizar mejor trabajo, ni ser escuchado con mayor entusiasmo y captar tantas voluntades. La antigua relación de luchas entre Márquez y el autor de este libro, se llenaba de nuevos entusiasmos ante la idea de luchar de nuevo juntos por la causa de Cuba libre.

En Nueva York, Márquez hizo también contacto con Arnaldo Barrón, que en aquellos tiempos presidía el comité del Partido Ortodoxo y con otros que se estaban movilizando para la nueva empresa. Fueron días y noches de mucha actividad, realizando visitas hasta altas horas de la noche, conquistando voluntades para la nueva empresa que se esbozaba en aquellos momentos, cosa ésta que se repetiría cuando Fidel Castro visitara esa ciudad.

Juan Manuel Márquez regresó a México, donde Fidel Castro esperaba el resultado de sus gestiones. Al conocerlas tan completamente positivas, se brindó para ir él mismo inmediatamente a Nueva York, y comenzar la organización de lo que sería el Movimiento 26 de Julio. Márquez le informó a Castro que yo le escribiría, toda vez que nunca había tenido ningún tipo de contacto con él. Fidel Castro se había destacado como líder o aspirante a un cargo de Representante dentro de las filas del Partido Ortodoxo, y Márquez también se había afiliado al mismo, abandonando las filas del Autenticismo, pero yo no había participado en esa nueva división del movimiento revolucionario que, aunque, con errores —que se combatían—, fuimos muchos los que decidimos no abandonar la "nave auténtica". Yo, repito, no había tenido contacto alguno con Castro, ni siquiera nos conocíamos personalmente. En la carta que le envié solidarizándome con lo expresado por Márquez, le pedí que esbozara las ideas y las condiciones de lucha del movimiento que pretendía crear como vehículo para la liberación de la patria.

Pocos días después, el 19 de septiembre de 1955, recibí una extensa carta de Fidel Castro, escrita como se decía "de su puño y letra", en papel cebolla y con tinta, en apretada letra, de manera que no se pudiera agregar una palabra. Así ha sido siempre Castro, desconfiado de todos, incluso de aquellos que estaban dispuestos a dejar todo para llenar sus manos vacías de recursos económicos y humanos. La carta de nueve páginas, no podía reflejar mejor, los más hermosos párrafos en los cuales el patriotismo y el sacrificio relucían en todas las palabras. El gran farsante prometía lo que no daría jamás: libertad, justicia, paz... Para que el lector pueda apreciar mejor las palabras e ideas de este gran simulador, se incluye, después de la transcripción literal de la carta, la copia fotostática de la extensa misiva, al igual que se hará con otros valiosos documentos que estimo de valor histórico, depositados en una caja de seguridad en un banco, para que en el futuro, cuando la gran tragedia de Cuba termine, que tiene que terminar, en favor de la libertad, todos estos documentos puedan arrojar luz sobre la forma y manera que Fidel Castro lograba aunar voluntades, proyectándose como el más humilde seguidor de la doctrina de nuestro Apóstol José Martí.

México, Septiembre 19 de 1955
Querido Compañero:
Con sumo placer doy respuesta a la hermosa carta suya que acabo de recibir. El compañero Márquez nos había hablado ya largamente del ánimo generoso y patriótico con que ustedes acogieron su visita. Sus líneas, reafirmando ese noble propósito de colaborar con todo esfuerzo serio, ordenado y responsable de redimir

a Cuba de la innominia (la falta ortográfica de la palabra ignominia se encuentra en la carta original, como puede observarse en la copia fotostática) *que sufre son de las que despiertan reconocimiento eterno, porque llega el momento duro de todo comienzo, cuando estando todo por hacer, vacías las manos de recursos, aunque llena el alma de ideales y grandes propósitos, frente a obstáculos inmensos, sólo la fe y la convicción mantienen erguidos a los pioneros de una causa.*

De todas las adhesiones que hemos recibido, de cuantas palabras de aliento llegan a nosotros en medio de los ecos de la traición, el entreguismo y la burla que acaba de sufrir el pueblo, créame que ninguna fortalece tanto nuestro ánimo como ésta de Acción Cívica Cubana, por lo que tiene de evocación y semejanza con las páginas inolvidables de nuestra lucha por la Independencia, por el espíritu de Club de emigrados del 68 y el 95 que parece inspirar las expresiones y los actos de ese grupo de cubanos residentes en Nueva York que tan generosa, espontánea y desinteresadamente se preocupaban por la suerte de su patria y se preparaban a servirla". (En esta primera página de la carta puede destacarse que desde los comienzos Fidel Castro admitió que estaba sin recursos y prácticamente abandonado, pero al mismo tiempo, conforme había planeado, pretendía destacar que la ayuda que solicitaba y recibía era de los emigrados cubanos, ignorando por completo la realidad de los que antes que él habían tomado el camino del exilio).

Pura y limpia como aquella Independencia, sacrificada y dura, ordenada y seria, medularmente republicana democrática, revolucionaria y justiciera como aquella ha de ser esta lucha libertadora de hoy. Para completar lo que aquella no pudo, para hacer lo que en cincuenta años de República no se ha hecho, para implantar de una vez las instituciones políticas y sociales que sitúen a Cuba entre las primeras naciones de América y hagan posible la felicidad y el progreso de un pueblo sufrido, inteligente y noble y una tierra maravillosamente rica sin los grandes problemas fronterizos o religiosos, o étnicos que agobian a otros pueblos del Continente.

Si no fuera por esto, si la revolución hubiera de hacerse para poner de nuevo el poder en manos de los que ya lo ejercitaron tan vergonzosamente, para sustituir la dictadura de las bayonetas reaccionarias y ensangrentadas por la dictadura de los políticos podridos, que también han saqueado y envilecido a la República, han asesinado a cubanos y pisoteado nuestras leyes, no valdría la pena de derramar una gota de sangre generosa, y con toda seguridad no tendríamos nosotros aliento suficiente para sufrir todas las amarguras que este duro pero hermoso ideal impone.

Y hoy en Cuba, los políticos desvergonzados, con sus fórmulas claudicantes y traidoras están luchando precisamente para eso: sustituir la dictadura de la camarilla gobernante por su propia dictadura de hombres sin escrúpulos ni moral, pretendiendo que todo ha de seguir igual que está o como estaba antes, ¡que no se sabe cual es lo peor! Preciso es para ello descontar en sus cálculos al pueblo cubano, considerado un rebaño dócil, manso y pacífico, asociación vil, cobarde y miserable, conglomerado de hombres y mujeres sin pudor, sin dignidad, sin instinto siquiera de supervivencia ni voluntad de existir como nación civilizada. Necesario es partir de esa premisa, desconocer las leyes que rigen el proceso social y político de un pueblo como el nuestro que ya tienen cien años de agitada vida nacional, para suponer que el país no esté a punto de un vuelco formidable que ponga fin con plena madurez política tanta injusticia, frustración, abuso y burla.

No cabe distinguir entre el modo de pensar de la camarilla dictatorial y el de los políticos pseudooposicionistas que le hacen el juego, ni entre los intereses de una y otros; aspiran a heredarse mutuamente, son enemigos por igual de la revolución, y mientras aquellos crean al menos la virtud de la rebeldía estos fomentan el vicio de la sumisión, ¡son más dañinos todavía!

Dos creencias se enfrentan: la nuestra y la de ellos; dos conceptos del pueblo y de la nación cubana, un hincarse de rodillas frente a un erguirse con decoro, un golpear sobre las espaldas de nuestros hermanos y un golpear sobre sus conciencias.

¿Cómo dudar de que tenemos razón, como dudar de las virtudes de nuestro pueblo, como no estar seguro del triunfo de su causa, si hasta cubanos que están lejos de la tierra como ustedes y lejos de ella ganan ya el pan seguro que allí no podían obtener con decoro, a pesar de su riqueza, de su fertilidad, de su prodigiosa naturaleza, vuelven a ella sus ojos, y por ella sienten, por ella padecen y por ella lloran? ¡Que no estarán dispuesto a hacer los que en ella sufren el rigor del látigo, del hambre, del abuso, de la humillación diaria! ¡Los que allí mismo soportan día a día lo que otros cubanos ausentes no pueden olvidar y aún lejos les llena de indignación el alma! ¡Y de vergüenza...!

Cuando contemplo ese espectáculo, cuando contemplo esa patria que iba a ser "de todos y para el bien de todos", convertida en feudo y despensa de unos cuantos malvados, que echan al mar o a tierras extrañas a miles de cubanos perseguidos por el hambre, o los encarcelan, o los asesinan, o lo saquean o lo matan de miseria, por egoismo ciego, por ambición, por los móviles más repugnantes que puedan impulsar la conducta humana, sin piedad ni compasión para nadie, sin importarles el sufrimiento, el dolor y la angustia de millones, pienso en los miles y miles de cubanos que dieron la vida por aquel sueño, y me pregunto: ¿Cómo es posible que todo aquello pueda haber sido en vano? ¿Cómo es posible que un puñado de canallas y cobardes frustren los sueños que concibieron legiones de héroes? ¿Cómo es posible hablar de paz frente a semejante infamia, como si hubiese sido no más que un crimen aquella sangre derramada en torrentes generosos, como si toda nuestra historia, la que se enseña en las escuelas, la que llena nuestros libros, nuestra tradición, nuestros museos, nuestros campos y pueblos, nuestros parques y calles, nuestras reliquias patrias, hubiese sido un absurdo, una locura, un disparate descomunal

¡No, no es posible!.

Y aunque sé que el milagro de que todos los ciudadanos de un país piensen absolutamente igual y estén por igual dispuestos a todos los sacrificios como ocurrió nunca en ningún pueblo, tengo la seguridad de que miles y miles de cubanos sienten como ustedes y como yo esta cruel angustia y no cejaremos en el empeño de ponerle fin, porque no podemos resignarnos a ver destruido todo lo que nos enseñaron a querer, de la dignidad humana, el derecho de los hombres a vivir con libertad, a vivir con decoro, a ganarse el pan honradamente sin que se lo arrebaten de la mano, el derecho de nuestros hermanos, de nuestros padres, de nuestros hijos, el orgullo de nuestra historia, la pasión y el fervor que sentimos por sus inmortales forjadores.

Pero esta empresa grande no se basta sola con la idea que la inspira y justifica. Hay que hacerla realidad con esfuerzo, con tesón, con sacrificio. Hay que trabajar mucho, incansablemente, organizando, ordenando, allegando y sumando voluntades, salvando obstáculos, combatiendo el escepticismo que sembraron las frustraciones pasadas, avivando la fe, superando sobre la marcha las deficiencias y errores, las normas de conspiración y de lucha, de modo que ningún método de represión, vigilancia o espionaje, ningún revés pasajero pueda hacer mella en el resultado final e inevitable, y los recursos que con tanto sacrificio se han de allegar no se pierdan inútilmente.

Todo es perfectamente realizable; ya lo hicimos una vez, en condiciones infinitamente distintas a las de hoy, con las manos prácticamente vacías, cuando las esperanzas estaban puestas en otros cubanos tan poco acreedores de ella y que tan indignamente la defraudaron. Ahora pondremos la misma fe y entusiasmo en un esfuerzo en grande, en que todo lo imprevista esté previsto y participe en él la mayor masa posible de pueblo. Contamos con una mayor experiencia y un contingente numeroso de hombres fraguados en más de tres años de abnegada lucha, discretos y serios.

La organización avanza rápidamente en todo el país, venciendo los obstáculos iniciales; se está trabajando intensamente en el campo obrero, donde el descontento es inmenso, y cuya participación ha de ser decisiva. Por el momento el régimen y los políticos entreguistas tratan de ignorarnos para hacer creer que desapareció toda posibilidad revolucionaria. De eso nos aprovechamos magníficamente para trabajar con mayor libertad. Mientras buscan desesperadamente los restos de las armas que introdujeron los auténticos, tienden a menospreciar las actividades de organización y la propaganda clandestina que llevamos a cabo. Se han contagiado también ellos de los vicios mentales que sembró la etapa insurreccional anterior. Tardarán en percatarse y ya demasiado tarde, que están en presencia de una estrategia completamente nueva que tiende a desatar una insurrección para que sea secundada de inmediato por una huelga general revolucionaria. Estas consignas serán públicas. Los últimos movimientos huelguísticos: ferrocarileros, telegrafistas, bancarios, etc.,; la masacre del central Washington y otros acontecimientos van madurando rápidamente las condiciones para la aplicación de este plan general de lucha.

Con más detalles les explicaré, en el viaje que tengo proyectado a ésa, las normas generales de trabajo que garantizarán la seguridad del plan.

Cuando haya miles de células organizadas en todo el país, los cuerpos represivos, frente a este tipo de conspiración masiva en los centros obreros y en todos los pueblos, no podrán hacer absolutamente nada.

Dentro de las fuerzas armadas martillaremos incesantemente con una intensa propaganda subversiva para crear corrientes de opiniones favorables a la revolución. Numerosos síntomas indican que en este aspecto las condiciones van haciéndose cada vez más favorables a medida que crece por día el descontento general.

No les extrañe que sea explícito sobre todos estos puntos que constituyen normas generales de orientación. Personalmente podré extenderme más sobre todo ello.

También tendré el gusto de tratar con ustedes todo lo concerniente a la valiosísima colaboración que esperamos de Acción Cívica Cubana y su vinculación efectiva y formal al Movimiento revolucionario 26 de Julio y la designación de uno de sus miembros para el seno de nuestra dirección.

Réstame sólo expresarle que los acuerdos tomados acerca del viaje que tengo proyectado constituyen para mi persona un honor superior a todo merecimiento, que acepto sólo por la saludable repercusión que puede tener en la opinión pública cubana, donde no se me mira como aspirante a honores o cargos electivos, sino como humilde abanderado de una idea que ha de ser justa si recibe de ustedes, cubanos cívicos, desinteresados y dignos, tan cálida acogida.

Salúdeme usted fraternalmente a los compañeros Ramos, Abascal, Villamia, Escalona, Hernández, Delgado, Díaz, Morales, a su hermano Santiago y a todos los demás que espero poder abrazar a fines de octubre.

Perdóneme lo extenso de la carta y reciba la expresión de mi afecto y mi profunda gratitud.

Fidel Castro.

Seguidamente se presenta la copia fotostática de la carta de Castro, en la cual el lector podrá observar, la forma minuciosa y detallada de escribir, inclusive, según puede notarse, en algunas páginas, le agregaba palabras que posiblemente creyó haber omitido.

Mexico, Septiembre 19 de 1955

Querido compañero:

Con sumo placer doy respuesta a la hermosa carta suya que acabo de recibir. El compañero Márquez nos había hablado ya largamente del ánimo generoso y patriótico con que ustedes acogieron su visita. Sus líneas, reafirmando ese noble propósito de colaborar con todo esfuerzo serio, ordenado y responsable de redimir a Cuba de la ignominia que sufre son de las que despiertan reconocimiento eterno, porque llegan en el momento duro de todo comienzo, cuando estando todo por hacer, vacías las manos de recursos, aunque llena el alma de ideales y grandes propósitos, frente a obstáculos inmensos sólo la fe y la convicción mantienen erguidos a los pioneros de una causa.

De todas las adhesiones que hemos recibido, de cuantas palabras de aliento llegan a nosotros en medio de los ecos de la traición, el entreguismo y la burla que acaba de sufrir el pueblo, créame que ninguna fortalece tanto nuestro ánimo como esta de Acción Cívica Cubana, por lo que tiene de evocación y semejanza con las páginas inolvidables de nuestra lucha por la Independencia, por el espíritu de Club de emigrados del 68 y de 95 que parece inspirar las expresiones y los actos de ese grupo de cubanos residentes en New York

2

que tan generosa, espontánea y desinteresadamente se preocupa por la suerte de su
patria y se prepara a servirla. Pura y limpia como aquella de la Independencia, sacrificada y dura, ordenada y seria, medularmente republicana, democrática, revolucionaria y justiciera como aquella ha de ser
esta lucha libertadora de hoy. Para completar lo que aquella no pudo, para hacer lo
que en cincuenta años de República no se
ha hecho, para implantar de una vez las
instituciones políticas y sociales que sitúen a Cuba entre las primeras naciones de
América y hagan posible la felicidad y el
progreso que un pueblo sufrido, inteligente y noble y una tierra maravillosamente rica sin los graves problemas fronterizos,
o religiosos, o étnicos que agobian otros pueblos del continente, tiene derecho a alcanzar.

Si no fuera para esto, si la revolución
hubiera de hacerse para poner de nuevo el poder
en manos de los que ya lo ejercieron tan vergonzosamente, para sustituir la dictadura de las
bayonetas reaccionarias y ensangrentadas por
la dictadura de los políticos podridos, que
también han saqueado y envilecido la República, han asesinado cubanos y pisoteado nuestras leyes, no valdría la pena
derramar una gota de sangre generosa, y
con toda seguridad no tendríamos nosotros
aliento suficiente para sufrir todas las

3

amarguras que este duro pero hermoso ideal
impone.

Y hoy en Cuba, los políticos desvergonzados, con sus fórmulas claudicantes y traidoras
están luchando precisamente para eso: sustituir la dictadura de la camarilla gobernante por su propia dictadura de hombres sin
escrúpulos ni moral, pretendiendo que todo
ha de seguir igual que está o como estaba
antes, ¡qué no se sabe cuál es lo peor! Preciso
es para ello descontar en sus cálculos al pueblo cubano, considerarlo rebaño dócil, manso
y pacífico, asociación vil, cobarde y miserable, conglomerado de hombres y mujeres sin
pudor, sin dignidad, sin instinto siquiera
de supervivencia ni voluntad de existir como nación civilizada. Necesario es partir
de una premisa, desconocer las leyes que rigen
el proceso social y político como el nuestro de un pueblo
que ya tiene cien años de agitada vida nacional, para suponer que el país no esté a
punto de un vuelco formidable que ponga
fin con plena madurez política a tanta
injusticia, frustración, abuso y burla.

No cabe distinguir entre el modo de pensar de la camarilla dictatorial y el de los
políticos pseudooposicionistas que le hacen
el juego, ni entre los intereses de una y otros;
aspiran a heredarse mutuamente, son enemigos por igual de la revolución, y mientras
aquellos crean al menos la virtud de la rebeldía
estos fomentan el vicio de la sumisión, ¡son más
dañinos todavía!

Dos creencias se enfrentan: la nuestra y la de ellos; dos conceptos del pueblo y de la nación cubana, un hincarse de rodillas frente a un erguirse con decoro, un golpear sobre las espaldas de nuestros hermanos y un golpear sobre sus conciencias.

¡Cómo dudar de que tenemos razón, cómo dudar de las virtudes de nuestro pueblo, cómo sospechar seguros del triunfo de su causa, si hasta cubanos que están lejos de la tierra como ustedes y lejos de ella ganan ya el pan seguro que allí no podían obtener con decoro, a pesar de su riqueza, de su fertilidad, de su prodigiosa naturaleza, vuelven a ella sus ojos, y por ella sienten, por ella padecen y por ella lloran? ¿Qué no estarán dispuestos a hacer los que en ella sufren el rigor del látigo, del hambre, del abuso, de la humillación diaria? ¡Los que la ven esclava, la ven pisoteada, la ven envilecida! ¡Los que allí mismo soportan día a día lo que otros cubanos ausentes no pueden olvidar y aun lejos les llena de indignación el alma! ¡Y de vergüenza!......

Cuando contemplo ese espectáculo, cuando contemplo esa patria que iba a ser "de todos y para el bien de todos", convertida en feudo y despensa de unos cuantos malvados, que echan al mar o a tierras extrañas a miles de cubanos perseguidos del hambre, o los encarcelan, o los asesinan, o los saquean o lo matan de miseria, por egoísmo ciego, por ambición, por los móviles más repugnantes que pue-

5

dan impulsar la conducta humana, sin
piedad ni compasión para nadie, sin importarles el sufrimiento, el dolor y la angustia de
millones, pienso en los esfuerzos de aquella
titánica lucha de treinta años, pienso en
los miles y miles de cubanos que dieron la
vida por aquel sueño, y me pregunto: ¿cómo
es posible que todo aquello pueda haber sido en vano? ¿Cómo es posible que un puñado de canallas y cobardes frustren los
sueños que concibieron legiones de héroes? ¿Cómo
es posible que se hable de paz frente a semejante infamia, como si hubiese sido no
más que un crimen aquella sangre derramada en torrentes generosos, como si toda nuestra historia, la que se enseña en las escuelas,
la que llena nuestros libros, nuestra tradición, nuestros museos, nuestros campos y
pueblos, nuestros parques y calles, nuestras reliquias patrias, hubiese sido un absurdo,
una locura, un disparate descomunal?

¡No, no es posible!

Y aunque sé que el milagro de que todos
los ciudadanos de un país piensen absolutamente igual y estén por igual dispuestos a todos los sacrificios no ocurrió nunca en ningún pueblo, tengo la seguridad de que miles y miles de cubanos sienten como ustedes y como yo esta cruel angustia, y no cejaremos en el empeño de ponerle fin, porque
no podemos resignarnos a ver destruido todo lo que nos enseñaron a querer, ni hecha
añicos la idea de la patria, de la honra,

6

de la justicia, de la dignidad humana,
el derecho de los hombres a vivir con libertad,
a vivir con decoro, a ganarse el pan honradamente sin que se lo arrebaten de la mano,
el derecho de nuestros hermanos, de nuestros padres, de nuestros hijos, el orgullo de
nuestra historia, la pasión y el fervor que sentimos
por sus inmortales forjadores.

Pero esta empresa grande no se basta
sola con la idea que la inspira y justifica. Hay que hacerla realidad con esfuerzo,
con tesón, con sacrificio. Hay que trabajar mucho, incansablemente, organizando, ordenando,
allegando y sumando voluntades, salvando obstáculos, combatiendo el escepticismo que sembraron las frustraciones pasadas, avivando la
fe, superando sobre la marcha las deficiencias
y errores, las normas de conspiración y de lucha, de modo que ningún método de represión,
vigilancia o espionaje, ningún revés pasajero pueda hacer mella en el resultado final
e inevitable, y los recursos que con tanto sacrificio se han de allegar no se pierdan inútilmente.

Todo es perfectamente realizable; ya lo
hicimos una vez, en condiciones infinitamente distintas a las de hoy, con las manos prácticamente vacías, cuando las esperanzas estaban puestas en otros cubanos tan poco acreedores de ella y que tan indignamente la defraudaron. Ahora pondremos la misma fe
y entusiasmo, en un esfuerzo grande, en que todo lo imprevisto esté previsto y participe en él

7

la mayor masa posible de pueblo. Contamos con una mayor experiencia y un conti-
gente numeroso de hombres fraguados en
en más de tres años de abnegada lucha, discretos y serios.

La organización avanza rápidamen-
te en todo el país, venciendo los obstáculos iniciales; se está trabajando intensamente en el
campo obrero donde el descontento es inmenso
y cuya participación ha de ser decisiva. Por
el momento el régimen y los políticos entreguistas tratan de ignorarnos para hacer creer que
desapareció toda posibilidad revolucionaria. De eso nos aprovechamos magníficamente para trabajar con mayor libertad. Mientras buscan desesperadamente los restos de las
normas que introdujeron los auténticos tienden
o menosprecian las actividades de organización y la propaganda clandestina que
llevamos a cabo. Se han contagiado también
ellos de los vicios mentales que sembró la etapa insurreccional anterior. Tardarán en percatarse y ya demasiado tarde, pues están en
presencia de una estrategia completamente nueva que tiende a desatar una insurrección para ser secundada de inmediato por una huelga general revolucionaria. Estas consignas
serán públicas. Los últimos movimientos huelguísticos: ferrocarrileros, telegrafistas, bancarios, etc; la masacre del central Washington y
otros acontecimientos van madurando rápidamente para la aplicación de este plan general

8

de lucha.

Con más detalles les explicaré en el viaje que tengo proyectado a ésa, las normas generales de trabajo que garantizarán la seguridad del plan.

Cuando haya miles de células organizadas en todo el país, los cuerpos represivos, frente a este tipo de conspiración masiva en los centros obreros y en los pueblos, no podrían hacer absolutamente nada.

Dentro de las fuerzas armadas martillaremos incesantemente con una intensa propaganda subversiva para crear corrientes de opiniones favorables a revolución. Numerosos síntomas indican que en este aspecto las condiciones van haciéndose cada vez más favorable a medida que crece por día el descontento general.

No es extraño que sea explícito sobre todos estos puntos que constituyen normas generales de orientación. Personalmente podré extenderme más sobre todos ellos.

También tendré el gusto de tratar con ustedes todo lo concerniente a la valiosísima colaboración que esperamos de Acción Cívica Cubana, y su vinculación efectiva y formal al Movimiento Revolucionario 26 de Julio y la designación de uno de sus miembros para el seno de nuestra dirección.

Réstame solo expresarles que los acuerdos tomados acerca del viaje que tengo proyectado constituyen para mi persona un honor superior a todo merecimiento, que acepto solo por la saludable repercusión que puede tener en la opinión pública cubana donde se se me mira como aspirante a honores o cargos electivos sino como humilde abanderado de una idea que ha de ser justa si recibe de ustedes, cubanos civiros, desinteresados y dignos, tan cálida acogida.

Salúdeme usted fraternalmente a los compañeros Ramos, Abascal, Villamía, Escalona, Hernández, Delgado, Díaz, Morales, a su hermano Santiago y a todos los demás que espero poder abrazar a fines de octubre.

Perdóneme lo extenso de la carta y reciba la expresión de mi afecto y mi profunda gratitud.

Fidel Castro

La carta que me enviaba Fidel Castro, no sólo demuestra su impaciencia por lograr darle forma y vida a la organización que desde Cuba —posiblemente durante su permanencia en el Presidio Modelo de la Isla de Pinos—, tenía relativamente bien planeada. Conociendo las actividades de los exiliados y emigrados cubanos en la famosa "Babel de Hierro", cuna de muchos movimientos revolucionarios y hogar provisional de los exiliados políticos de todas las latitudes, y queriendo destacar su futuro movimiento a nivel continental, Nueva York representaba una plaza que él tenía que conquistar como medio de poder comenzar sus actividades, y sobre todo contar con los recursos necesarios, de los cuales carecía por completo.

Castro en su misiva se mostraba extremadamente humilde. Utilizaba todos los recursos posibles para aparentar ideales que nunca tuvo ni mantuvo. Lo que queda demostrado en su carta es la tremenda ambición de poder y su paranoico delirio de que todos están contra él, sus deseos e ideas. Quería desde los primeros momentos eliminar a todos aquellos que pudieran ofrecer algún otro tipo de solución a la tragedia cubana. Situaba en el mismo plano, en el mismo nivel, a los testaferros de la dictadura —que tan generosos habían sido hacia su persona—, bien fueran nuevos o viejos, las organizaciones en que militaran; y de la misma manera a los que constituían las llamadas "fuerzas vivas" del país, es decir, aquellos que pretendían solucionar problemas, que muchos de ellos precisamente habían creado.

Pero preferimos que sea cada lector el que defina el contenido de la carta de Fidel Castro y después de cerca de cuarenta años pueda observar cómo el gran farsante logró ir uniendo voluntades, recursos y opinión continental favorable a su persona.

Después de esa primera carta, los contactos se realizaban casi diariamente. Las cuentas por servicios telefónicos se elevaban a niveles que difícilmente los exiliados podíamos costear. Pero así ha trabajado Castro durante toda su vida. Exigiendo lo máximo, sin dar tiempo a pensar y sobre todo proyectando, en forma muy inteligente, la idea que cualquier atraso de tiempo indicaba la pérdida de una vida cubana y el retraso de la liberación de Cuba.

El día 6 de octubre de 1955, Castro me envió un telegrama indicándome que llegaría a Nueva York el 22 de octubre. Apenas recibí el telegrama, le envié una carta de entrega especial, notificándole que su decisión de efectuar el viaje en la fecha que me había indicado, no era posible, y se hacía necesario cambiarla, toda vez que los recursos económicos y todos los otros preparativos de dicho viaje, incluyendo los gastos de sus acompañantes, se suponían que serían cubiertos por los exiliados y emigrados cubanos. En esa carta le expliqué claramente la situación de los que vivíamos en Nueva York, y que muchos de nosotros apenas ganábamos los suficiente para pagar nuestro propio alojamiento y comida. Recuerdo que incluso le señalé que eran muchos los cubanos que trabajaban en hoteles y restaurantes para de esa forma ahorrar el costo de algunas de las comidas, señalándole al mismo tiempo las condiciones de pobreza y limitaciones que vivía el exiliado, e incluso el emigrado cubano en Nueva York. El telegrama enviado por Fidel Castro se presenta a continuación:

The filing time shown in the date line on domestic telegrams is STANDARD TIME at point of origin. Time of receipt is STANDARD TIME at point of destination.

XNA364 12 NL MEXICO CITY 6
ANGEL PEREZ VIDAL
       144 WEST 91 STREET NYK

INFORMEN SI RECIBIERON CARTA MIA. LLEGAREMOS ESA TREN
SABADO 22 OCTUBRE. ESCRIBO.
          F. CASTRO

CFM 22.

THE COMPANY WILL APPRECIATE SUGGESTIONS FROM ITS PATRONS CONCERNING ITS SERVICE

Desde luego, Fidel Castro ignoró la carta que le envié pidiéndole que aplazara su viaje. En cambio, cinco día después, es decir, el 11 de octubre, recibo una nueva carta de Castro. Este gran ambicioso de poder, queriendo forzar la situación, después de conocer el grave problema económico que le había informado, y aparentando deconocer la carta enviada, se expresa de la siguiente forma. La copia literal de la carta se reproduce para que pueda ser legible con mayor facilidad y también seguidamente se presenta la copia fotostática de la misma.

"México, octubre 11 de 1955:

Queridos compañeros:
Esperaba la carta de ustedes para enviarles la que le anunciaba por cable. Sin embargo, me adelanto a escribirles esta nota con el propósito de comunicarles que el compañero Márquez y yo llegaremos a New York exactamente a las 10 y 25 de la mañana el sábado 22 del presente en el Silver Meteor. Antes estaremos dos días en una ciudad del Sur para tratar de entrevistarnos con otros cubanos.
No sé si ustedes consideran buena la fecha que hemos escogido. En la primera carta les anunciaba que la visita sería para fines de octubre. Al no recibir objeción alguna interpretamos que no había inconveniente. Además, tenemos

necesidad de regresar aquí de nuevo los primeros días de noviembre. Nuestra estancia en ésa será aproximadamente de una semana. Esperamos desarrollar en ese tiempo, con la colaboración de ustedes, el máximo esfuerzo.

Tan pronto reciba la carta anunciada, les escribiré de nuevo. Háganle llegar nuestro saludo a todos, y reciban ustedes el abrazo fraternal de

Fidel".

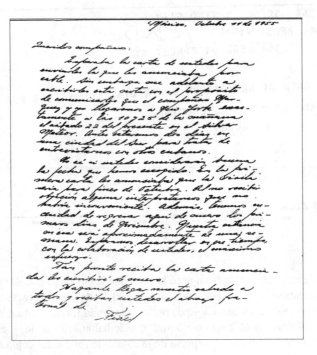

Note el lector por la carta anterior, que Fidel Castro trataba desesperadamente de forzar la situación. La llegada por tren obedecía únicamente a que la estación de trenes nombrada Pennsylvania estaba localizada en el mismo corazón de Manhattan, en la Octava Avenida, extendida desde la Calle 34 hasta la 35, en la parte oeste de la ciudad, a una cuadra de uno de los más importantes distritos comerciales de la ciudad, en el cual se encuentran las más famosas tiendas por departamentos del mundo, como son Macy's y Sack's Fifth Avenue, y estando sólo a unas pocas cuadras del mundialmente famoso triángulo conocido como la "Plaza del tiempo" —Times Square—, sede de muchos de los teatros más famosos de la nación.

Desde luego Castro también conocía —lo había estudiado cuidadosamente en los mapas, según me confirmó después—, que una gran cantidad de líneas de trenes subterráneos, los famosos "subways", tenían parada oficial en esa misma intercepción, al igual que una gran variedad de rutas de ómnibus. A esto hay que agregar que

Castro basó su idea del viaje en la realidad que él pudiera situarse en cualquier ciudad del sur de los Estados Unidos, y desde allí, comunicarse con los que éramos responsables de su recibimiento, para asegurar que todo estaba en perfecto orden de acuerdo con sus premeditados planes, y que hubiera público suficiente para que los medios noticiosos se hicieran eco de su llegada. De no estar todo de acuerdo con sus planes, él permanecería algunos días en el sur del país, hasta tanto le comunicaran que la prensa y la radio cubrirían su llegada a la ciudad.

Después de haber realizado todas las gestiones posibles para asegurar el mayor éxito del viaje de Castro, éste de nuevo cambia su itinerario. El 14 de octubre, recibí un nuevo telegrama de Castro, en el cual me informa que cambiaba la fecha de su llegada a Nueva York un día más tarde, prefiriendo arribar un domingo, pensando que la mayoría de los cubanos no estarían trabajando en ese día. Castro conocía que algunos cubanos que trabajaban en fábricas —las conocidas "factorías"—, trataban de laborar al menos parte del sábado si había oportunidad, para mejorar sus muy limitados ingresos semanales. Seguidamente se reproduce el telegrama enviado desde la ciudad de México.

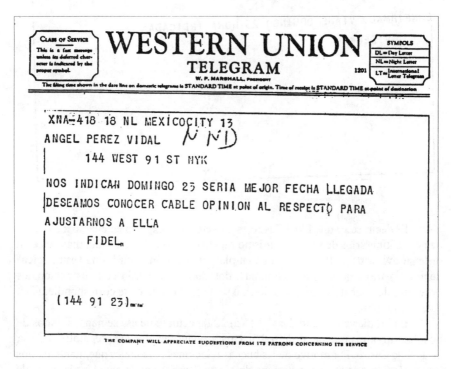

Como puede observarse, Castro pide opinión, pero desde luego, sin importarle lo que pudiera decirle. Su telegrama —ver copia fotostática— de fecha 13 de octubre es recibido al día siguiente según puede notarse.

Aún no han transcurrido 24 horas de su telegrama, cuando recibo uno nuevo de fecha 14 de octubre, indicando haber sido despachado a las 11:40 pm hora de México, el cual nos llego el día 15. En dicho telegrama, sin tener en consideración lo que se le había informado en relación con el aplazamiento del viaje, confirma que llegaría el domingo 23 de octubre. Se presenta copia fotostática del telegrama anunciando definitivamente su viaje.

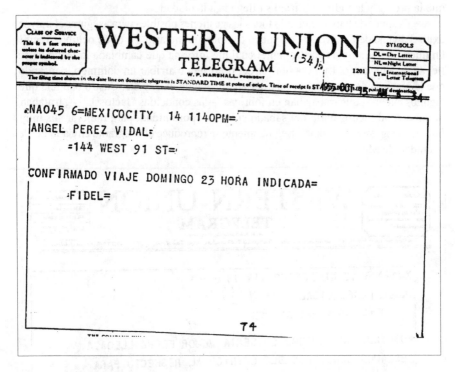

Es decir, se ve que Fidel Castro es un verdadero experto en cuanto a cambios de hora e itinerarios de viaje. Lo mismo repetiría poco más de un año más tarde, al ordenar avisar de su llegada a Cuba en plan de invasión, y en forma "estratégica" demora la travesía del yate "Granma", dos días, de acuerdo con sus personales proyectos de arrebato y conquista, lo cual se discutirá en la parte correspondiente en este mismo libro.

En los días comprendidos del 15 al 22 de octubre de esa semana, algunos de nosotros tuvimos que dejar de trabajar para poder atender los preparativos de la estadía de Castro. Por motivo de las buenas relaciones personales que manteníamos con periodistas de la prensa hispana de Nueva York, se pudo anunciar la visita de Castro. De los pocos recursos financieros que teníamos hicimos volantes y pasquines que fueron distribuídos en todas las zonas en que residían familias cubanas, incluyendo los pueblos del estado limítrofe de New Jersey, como fueron los pueblos de Union City, West New York, Elizabeth y otros muchos. En nuestra labor de proselitismo, llegamos hasta la ciudad de Bridgeport, en el estado de Connecticut, donde residían una gran cantidad de cubanos.

El dirigente del Comité Ortodoxo de Nueva York, quien había residido la mayor parte de su vida en esa ciudad, ofreció su apartamento para la estancia de Castro, durante su estadía, trasladándose a residir temporalmente a casa de familiares. El apartamento, situado en la Calle 88, entre las Avenidas Broadway y Amsterdam, en la parte Oeste de la ciudad, se convirtió en el centro de reuniones para planear todas las actividades durante el tiempo que Castro estuviera en la Babel de Hierro.

Por fin llegaron Fidel Castro y Juan Manuel Márquez, por la terminal de trenes de Pennsylvania, conforme a lo planeado por él. Un día antes de la llegada, una vez más nos llamó por teléfono, indagando hasta el mínimo detalle de lo que se había realizado en relación con su recibimiento. Esa misma estación de trenes, sería la misma que años después, en abril de 1959, volviera a arribar, entonces como Primer Ministro del Gobierno Revolucionario de Cuba. En aquella ocasión, en 1955, no fueron muchos los cubanos que se dieron cita para esperar a Castro, cosa muy diferente a lo que sucedería en su segundo viaje en abril de 1959.

De la estación nos dirigimos todos al local situado en Broadway y la Calle 159, cedido para la reunión por el grupo de nacionalidad dominicana que mantenía sus oficinas de trabajo por la libertad de ese país hermano. El salón no era muy amplio, pero tampoco los que nos reuníamos éramos suficientes para llenarlo. La "Casa Dominicana", nombrada de esa manera el sitio de reunión, constituyó el primer contacto de Castro con los exiliados y emigrados cubanos que vivíamos en Nueva York.

Castro quiso reducir el tiempo de reunión a lo más mínimo, pues, como él mismo informó, "era necesario no hacer pronunciamientos hasta tanto no se diera un acto oficial de constitución del Movimiento 26 de Julio con un público más numeroso".

La breve presentación que se hizo de Castro a los concurrentes, fue un modo protocolar de darle bienvenida y salutación; nos marchamos unos pocos con Castro y Márquez, al apartamento que sería el lugar de residencia de ellos y punto de reunión y planeamiento de las actividades que realizaríamos.

En esa primera reunión, en la cual participamos junto al que presidía el Comité Ortodoxo de Nueva York en aquellos días, Arnaldo Barrón, Fidel Castro trazó a grandes rasgos lo que serían las actividades futuras del naciente movimiento revolucionario 26 de Julio, y la forma en que éste comenzaría a trabajar. Recordó en forma apasionada a los exiliados y emigrados cubanos de los años 1869 y 1895, e intentó trazar un paralelo entre aquella época y la que comenzaba. Así fue Castro sembrando la semilla de su gran traición. Habló de ideales y de la necesidad de acciones bélicas que impulzaran la organización del nuevo movimiento. Al terminar la reunión, fuimos muchos los que tuvimos que marchar a nuestros respectivos centros de trabajo, abandonados por una semana, sin haber dormido ni alimentarnos propiamente. Castro permaneció sólo en el apartamento para descansar y reponerse para la "dura prueba de trabajo" que le esperaba en los siguientes días.

Lo único que prácticamente se decidió fue reconocer la "urgente necesidad" de iniciar lo que sería el comienzo de la campaña de proselitismo y recaudación de fondos, a través de un gran acto que se celebraría en Nueva York y marcaría el "inicio oficial del Movimiento 26 de Julio", creado y dirigido personalmente por Fidel Castro.

Ese día, al regreso de mi trabajo, que era en un hotel en el turno comprendido de seis de la mañana a tres de la tarde, me dirigí al apartamento en que Castro estaba parando. Juan Manuel Márquez, al abrir la puerta, me dijo que me estaban esperando, pues Fidel quería inmediatamente recorrer la ciudad para buscar el mejor lugar en que efectuar el "acto de masas". Eso era lo que sería el comienzo de muchas noches sin dormir, toda vez que nunca acepté, el título de "revolucionario profesional". Más tarde los miembros del que fue llamado Comité del Exilio, harían uso y abuso del mismo. Todos teníamos que trabajar duramente para costear los gastos de nuestras familias, y además contribuir económicamente al movimiento. Fidel Castro, como el "gran y esforzado dirigente máximo" de la naciente organización, sería el que viviría "sacrificado", sin trabajar, comiendo el llamado "duro pan del exilio". Desde luego que su estancia en México, dividida entre la residencia del millonario "Fofó" Gutiérrez y la acaudalada Teté Casuso, nos hace pensar que el pan no fuera ni tan poco ni tan duro para él.

Después de visitar diferentes salones disponibles, Castro escogió el llamado "Palm Garden", situado en la Octava Avenida y la Calle 52, parte Oeste de la ciudad, pues aunque Castro no conocía la misma, la había estudiado cuidadosamente en los mapas, al igual que haría antes de marchar hacia la Sierra Maestra, la que él, como como más tarde se ufanaba en decir, "conocía mejor que la palma de sus manos". Al mismo tiempo hacía constantemente preguntas, sobre el lugar de residencia de los cubanos, cuántos restaurantes hispanos había en la zona del Palm Garden, etc.

La realidad es que el salón Palm Garden se encontraba en la parte más céntrica de la ciudad, con toda clase de facilidades de transporte urbano. En dicho salón podían reunirse aproximadamente 1,200 personas. Además, por motivo de tener un balcón, que constituía un limitado segundo piso, caso de no tener la asistencia suficiente, se situaría a la concurrencia en la parte baja y se podrían separa las sillas a mayor distancia unas de otras. Todos estos detalles, Castro los tenía en consideración. Era como planeando una gran batalla, que en realidad lo era, pues ese día representaría el comienzo de una etapa que desgraciadamente lo llevaría él a un triunfo total, y a Cuba a sufrir la bota del comunismo internacional. Fidel Castro ha sido —a mi juicio— un estratega de primer orden.

Una vez escogido y pagado el precio del alquiler que exigió el arrendador del lugar, nos dimos a la tarea, junto a Castro y otros dirigentes de las organizaciones, de visitar hogares y sitios públicos en toda la ciudad y pueblos limítrofes. Fueron días que dormíamos escasamente tres o cuatro horas, toda vez que ya me había indicado el hotel en el cual trabajaba que sería despedido si continuaba faltando al horario de trabajo. De todas maneras las actividades las teníamos que efectuar después de las seis de la tarde, pues que los cubanos eran en su gran mayoría humildes trabajadores que no podían permitirse el lujo de perder ni un día de trabajo, ni muchos menos el empleo.

En este diario peregrinar, llegamos a todos los pueblos limítrofes del estado de New Jersey y Connecticut, al igual que habíamos hecho para la propaganda de la llegada de Castro a Nueva York. La reuniones se multiplicaban en esos días, y las últimas se celebraban a altas horas de la madrugada. Era necesario no solamente movilizar a los cubanos rápidamente, sino también a los hispanoamericanos, para buscar su ayuda moral y cooperación económica.

En la tarde del domingo 2 de octubre de 1955, llovía copiosamente. era uno de esos días en que comenzaban a sentirse los primeros vientos fríos del invierno que se aproximaba. Pero ni la lluvia las ráfagas de viento frío fueron suficientes para evitar lo que sería una inolvidable tarde para la colonia cubana de la ciudad de Nueva York. Nunca antes se había celebrado un acto donde se reunieran tantos cientos de cubanos. El salón del Palm Garden se llenó en toda su capacidad y la expectación por conocer y escuchar al autor del asalto al Cuartel Moncada, era indescriptible. Las familias llegaban trayendo con ellos hasta sus más pequeños niños. Muchos llegaban empapados hasta los huesos, y entraban emocionados, con una sonrisa de esperanza en los labios y un profundo amor a Cuba a flor de piel. El sacrificio de los cientos de cubanos que repletaban el salón, hablaba bien alto de los sentimientos de nuestro pueblo por lograr una patria libre de dictaduras, que pudiera representar un brillante porvenir de paz y felicidad para todos los cubanos. El amor a la patria lejana no se había enfriado con los crudos inviernos y la nieve de Nueva York.

La noche antes del acto, Castro discutió hasta los más mínimos detalles de cómo se desarrollaría el mismo. A los pocos que estábamos responsabilizados como oradores, Castro nos dijo que fuéramos lo más breves posible, ya que él necesitaba buen tiempo para crear la suficiente emoción y poder explicar lo que sería la organización que en esos momentos celebraba su acto de constitución. Castro me pidió que mis palabras no las prolongara por más de 15 minutos. A Juan Manuel Márquez, que Castro conocía como formidable orador, lo señaló para que hablara antes de él, pero no queriendo exponerse a un ridículo, le dijo que "lo único que tenía que hacer era leer una parte del discurso "La historia me absolverá, pronunciado por Castro mismo cuando el juicio por los sucesos del Cuartel Moncada, sin agregar ni exponer sus propias ideas o el ideario del nuevo movimiento. Desde luego, esta treta de Castro evitaba que el público congregado se emocionara simplemente con la lectura, que lógicamente se hacía tediosa. Pero lo principal era que en el relato de los hechos del Moncada, en la voz de Juan Manuel Márquez, lo que se estaría oyendo sería al propio Castro.

Esa tarde, por primera vez, se pedía públicamente la contribución económica de todos los hombres, mujeres y niños para la causa de la libertad de Cuba. Los que colmaban el salón trataron de despojarse de lo poco que tenían, y más de un cubano dejó depositado en el sombrero mambí que se había colocado en el centro de la tribuna, algo más que el dinero que pudieran tener para vivir el resto de la semana, pues incluso, algunos entregaron prendas personales como anillos, cadenas, etc. Era un acto sin precedentes en la época republicana. Las lágrimas de esperanza brillaban en los ojos de todos los presentes. Los cubanos e hispanoamericanos que se encontraban participando del acto, vibraron de emoción al conjuro de la patria. Las notas del Himno Nacional Cubano se entonaron con calor indescriptible. Era la eterna manifestación de amor del cubano a su tierra y el deseo vehemente de inmolarse ante el altar patrio.

El hecho histórico enfatiza que esa tarde, en los salones del Palm Garden, surgió la promesa formal de Fidel Castro de que "en el año 1956 sería héroe o mártir", manifestando que dicho año marcaría el comienzo de la guerra de liberación, hasta triunfar o morir en la demanda.

Castro supo utilizar y hacer vibrar la sensibilidad de todos y se presentó como un humilde soldado de la República. Desde los primeros momentos mostró ser un artista de la mentira y el engaño. El recuerdo de aquella tarde quedó grabado en los corazones de todos los asistentes, tal vez por ello el dolor y la frustración son tan profundos e inmensamente humanos.

Aunque a pesar de la generosidad de los que allí se reunieron, el acto no resultó del todo positivo, pues el total de la recaudación ascendió solamente a cuatrocientos dólares, elevándose los gastos a la cantidad de setecientos. Pero, en cuanto a propaganda, proselitismo y destacar el nombre y figura de Fidel Castro, los resultados habían sido extraordinarios y habían cumplido los objetivos que Castro enfatizaba como de imperativa necesidad para el futuro del Movimiento Revolucionario 26 de Julio. Desde luego, los gastos de alquiler del salón, impresos de propaganda, etc. fueron cubiertos personalmente por unos pocos que nos hicimos responsables por ello. También hubo que pagarle los gastos y el pasaje en avión para Cuba a Vicente Cubillas, periodista de la revista Bohemia, a fin de que pudiera salir publicado el acto en el famoso semanario de Miguel Angel Quevedo la siguiente semana, ya que se preparaban actos similares en las ciudades de Miami, Tampa y Cayo Hueso, y esa publicidad podía servir de gran reclamo, lo cual sucedió. Para dejar constancia de los gastos efectuados y la recaudación obtenida en el acto se levantó un acta en la que constan los detalles, cuya copia fotostática a continuación se presenta.

```
                          New York, Noviembre 2/1955.-
                        A C T A

NOSOTROS:Miembros integrantes de las Directivas
de ACCION CIVICA CUBANA,COMITE ORTODOXO DE NEW-
YORK,Y COMITE OBRERO DEMOCRATICO DE EMIGRADOS Y
EXILADOS CUBANOS.-

HACEMOS CONSTAR:Que durante la estancia del DR.
FIDEL CASTRO,en esta Ciudad,se han originado---
los siguientes gastos.-
Por concepto de Folletos mandados a hacer.-
              Total mandados a hacer 5,500.
              Costo de los mismos.....$500.00
Gasto de Pasaje de Cubillas...........$120.00
Gastos Originados en Taxi,fotos,planchas,etc.
                              $ 80.00
                                     ─────────
              TOTAL GASTOS    $700.00
Recaudado por Venta de Folletos y Recaudación--
por Contribución expontánea en el Acto.
                              $400.00
Por concepto de Anticipo de 300 folletos,adelan
tados por el Señor Luis Estremera   $300.00
Por venta de folletos despues del Acto$23.00
Queda un Saldo para engrosar los fondos de New
yor de $23.00 mas la cantidad de 136 folletos,
mas el importe que debe percibirse de 50 folle-
tos enviados a Connecticut,mas la cantidad de---
2,000 folletos que recogeran de la Imprenta Az
teca,y conforme con este estado de Cuentas,fir-
mamos la presente en el lugar y fecha indicados-
arriba.
```

Acción Cívica   C.Ortodoxo de
Cubana.-   N.Y.

C.Obrero de Emigrados y
Cubanos

Lo que más le interesaba a Fidel Castro era destacar su propia personalidad desde los primeros momentos. Precisamente, con esa fija idea suya, enfatizó que lo primero que había que hacer era imprimir 10,000 nuevos ejemplares de su discurso "La historia me absolverá", lo cual se realizó en la Imprenta Azteca, de la ciudad de Nueva York, y fue costeada por la contribución voluntaria que dieron los exiliados y emigrados cubanos, al igual que muchos otros gastos. Estos nuevos folletos los llevaría Castro mismo para ser distribuídos o venderlos en otras ciudades norteamericanas y el resto los llevaría a México para ser enviados a La Habana.

El día después del acto, Castro se apareció temprano en mi apartamento, situado en un cuarto piso de la Calle 91, sólo a tres cuadras de aquel en que él estaba parando en compañía de Márquez.

El propósito de su visita era conversar conmigo sobre la forma que se le daría al movimiento en la ciudad de Nueva York, con la idea de que mayor número de personas se ocuparan activamente de las labores de proselitismo. Me explicó que era necesario que, tanto Barrón como Díaz González, oficialmente también se responsabilizaran con la organización que se pretendía realizar. Lo que en definitiva proponía era la creación de una comisión compuesta de tres personas, toda vez que si el movimiento lograba sus objetivos estas organizaciones, si así se deseaba, se integrarían completamente al 26 de Julio. Le expliqué que no tenía inconveniente en compartir una comisión responsable de las labores de proselitismo y recaudación de fondos, pero que las demás tareas que serían encaminadas a la organización de fomentar la guerra necesaria que él había enfatizado no sería problema a discutir en comisiones. Márquez me explicó que esas tareas se realizarían en forma diferente, pero que serían discutidas conmigo en el futuro cercano. En cuanto a la disolución de la organización "Acción Cívica Cubana", no creía conveniente hacerlo, puesto que dicha organización tenía un prestigio bien ganado y merecido, y que además yo había sido electo Presidente de la misma, aunque no había estado presente en su fundación. El asunto de todas maneras quedó sin resolver en aquellos momentos.

Después de esa extensa conversación, nos dirigimos al apartamento donde Castro y Márquez paraban, ya que con anticipación el señor Barrón y Díaz González habían sido citados previamente.

Tanto Castro como Márquez explicaron la necesidad de crear la comisión de la que en horas de la mañana habían conversado conmigo.

Ambos representantes, del Comité Ortodoxo y el Comité Obrero, estuvieron de acuerdo en la forma de organizar el naciente movimiento. Con fecha 3 de noviembre de 1955, suscribió Castro un documento creando el Comité Gestor de lo que sería el Movimiento Revolucionario 26 de Julio, en cuyo documento aparecen Angel Pérez-Vidal, autor del presente libro, Arnaldo Barrón y Pablo Díaz González como delegados y responsables de todas las tareas de proselitismo y organización de dicho movimiento, al igual que nos responsabilizaba con todo lo concerniente al proceso económico, el cual se transcribe a continuación:

"Hago constar por este medio que el Movimiento Revolucionario 26 de Julio queda representado en la Ciudad de Nueva York por una Comisión de tres miembros, integrada por un representante de cada una de las organizaciones que inicialmente se adhirieron al mismo: Acción Cívica Cubana, Comité Ortodoxo de Nueva York y Comité Obrero Democrático de Exiliados y Emigrados Cubanos; que dichos miembros representativos son, mientras así lo estimen pertinente las organizaciones que los designan, los compañeros Angel Pérez-Vidal, Arnaldo Barrón y Pablo Díaz, respectivamente; que bajo la responsabilidad de dichos compañeros quedan todas las tareas a realizar en nombre del Movimiento, ostentando por tanto la máxima representación del mismo en la ciudad de New York, para todos los objetivos señalados en los distintos cambios de impresiones.

Estas facultades son conferidas por la Dirección Nacional del Movimiento Revolucionario 26 de Julio, en virtud de las atribuciones que la misma ha conferido al que esto escribe para los trabajos de organización y preparación plena del pueblo cubano.

N. York. Nov. 3 de 1955 Fidel Castro R."

Si se estudia este documento en detalle e imparcialidad, puede descubrirse al Castro solapado y escurridizo, que escribe sin recato alguno hacia los más elementales principios éticos ni muchos menos revolucionarios. Castro menciona "las facultades conferidas por la Dirección Nacional del Movimiento Revolucionario 26 de Julio". Pero, en primer lugar, no existía ningún movimiento, ni mucho menos organización cuando Castro realizó el viaje a la ciudad de Nueva York. En México había un pequeño grupo de exiliados, bastantes desorientados, y de diferentes vertientes políticas y sociales, con la excepción de los miembros del Partido Auténtico, que tenían una identidad propia. La generosidad de Teté Casuso, que había convertido su casa en hospedaje común para todos los revolucionarios que la necesitaban, sería utilizada en el futuro para la labor de organización. A continuación, copia fotostática del documento.

Hago constar por este medio
que el Movimiento Revolucionario 26 de Julio queda representado en la Ciudad New York
por una comisión de tres miembros, integrada por un representante de cada una de las organizaciones que inicialmente se adhirieron al mismo Acción Cívica
Cubana, Comité Ortodoxo de New York
y Comité Obrero Democrático de Exilados y Emigrados Cubanos; que dichos miembros representativos son, mientras así lo
estimen pertinente las organizaciones que
los designan, los compañeros: Angel Pérez Vidal, Ronaldo Barrón y Pablo Díaz, respectivamente; que bajo la responsabilidad
de dichos compañeros quedan todas las
tareas a realizar en nombre del Movimiento, ostentando por tanto la máxima representación del mismo en la Ciudad
de New York, para todos los objetivos
señalados en los distintos cambios de

impresiones.

Estas facultades son con-
feridas por la Dirección Nacional
del Movimiento Revolucionario 26
de Julio, en virtud de las atribuciones que la misma ha conferido
al que esto escribe para los trabajos
de organización y preparación de
la gran lucha revolucionaria que
conducirá a la liberación plena
del pueblo cubano.

N. York. Nov. 3 de 1955   Fidel Castro R.

Antes de proseguir viaje al sur de los Estados Unidos, Fidel Castro y Juan Manuel Márquez sostuvieron varias reuniones conmigo, explicándome en detalle lo que se proponía realizar, es decir, una invasión armada a Cuba después de crear las condiciones necesarias para una huelga general y un levantamiento armado del pueblo. Tanto Márquez como yo éramos veteranos en esta clase de actividades. La labor desarrollada dentro de los cuadros dirigentes de la Juventud Auténtica nos había enseñado a luchar contra grandes dificultades y serios problemas. Honestamente compartí con el viejo compañero Márquez y con el nuevo dirigente Castro mis dudas sobre el plan, pero le manifesté que estaba dispuesto a participar, por no ver otra salida posible a la política nacional de Cuba y compartir el criterio que teníamos de las organizaciones políticas cubanas que le estaban haciendo el juego a la dictadura batistiana.

Fidel Castro me mencionó la "magnífica situación en que estaba la organización en Cuba, y lo avanzado que estaban las tareas dentro de los cuadros profesionales, obreros y estudiantiles". Hablaba con tanto entusiasmo que cualquier persona, con mucha o poca experiencia, hubiera creído en este gran farsante. Hoy creo todavía que Juan Manuel Márquez también creía en todas esas mentiras urdidas por Castro sobre el trabajo organizativo, pues conociendo la honestidad de Márquez no creo que hubiera sido cómplice de tanta patraña. Precisamente nos encareció la necesidad de aumentar el trabajo en la forma más acelerada, pues principalmente "dependía de las organizaciones que habían hecho posible la constitución pública del movimiento 26 de Julio, la posibilidad de cumplir la promesa de estar en Cuba en el año 1956 con las armas en las manos".

Castro me mencionó que el compañero Márquez le había hablado de los largos años de lucha que habíamos compartido y la experiencia que teníamos en estos menesteres de actividad revolucionaria, todo esto enfatizado con el deliberado propósito de hacernos creer que él tenía una gran fe en el trabajo que podía realizar, toda vez que Castro no acostumbra a reconocer méritos ajenos; si acaso, trata siempre de restarlos. Después de una larga conversación me dijo que creía que sería muy conveniente que me trasladara a Cuba para cooperar en la organización del 26 de Julio. Me señaló que estuviera un par de meses en Cuba y al regreso le rindiera un informe evaluando la situación que encontrara. Después de dos meses debía regresar a Nueva York, para asegurar el trabajo que era urgentemente necesario realizar.

Definitivamente quedé con Castro y Márquez, que en la segunda semana de diciembre, viajaría a Cuba, después de dejar encaminadas las labores en la zona norte de los Estados Unidos. Para ese tiempo, tanto él como Márquez estarían de regreso en México, después de terminar el recorrido por el sur de Norteamérica.

En medio del duro bregar organizando el movimiento, junto a valiosos compañeros, mantenía contacto casi a diario con Castro, o Márquez, que se encontraban en labor de proselitismo, aunque el trabajo que estaban realizando no estaba dando los frutos esperados. Miami, igual que la mayoría de las ciudades en las cuales había grandes núcleos de cubanos, estaba más identificada con los trabajos que realizaba la Federación Estudiantil Universitaria, que se encontraban exiliados, o con los miembros del Partido Revolucionario Cubano, que también habían creado organizaciones para combatir la dictadura de Batista. Fidel Castro era todavía una gran interrogante para muchos de los que estaban dispuestos a proseguir la lucha por la libertad. Algunos decían conocerlo "demasiado bien" para aventurarse en problemas de revolución armada a su lado, y otros no creían seriamente en la capacidad del atacante del Cuartel Moncada para una labor de la envergadura que prometía realizar.

En aquellos tiempos algunos de los compañeros de Castro que se encontraban en México hicieron contacto conmigo. Hoy supongo que algunas de esas comunicaciones eran ordenadas por Castro, para obtener información de diferentes canales. En noviembre 17 de 1955, recibí la siguiente carta de Jesús Montané:

México, 17 de
Noviembre de 1955.

Sr. Angel Pérez Vidal,
New York.

Estimado compañero:

Acabamos de recibir carta de los compañeros Fidel y Juan Manuel desde Miami en la que nos hacen un pormenorizado informe de sus gestiones en tierras norteñas. Se muestran complacidísimos con el éxito obtenido en los actos celebrados en esa populosa ciudad. No se nos escapa que el triunfo obtenido ha sido obra del esfuerzo conjunto de todas las organizaciones empeñadas en el derrocamiento de la dictadura radicadas en esa ciudad.

Los compañeros del Movimiento Revolucionario 26 de Julio que residimos en esta ciudad queremos enviarles nuestra mas sincera felicitación.

La patriótica unidad allí lograda demuestra que con el esfuerzo de todos los cubanos, habremos de alcanzar los objetivos que nos proponemos; Derrocar la Dictadura e Instaurar un verdadero Gobierno Revolucionario.

Nos informan los compañeros Fidel y Juan Manuel que el 20 próximo ha de celebrarse un acto en el Teatro Flagler en Miami; el día 27 estarán en Tampa, donde conmemorarán el aniversario del fusilamiento de los Estudiantes del 71; cerrando el peregrinaje patriótico con un concentración en Cayo Hueso el 7 de Diciembre, también fecha patria.

Mucho le vamos a agradecer nos faciliten algunos folletos editados en esa (3 ó 4), ya que estamos preparando una nueva edición aquí y queremos ilustrarnos con el de Uds.

Reciban Uds un fraternal saludo de todos los compañeros residentes en esta ciudad y entre ellos el mío,

J. Montané
Jesús Montané

Finalmente Castro y Márquez regresaron a México y un par de días antes de mi partida hacia Cuba, recibí una carta de Castro en la cual, en forma enérgica, y pretendiendo aparecer como el único sacrificado, me llamaba la atención, incluyendo en la carta a Arnaldo Barrón y Pablo Díaz, por lo que él consideraba una gran debilidad en los esfuerzos de organización y obtención de recursos para el movimiento.

Había transcurrido apenas un mes de la fecha de constitución del movimiento en Nueva York, y durante ese corto tiempo había estado trabajando arduamente, aunando voluntades y recursos, pues los viajes y la organización de las asambleas y mítines en el sur de los Estados Unidos, eran costeados por los dirigentes de Nueva York, toda vez que en las ciudades que Castro había visitado la acogida había sido muy limitada. A esto, desde luego, había que agregar la realidad de tener que trabajar para mantenernos. Creo que en esos momentos me pregunté si Fidel Castro era la persona adecuada para dirigir un movimiento revolucionario, pero la otra realidad de la política que existía en Cuba no daba otra alternativa. Fidel Castro expresaba sus quejas en la siguiente manera. Se copia literalmente su carta y seguidamente se presenta la copia fotostática de la misma.

"México, Dic. 13 de 1955

Compañeros Angel Pérez-Vidal, Arnaldo Barrón y Pablo Díaz

Queridos Compañeros:

Al fin, después de siete semanas de incesantes batallas y ya de regreso en México, puedo sentarme a escribirles unas líneas. De New York traje un recuerdo imborrable: fue nuestro primer punto de escala, fue allí nuestra primera batalla, fue allí nuestro primer gran triunfo; allí se inició la campaña que conmovió la Isla y todavía prosigue con la misma medida que la tiranía, los intereses creados, los malversadores y politiqueros se ven amenazados por la pujanza de nuestro Movimiento y se conjuran ante él.

New York es sin duda nuestro lugar predilecto; el patriotismo de los cubanos allí residentes es incomparable y la forma en que acudieron al llamado de la patria, sin propaganda apenas, sin tiempo para nada, sin la agitación que produjo en otros lugares las publicaciones de Bohemia, me hicieron comprender con justicia que en la emigración cubana de New York estaba nuestro principal punto de apoyo. En todas partes, sin embargo, el Movimiento fue también secundado con extraordinario entusiasmo, pero creció también la resistencia y el sabotaje sistemático de los agentes de Batista. En Tampa lograron quitarnos el local 24 horas antes del acto; pero el acto se dio y fue grande; en Cayo Hueso, fue aun peor; el Jefe de la Policía, cubano para mayor vergüenza, está vendido descaradamente a Batista, así como otros funcionarios; en una ofensiva combinada con el Cónsul; presionado de distintas formas, nos quitaron seis locales antes del acto; cuando anunciamos que lo daríamos en casa de nuestro tesorero, Dr. Poo, que tiene una gran terraza, el Jefe de Policía afirmó que se llevaría preso a todo el mundo. Habíamos logrado obtener un séptimo local que nos cedió un Comisionado de la ciudad, en un condado que está fuera de la Jurisdicción de la policía de la ciudad, lo mantuvimos en secreto y de la casa del Dr. Poo trasladamos a los concurrentes al lugar y allí, custodiados por un sheriff, para que no fuéramos molestados se dio un emotivo acto con la presencia de cientos de compatriotas que de pie y a la intemperie escucharon a los ordadores sin moverse de su sitio hasta altas horas de la noche. Así, donde quiera que se nos hizo víctima de alguna agresión, el entusiasmo y las simpatías hacia el Movimiento se multiplicó, y el esfuerzo culminó invariablemente en el más rotundo éxito.

Cuando, sin embargo, después de este esfuerzo agotador, traté de obtener algunas impresiones acerca del trabajo desarrollado en New York después de nuestra partida, confieso que me llené de tristeza y de pena. ¿Por qué ocultárselos y decirles otra cosa aunque me duela expresarles este sentimiento? En New York, donde hay más entusiasmo, donde hay más patriotismo, donde había tres organizaciones, es donde peor marcha el Club Patriótico. En todas partes nos encontramos con la necesidad de crear la organización, buscar activistas e impulsar el Movimiento a través de los actos de masa y en todas partes quedó funcionando ya el Club con un presidente, su secretario y su tesorero y el entusiasmo de los cubanos. En New York tuvo que adoptar el Club estructura especial para conciliar la forma de organización con los antagonismos existentes entre distintos grupos de cubanos y se dio la máxima responsabilidad a una comisión de tres miembros. Bien: si con esa fórmula quedó obviada la dificultad, ¿a qué se debe la inacción? ¿Qué han hecho con todos aquellos compatriotas que después del acto expresaron su deseo ardoroso de luchar por nuestra causa? ¿Es justo que Cuba entera crea en la existencia de una pujante y vigorosa organización de los emigrados cubanos en New York, y esa organización a pesar del evidente patriotismo y entusiasmo de la masa, aún no funciona? ¿Sobre quiénes hacer caer la responsabilidad de ese retraso? ¿Qué causas de orden personal, o de orden organizativo, o de ausencia de seriedad lo originan? ¿Es que puede perderse tranquilamente un mes y medio cuando los acontecimientos en Cuba se precipitan alarmantemente y la situación es cada día más grave? Nosotros estamos librando una dura batalla en dos frentes: contra la Tiranía de un lado, contra los politiqueros y malversadores de otro. Hemos cifrado todas nuestras esperanzas en el pueblo, hemos renunciado de antemano toda ayuda que no sea la amiga, pocas veces se ha hecho una profesión de fe semejante en el civismo de una nación. ¿Es justo que en medio de esta dura contienda de vida o muerte para nuestros ideales, para los que los sostenemos, para el destino de Cuba, se pueda faltar un minuto al deber, se pueda dejar un instante de tener el pensamiento y esfuerzo puesto en este empeño donde todos estamos comprometidos? Por qué no han de esforzarse todos en el mismo grado que nos esforzamos unos cuantos? ¿Es posible que en esta hora suprema para la patria seamos incapaces de superarnos y sobreponernos a nuestras pequeñas querellas, malquerencias y

71

rivalidades personales? ¿Es posible que no seamos capaces de superar los defectos que en épocas normales pueden pasar indiferentes, pero que constituyen un crimen cuando una nación, un pueblo entero espera su salvación de nosotros? ¿Cómo podemos ser pequeños en una hora histórica que exige de nosotros el máximo de grandeza, con el olvido generoso de las faltas de los demás y con la misma severa exigencia de cada uno de nosotros para consigo mismo? Después de haber conocido de cerca tantos compañeros valiosos como los que ahí integran la emigración cubana, de haber convivido con ellos y palpado el fervor que sienten por Cuba, el deseo de volver a ella y sobre todo el deseo de hacer algo por ella como una exigencia que perennemente les hace la conciencia de hombres buenos, sé que no hace falta más que meditar un poco, hacer un recuento y preguntarse si cada uno ha hecho lo que debía o la décima parte de lo que podía y tocarse el corazón y preguntarse si se está satisfecho de lo que se ha hecho, si hemos sido buenos patriotas, buenos compañeros, buenos amigos a cabalidad, si hemos estado a la altura de las esperanzas que hicimos concebir al país y a los que por el país vienen luchando y vienen muriendo hace cuatro años y estoy seguro de que en lo adelante marchará mejor. el Club Patriótico de New York y se situará a la cabeza de todas las organizaciones del 26 de Julio en los Estados Unidos.

Al objeto de adelantar terreno y ayudarlos a recuperar el tiempo perdido, ayer mismo mandé a imprimir los documentos que necesitan para empezar a realizar de inmediato el trabajo sistemático de organización, proselitismo y recaudación de fondos que le corresponde al Club. Estos documentos son: planilla de solicitud de ingresos, recibo de cotización, carnets de activista y carnet de socios contribuyentes. Espero que estén en poder de ustedes a principios de la entrante semana. De Miami les enviarán asimismo un gomígrafo con mi firma que junto con la de los tres miembros de la comisión debe ir estampada en los recibos de cotización. En la próxima carta, al enviarle los documentos, enviaré sobre estos particulares nuevos detalles. Les indicaré también la forma y oportunidad de girar los fondos recaudados.

También remitiré, por correo ordinario, mil quinientos ejemplares del Manifiesto número dos del 26 de Julio al pueblo de Cuba, para que sean repartidos entre los cubanos de New York.

Necesito que los organizadores del Club Abel Santamaría, me escriban a la mayor brevedad, enviándome informes y detalles, para mandar a imprimir la documentación. Que me digan la forma en que están organizados y cómo funcionan.

He sostenido comunicación con los compañeros de Bridgeport, que están muy entusiasmados y cuyo Club comenzará a funcionar muy pronto en toda regla.

Hoy mismo escribiré a Union City, y ya también he mandado a imprimir la documentación del Club correspondiente. Les enviaré a ustedes los nombres y las direcciones de los cinco compañeros que se ofrecieron para organizarlo, a fin de que los visiten y estimulen.

Les ruego traten de ir elevando gradualmente la disciplina de la organiza-
ción; para eso cuentan con todas las facultades necesarias y la representación del
Movimiento en esa.
Nada más tengo hoy que añadirles. Saludos a los innumerables amigos que
dejamos en esa y un fraternal abrazo del compañero que no descansa. —Fidel.
P.D. Cuando escriban ponen en el sobre la siguiente dirección:
Sr. Jesús Montané, Nicolás San Juan 125 Apt. 3 Colonia Narvate, México,
D.F. "

Hemos querido copiar literalmente la carta de Fidel Castro, ya que el paso del
tiempo ha hecho algunos párrafos de la misma difíciles de leer. Es necesario que el
lector pueda evaluar en todo su contenido lo expresado por este hombre, que sin
reparos de ninguna clase, formula las ideas más convenientes para sus muy
personales planes de conquista y arrebato. Esta carta que Castro nos escribe,
especialmente un par de días antes de salir yo de viaje para Cuba, después de haber
aparecido en la revista Bohemia como uno de los oradores del acto de constitución
del Movimiento 26 de Julio, constituye una verdadera traición. Esta acción la
repetiría más tarde en diferentes oportunidades, incluso cuando envía al comandante
Léster Rodríguez a los Estados Unidos en misión militar y más tarde lo denuncia por
medio de una carta que se hizo pública y la cual se discutirá en la parte correspondiente de este libro. A continuación la correspondiente copia fotostática de la carta
de Castro.

México. Dic. 13 de 1955

Compañeros,
Angel Pérez Vidal
Arnaldo Barrón
Pablo Díaz:

Queridos compañeros:

Al fin, después de siete semanas de incesante batallar y ya de regreso en México, puedo sentarme a escribirles unas líneas. De New York traje un recuerdo imborrable: fue nuestro primer punto de escala, fue allí nuestra primera batalla, fue allí nuestro primer gran triunfo; allí se inició la campaña que conmovió la Isla y todavía prosigue en la misma medida que la tiranía, los intereses creados, los malversadores y politiqueros se ven amenazados por la pujanza de nuestro Movimiento y se conjuran contra él.

New York es sin duda nuestro lugar predilecto: el patriotismo de los cubanos allí residentes es incomparable y la forma en que acudieron al llamado de la patria, sin propaganda apenas, sin tiempo para nada, sin la agitación que produjo en otros lugares las publicaciones de Bohemia, me hicieron comprender con justicia que en la emigración cubana de New York estaba nuestro principal punto de apoyo. En todas partes, sin embargo, el Movimiento fue también secundado con extraordinario entusiasmo, pero creció también la resistencia y el sabotaje siete

2

sistemáticos de los agentes de Batista. En Tampa
lograron quitarnos el local 24 horas antes del acto;
pero el acto se dió y fué grande, en Cayo Hueso, fue aún peor: el jefe de la policía, cubano para mayor vergüenza, está vendido descara-
damente a Batista así como otros funcionarios; en
una ofensiva combinada con el Cónsul, presionan-
do de distintas formas, nos quitaron seis locales
antes del acto; cuando anunciamos que lo daríamos en casa de nuestro tesorero el Dr. Poo, que tiene
una gran terraza, el jefe de Policía afirmó que
se llevaría preso a todo el mundo. Habíamos logrado obtener un séptimo local que nos cedió un comisionado de la Ciudad, en un condado que está fuera
de la jurisdicción de la policía de la ciudad, lo
mantuvimos en secreto y de la casa del Dr. Poo trasladamos a los concurrentes al lugar y allí custodiados por un sheriff para que no fuéramos molestados
se dió un emotivo acto con la presencia de cientos
de compatriotas que de pie y a la intemperie, escucharon a los oradores sin moverse de su sitio hasta altas horas de la noche. Así, donde quiera que
se nos hizo víctima de alguna agresión, el entusiasmo
y la simpatías hacia el Movimiento se multiplicó,
y el esfuerzo culminó invariablemente en el más rotundo éxito.

Cuando, sin embargo, después de este esfuerzo a-
gotador, traté de obtener algunas impresiones acerca del trabajo desarrollado en New York después
de nuestra partida, confieso que me llené de tristeza y de pena. ¿Por qué ocultárselo y decirles o-
tra cosa, aunque me duela expresarles este sentimiento?

En New York, donde hay más entusiasmo, donde hay más patriotismo, donde había tres organizaciones, es donde peor marcha el Club Patriótico. En todas partes nos encontramos con la necesidad de crear la organización, buscar activistas e impulsar el movimiento a través de los actos de masa y en todas partes, quedó funcionando ya el Club con su presidente, su secretario y su tesorero y el entusiasmo de los cubanos. En New York tuvo que adoptar el Club estructura especial para conciliar la forma de organización con los antagonismos existentes entre los distintos grupos de cubanos y se dió la máxima responsabilidad a una comisión de tres miembros. Bien: si con esa fórmula quedó obviada la dificultad. ¿a qué se debe la inacción? ¿Qué se ha adelantado en el mes y medio transcurrido desde el 30 de Octubre, fecha del acto, hasta el día de hoy? ¿Cuántos socios tiene el Club? ¿Cuántos activistas? ¿Qué han hecho con todos aquellos compatriotas que después del acto expresaron su deseo ardoroso de luchar por nuestra causa? ¿Es justo que Cuba entera crea en la existencia de una pujante y vigorosa organización de los emigrados cubanos en New York, y esa organización a pesar del evidente patriotismo y entusiasmo de las masas, aún no funcione? ¿Sobre quienes hacer caer la responsabilidad de ese retraso? ¿Qué causas de orden personal, o de orden organizativo, o de ausencia de seriedad lo originan? ¿Es que puede perderse tranquilamente un mes y medio cuando los acontecimientos en Cuba se precipitan aceleradamente y la situación es cada día más grave? Nosotros hemos estado librando

una dura batalla en dos frentes: contra la
tiranía de un lado, contra los politiqueros y mal
veladores de otro. Hemos cifrado toda nuestra esperanza en el pueblo, hemos renunciado de
antemano toda ayuda que no sea la suya.
pocas veces se ha hecho una profesión de fe semejante en el civismo de una nación. ¿Es justo
que en medio de esta dura contienda de vida o muerte por nuestros ideales, para los que los sostenemos,
para el destino mismo de Cuba, se pueda faltar
un minuto al deber, se pueda dejar un instante de
tener el pensamiento y esfuerzos puesto en este empeño donde todos estamos comprometidos? ¿Por qué
no han de esforzarse todos en el mismo grado que nos
esforzamos unos cuantos? ¿Es posible que en esta
hora suprema, para la patria seamos incapaces de superarnos y sobreponernos a nuestras pequeñas querellas, malquerencias y rivalidades personales? ¿Es
posible que no seamos capaces de superar los defectos
que en épocas normales pueden pasar indiferentes, pero que constituyen un crimen cuando una nación,
un pueblo entero espera su salvación de nosotros? ¿Cómo
podemos ser pequeños en una hora histórica que exige de nosotros el máximo de grandeza, con el olvido
generoso de las faltas de los demás y hoy lo más severa exigencia de cada uno de nosotros para consigo
mismo? Después de haber conocido de cerca tantos compañeros valiosos como los que ahí integran la emigración cubana, de haber convivido con ellos y palpado el fervor que sienten por Cuba. el deseo de volver a ella y sobre todo el deseo de hacer algo por
ella como una exigencia que permanentemente les
hace la conciencia de hombres buenos, al que no

5

hace falta más que meditar un poco, hacer un
recuento y preguntarse si cada uno ha hecho lo
que debió o la décima parte de lo que pudo; tocarse
el corazón y preguntarse si se está satisfecho de lo
que se ha hecho, si hemos sido buenos patriotas, buenos compañeros, buenos amigos a cabalidad, si hemos estado a la altura
de las esperanzas que hicimos concebir el país
y a lo que por el país vienen luchando y
vienen muriendo hace cuatro años, y estoy seguro de que en lo adelante marchará mejor el Club
Patriótico de New York y se situará a la cabeza de todas las organizaciones del 26 de Julio
en los Estados Unidos.

Al objeto de adelantar terreno y ayudarles
a recuperar el tiempo perdido, ayer mismo mandé a imprimir los documentos que necesitan para empezar a realizar de inmediato el trabajo sistemático de organización, proselitismo y recaudación de fondos que le corresponde al Club. Estos
documentos son: planilla de solicitud de ingreso,
recibos de cotización, carnets de activistas y carnets
de socios contribuyentes. Espero que estén en poder de
ustedes a principios de la entrante semana. De
Miami le enviarán asimismo un facsímgrafo con
mi firma que junto con la de los tres miembros de
la comisión debe ir estampada en los recibos de
cotización. En próxima carta, al enviarle los documentos, enviaré sobre estos particulares nuevos
detalles. Les indicaré también la forma y oportunidad de girar los fondos recaudados.

También remitiré, por correo ordinario,
mil quinientos ejemplares del manifiesto

6

número dos del 26 de Julio al Pueblo de Cuba,
para que sean repartidos entre los cubanos de
New York.

Necesito que los organizadores del Club
Abel Santamaría, me escriban a la mayor brevedad, enviándome informes y detalles, para
mandar a imprimir la documentación. Que
me digan la forma en que están organizados
y cómo funcionan.

He sostenido comunicación con los compañeros de Bridgeport, que están muy entusiasmados y cuyo Club comenzará a funcionar muy pronto en toda regla.

Hoy mismo escribiré a Union City, y ya también he mandado a imprimir la documentación
del Club correspondiente. Les enviaré a ustedes
los nombres y las direcciones de los cinco compañeros que se ofrecieron para organizarlo, a fin
de que los visiten y estímulen.

Les ruego traten de ir elevando gradualmente
la disciplina de la organización; para eso cuentan con todas las facultades necesarias y la representación del Movimiento en esa.

Nada más tengo hoy que añadirles. Saludos
a los innumerables amigos que dejamos en esa
y un fraternal abrazo del compañero que no descansa.

Fidel

P.D. Cuando escriban, poner el sobre la siguiente
dirección: Sr. Jesús Montané
Nicolás San Juan 125 Aptº 3
Colonia Narvarte
México D.F.

Se van a cumplir 42 años de que Fidel Castro escribiera esta carta. Hacía muchos años que la teníamos depositada en una caja de seguridad de un banco, sin deseos de tocarla ni de leerla de nuevo. Cuando decidí definitivamente escribir este libro, viéndome en la obligación de leer y transcribir su contenido, innumerables preguntas martillaron mi cerebro. ¿Cómo había sido posible que todas estas interrogaciones acusatorias que planteaba Castro fueran aceptadas sin darle merecida respuesta...? Lo único que me viene a la mente es que el ferviente amor a la patria y el deseo de regresar, se convierten en la urgente prioridad en todos los que han tenido la enorme tristeza y el profundo dolor de haberse visto obligados a dejar la tierra en que nacieron. Castro, sin consideración de ningún tipo a todos los grandes esfuerzos de los cubanos que residíamos en la ciudad de Nueva York, lanzaba acusaciones sin motivo. Si hasta muchos de los que nos habíamos comprometido con la organización del Movimiento 26 de Julio, habíamos estado luchando por una patria feliz y generosa, cuando Castro aún le exigía dinero a sus padres sin haberse preocupado por los destinos de Cuba. Castro nunca había realizado un sólo día de trabajo honesto en toda su vida. La secuela de su historia estaba basada en sus títulos de "hijo profesional", "estudiante profesional", ahora convertido en "revolucionario profesional", siempre viviendo del producto de los que honradamente luchaban por la superación ciudadana y la libertad de la patria. La realidad había sido que el viaje de proselitismo que había realizado por el sur de los Estados Unidos, había resultado en un completo fracaso. En cambio, él trataba de proyectar esa experiencia como una epopeya heroica.

En aquella carta, Fidel Castro mintió, pero como siempre, trató de presentarse como la víctima de la persecución de Batista, que después de todo, había sido para con él más generoso que para ningún otro cubano.

La realidad demostró que Castro desconoció la lucha incansable de los exiliados y emigrados que residían en Nueva York y que se habían iniciado en aquella etapa desde el mes de abril de 1952. Quiso desde el primer momento desconocer y destruir las organizaciones que le habían brindado apoyo y ayuda de todo tipo. En definitiva lo único que pretendía era ¡todo el poder para Fidel!, que es lo que continuaría haciendo en todo el proceso revolucionario, hasta el presente.

A pesar de todos esos problemas y situaciones difíciles para los que nos habíamos comprometido en la lucha insurreccional, lo principal era continuar. Conforme se había decidido, en la segunda quincena del mes de diciembre de 1955, partí para Cuba. Pensé en lo que Castro me había informado, es decir, de la "perfecta organización en los cuadros obreros, estudiantiles y profesionales". Creí honestamente que estaba envuelto en una cruzada histórica que le daría definitivamente la felicidad y la paz a la patria, por la cual tantas generaciones habían combatido.

Al día siguiente de mi llegada a Cuba, fui detenido e interrogado por las fuerzas represivas de la dictadura batistiana, pero posiblemente como una prueba de la poca importancia que ponían en las actividades de Fidel Castro, nos dejaron en libertad, sin mayores problemas. Desde luego, también en aquellos momentos estaba en todo su apogeo los movimientos de los partidos políticos llamados de oposición, para llegar a un arreglo con el gobierno dictatorial de Fulgencio Batista. Precisamente, el Partido Ortodoxo tenía convocada una reunión extraordinaria de su Comité Ejecutivo Nacional, con la participación de sus máximos dirigentes, incluyendo a Raúl Chibás, Manuel Bisbé, Roberto Agramonte, José Pardo Llada y Luis Conte Agüero, y otros que formaban ese núcleo de oposición a la dictadura.

Una de las tantas razones por las cuales los cuerpos de seguridad del estado no ponían mucha atención a las actividades de los que en alguna forma estaban vinculados a Fidel Castro, era porque no existían ni la organización ni las actividades sobre las cuales Castro me había hecho mucho énfasis. Una vez más creo que comprendí en aquellos momentos, que la última carta que Castro me había enviado antes de emprender mi viaje, había sido el resultado de la desesperación que sentía al contemplar que no existía ninguna posibilidad para que él pudiera constituir un peligro serio para la dictadura. Sin los exiliados y emigrados de Nueva York, Castro probablemente hubiera tenido que olvidarse de sus sueños de conquista, toda vez que ni su propia familia estaba en disposición de mantenerlo, al quejarse con sobradas razones que Castro lo único que había representado en su existencia eran gastos y problemas para todos ellos.

En definitiva, de todo lo informado por Castro en Nueva York, no había un ápice de verdad. Utilizaba la historia de "la gran lucha organizada dentro de Cuba por los cuadros del Movimiento 26 de Julio" para buscar el apoyo del exilio y la emigración cubana. lo había logrado, principalmente debido al prestigio de un combatiente honesto: Juan Manuel Márquez. Al mismo tiempo informaba a sus simpatizantes en Cuba que "tenía el respaldo total y absoluto en recursos económicos y de hombres suficientes para cumplir su promesa de desembarcar en Cuba antes de terminar el año 1956".

Castro simplemente trataba de chantajear a ambos sectores o conglomerados humanos, para obtener de cada uno de ellos todo lo mejor posible. Castro podía mentir con gran facilidad, e incluso creo que llegaba a creer en sus propias mentiras. En lo que sí mostró siempre gran inteligencia, fue en utilizar los mejores sentimientos de los cubanos para su provecho único y personal.

La realidad era que en Cuba no existía el Movimiento Revolucionario 26 de Julio. No había organización en ninguno de los sectores que Castro había mencionado. Por el contrario, los individuos que estaban ligados a Castro por alguna determinada razón —algunos por haber participado en el ataque al Cuartel Moncada, como era el caso de Pedro Miret, y otros por haberse separado de grupos u organizaciones a las cuales había pertenecido, como sucedía con Armando Hart—, no habían podido vertebrar ni siquiera el esqueleto de lo que pudiera constituir la base o núcleo primario de una organización.

Los que formaban el pequeño grupo que se sentían aliados a Castro, conversaban entre ellos que lo que había sucedido en los Estados Unidos, y que el aporte que se le brindaba a Castro, probablemente sería suficiente para controlar y desarticular cualquier otro tipo de actividad de otros grupos u organizaciones. Este pequeño núcleo que se hacía llamar "el grupo íntimo", no creía que era necesario realizar actividades de proselitismo, especialmente con figuras de algún prestigio, ya que estos tal vez le pudieran restar autoridad a los miembros del "grupo íntimo". Se puede decir que desde el primer momento, la organización que Castro creó representó un verdadero cáncer en el proceso revolucionario cubano.

Fidel Castro, por una parte, ofrecía esperanzas de una lucha honesta y sacrificada, preñada de ideales patrios, que con una entrega total por parte de los combatientes, liberaría a Cuba de todos sus males. Por otro lado, existía la realidad de los que se mantenían apoyando la tesis insurreccional, hasta esos momentos, no habían estado vinculados a ningún proceso con figuras de la dictadura ni con los malversadores del erario público. Eran, en su mayoría, jóvenes que hablaban de sacrificios e ideales, desechando todo entendimiento con el rejuego político que se estaba ofreciendo. Muchos de estos hombres y mujeres, brindarían generosamente sus vidas en la conquista de lo que pensaron sería la libertad cubana. Lo que expresaba Fidel Castro eran verdades, lo que haría con su proceder y actuación sería algo diferente. El futuro de Cuba tenía que decidirse: aceptar los rejuegos políticos de los partidos tradicionales cubanos o la tesis de la insurrección armada. En otras palabras: ideales revolucionarios o componendas políticas.

Durante algo más de dos meses permanecí en Cuba; me reuní con la gran mayoría de las figuras que representaban algo en el frente de combate a la dictadura. Inclusive, en la reunión del Comité Ejecutivo del Partido Ortodoxo en el cual Castro era llamado uno de sus "legítimos representantes", pude participar sin ser siquiera miembro de ese partido. La vieja tradición cubana, que precisamente tanto utilizaba Fulgencio Batista, de "encenderle una vela a Dios y otra al diablo:, funcionaba en los predios ortodoxos. Ellos, que no había permitido participar en la reunión a sus más esforzados luchadores, por ser dicha reunión de carácter secreto, lo que se trataba de discutir el participar en el rejuego político que la dictadura pretendía realizar, me invitaron a pronunciar unas palabras, alegando que venía representando al exilio, y a la inmigración combativa cubana". El Dr. Manuel Bisbé, le pidió a Raúl Chibás, que presidía la reunión, que me permitiera hacer uso de la palabra. Al terminar mi exposición, Chibás le pidió al Dr. Conte Agüero que me contestara a nombre del Consejo Ejecutivo del Partido Ortodoxo, lo cual éste hizo justificando la posición de ese partido que se denominaba "equidistante", lo que en otras palabras reflejaba una cómoda posición, al no querer comprometerse en el rejuego político de la dictadura, pero mucho menos quería participar en el proceso revolucionario que Fidel Castro amenazaba desde México.

En mis esfuerzos por tratar de aunar voluntades para el empeño revolucionario, fueron muchas las puertas a las que llamé, y los hombres y mujeres con los cuales me reuní. Largamente hablé con Luis Botifol, Max Lesnik, Erasmo Gómez, Guido García Inclán, Miguel Angel Quevedo, y otros muchos a los que logré acercarme. Ninguno en realidad dijo algo que pudiera interpretarse como una crítica para Fidel Castro, sino al contrario, siempre querían hacer constar "su simpatía y admiración por el héroe del Moncada" que era la forma que generalmente todos ellos se referían cuando hablaban del futuro dictador.

Entre todas las personas con quienes conversé, hay uno sólo del cual nunca olvidaré sus palabras, expresadas con toda honestidad y responsabilidad. Me refiero a quien había sido un antiguo compañero de luchas en la "Juventud Auténtica;" con quien había compartido muchas experiencias revolucionarias: Orlando Castro, que a pesar del apellido no tenía relación alguna con Fidel.

Cuando se produjo el golpe de estado del 10 de marzo de 1952, Orlando Castro constituía una de las mejores promesas políticas en los cuadros dirigentes del Partido Ortodoxo, y posiblemente hubiera llegado a ser miembro del Congreso de la República si las elecciones convocadas en aquellos tiempos se hubieran efectuado. Cuando me dirigí a conversar con el antiguo amigo y compañero, y le comuniqué las tareas que estaba realizando mientras solicitaba su cooperación, me miró fijamente y preguntó:

¿Tú conoces realmente a Fidel Castro...?

Aunque aquella pregunta tan directa me sorprendió, le expliqué que a través de Juan Manuel Márquez me había vinculado al nuevo empeño revolucionario. Orlando Castro me expresó lo que puedo decir que repito casi textualmente, pues por más de cuarenta años ha estado presente en mi memoria, aunque no hubiera escrito nota alguna. Estas fueron sus palabras:

—Yo nunca podré participar como aliado, amigo o compañero en ninguna actividad en la que Fidel Castro tenga algo que decidir o poder para actuar. Fidel es el tipo de persona que si tiene que utilizar una lanza para con ella clavar el cuerpo de su hijo y pasearlo por calles y campos de Cuba, cubriéndose con la sangre del mismo, lo haría sin vacilación o remordimiento, si en ello halla algo que pudiera obtener o proporcionarle algún beneficio.

Sus palabras me parecieron demasiado duras en aquellos instantes. En esos momentos pensé que las luchas intestinas dentro del Partido Ortodoxo, pudieran estar llevando al antiguo amigo a expresarse en aquella forma. Pensé también Orlando habría tenido alguna mala experiencia personal con el personaje para expresar semejante idea. Lo que no dudé un instante fue su honestidad y la valentía al expresarme una opinión que nadie tenía el valor de compartir. También comprendí que me estaba dando una prueba de amistad y de confianza. La historia de estos cuarenta años ha demostrado que Orlando Castro tenía razón, y tal como había hecho toda su vida, expresaba sus verdades sin temor ni hipocresía

Aunque en todos los sectores de la vida pública de la Isla se notaba cierta desconfianza hacia el "héroe del Moncada", la realidad era que la hipocresía se hacía patrón general de los que en esos tiempos figuraban como líderes oposicionistas. Pensé que durante mi estancia en Cuba trataría por lo menos de lograr un consenso positivo de opinión entre los verdaderos revolucionarios que a través de todos los tiempos habían luchado frontalmente contra todas las lacras negativas que el poder había representado durante los largos años de los períodos batistianos.

La Federación Estudiantil Universitaria había sido siempre un fuerte baluarte de ideales patrios. En aquellos tiempos representaba a la organización como máximo dirigente José Antonio Echeverría, el cual más tarde moriría combatiendo en las calles de La Habana en los costados de la Universidad. En ese tiempo Echeverría se encontraba preso en el famoso Castillo del Príncipe, lugar predilecto de la dictadura para encarcelar revolucionarios. Hasta allí pude llegar, valiéndome de algunos políticos que se encontraban en la llamada "lucha por las garantías", los cuáles podían lograr que personeros del régimen le facilitaran pequeñas prebendas. En mi conversación con José Antonio, con el quien yo había tenido relaciones previas en muchas actividades revolucionarias, le comuniqué lo que honestamente creía como la única solución viable en el proceso revolucionario cubano. Este gran líder de la juventud se mostró partidario de la unión de todas las fuerzas que realmente estuvieran dispuestas a combatir la tiranía; me dijo que esperaba poder salir de la cárcel en unos pocos días, y que seguiríamos conversando en cuanto recobrara su libertad.

Esa misma noche me reuní con Armando Hart y Haydée Santamaría en el local que el Partido Ortodoxo mantenía en el Paseo del Prado. Armando Hart, que se iniciaba en las actividades con los que constituían el famoso "grupo íntimo" partidarios de Castro, se opuso tenazmente a todo contacto con los estudiantes universitarios, especialmente con José Antonio Echeverría. Haydéee, que había sido el vehículo personal de Hart para participar en el "grupo íntimo" (ya comenzaban las relaciones amorosas entre estos dos "dirigentes" fidelistas), apoyó a Hart en todo lo que éste expresó. Los problemas personales y la ambición de poder, agregados al celo irracional de Hart contra Echeverría, que ya en esos tiempos había escrito muchas páginas de heroísmo, eran la causa directa del abismo que existía entre la Federación Estudiantil Universitaria y los que comenzaban a tener alguna responsabilidad en lo que sería el Movimiento Revolucionario 26 de Julio.

Mientras José Antonio Echeverría hacía todos los esfuerzos por unir y luchar para lograr una Cuba libre, sin complejos ni recelos, entregándose generosamente como lo demostró al ofrendar su preciosa vida y muriendo por la causa e ideales que siempre mantuvo, Armando Hart, receloso, ambicioso, incapaz de producir nada con entrega y generosidad, representaba todo lo contrario. Durante estas cuatro décadas, este alabardero de Castro ha estado disfrutando de privilegios y posiciones que jamás hubiera podido alcanzar por méritos propios. Incluso, después que la mujer que siempre lo protegió y que convivió con él como esposa, Haydée Santamaría, terminó, por la vía del suicidio con toda la podredumbre en que vivió desde el primero de enero de 1959, Hart se desentendió del trágico episodio aceptando la excusa que Castro ofreció, al decir que Haydée Santamaría "desde hacía tiempo se hallaba perturbada de sus facultades mentales".

A la salida de la prisión, me reuní con José Antonio Echeverría en varias oportunidades, discutiendo su posible vinculación con las tareas revolucionarias del Movimiento 26 de Julio. Como dije, Echeverría —genuino patriota— me informó que estaba dispuesto a trabajar unidos. Pero la realidad era que los dirigentes que había en Cuba no estaban de acuerdo con la idea. Le prometí que a mi regreso a México le informaría a Castro de nuestras conversaciones. Eso hice en un detallado informe que le entregué en los últimos días del mes de febrero de 1956. De la misma manera discutí con Pedro Miret sobre los graves problemas provocados por Hart y Santamaría, que con sus ambiciones personales impedían la unidad revolucionaria.

Otro de los muchos y graves problemas, lo constituyó la fanática oposición de Haydée Santamaría a compartir con la "Asociación de Mujeres Martianas" tareas revolucionarias. Ayda Pelayo, Carmen Castro y otras muchas mujeres cubanas que habían luchado denodadamente, sufriendo cárcel y torturas sin límites, eran vetadas por Santamaría.

En el campo obrero, la situación era aún peor. Por motivo de que los que estuvieron envueltos en los sucesos del Cuartel Moncada eran en su mayoría jóvenes, no habían tenido un historial de luchas que pudiera servir para penetrar en el campo obrero, pues casi ninguno de ellos habían estado envuelto en ninguna tarea que se relacionara con los sindicatos ni las luchas obreras. Esta realidad, desde luego, posiblemente creó la gran dificultad de buscar apoyo en un sector que había sido siempre combatiente. El problema eterno de luchas intestinas dentro del pequeño grupo de íntimos del 26 de Julio evitaba todo contacto.

Desde el comienzo, este cáncer del divisionismo devoraría todo entendimiento con los demás grupos y organizaciones. La consigna consistía en "todo el poder para el 26 de Julio". No se permitía ceder un ápice en compartir la lucha, si previamente no se hacía constancia de estar dispuesto a seguir fielmente los dictados de aquel que, desde México se hacía llamar "el más fiel seguidor de la doctrina martiana". La historia ha demostrado que la única idea a la cual Fidel se ha mantenido fiel fue y es: todo el poder para él mismo.

Todas estas situaciones fueron informadas en forma detallada a Castro en México, enfatizando que todas estas luchas intestinas del movimiento estaban destruyendo la ansiada unidad revolucionaria.

Castro no pareció preocupado por esas informaciones y, como siempre, habló largamente del futuro y la necesidad de organizar primero los cuadros del movimiento en el exterior, y que más tarde él personalmente se dedicaría a resolver esos problemas. La realidad ha probado que esos problemas eran diseñados, organizados y dirigidos por Castro, para poder estar siempre discutiendo desde una posición más fuerte de la que en esos momentos poseía.

El exilio y la emigración de los cubanos en los Estados Unidos serían su fuerza, sus recursos y todo lo necesario para en el futuro imponerse como único líder en el proceso revolucionario.

Poco tiempo después de mi regreso a los Estados Unidos, los recursos económicos que comenzaban a llegar a México permitieron que algunos cubanos comenzaran a entrar en ese país. Unos cuantos de ellos participarían más tarde en la expedición del yate Granma. Mientras, tenían que comenzar el entrenamiento militar de guerra de guerrillas. El llamado "general" Bayo estaba comenzando a dar sus clases en esa materia. Castro, impaciente, rogaba, pedía y exigía mayores contribuciones económicas.

Fueron muchos los problemas que a diario se presentaban. La mayoría de las reuniones se efectuaban en la casa de Teté Casuso, que prácticamente era utilizada como cuartel general. En una de esas reuniones, en la cual solamente estábamos unos pocos, un joven que había arribado a México unos días antes y era uno de los dirigentes de la Juventud Ortodoxa, Antonio López, conocido por "Ñico", le preguntó a Castro sobre lo que significaba la persona que, junto a Bayo, participaba en el entrenamiento de guerra de guerrillas: Ernesto "Che" Guevara, toda vez que él tenía informes de que dicho individuo era miembro o simpatizante del Partido Comunista. Castro saltó enseguida del butacón en el que se encontraba recostado. Comenzó una perorata que duró aproximadamente dos horas, sin dar oportunidad de hablar ni preguntar a los que estábamos presentes. Resumió su larga explicación diciendo que a él no le importaba si el "Che" era o no comunista, y que lo único que le interesaba en esa persona era que tenía conocimientos médicos por haber estudiado varios años la carrera de medicina, agregando que si aparecía un médico o un estudiante de medicina, dejaría al Che en México, toda vez que ese individuo "nunca sería miembro del Movimiento 26 de Julio". La seguridad y la promesa de Fidel Castro bastaron para aplacar la inquietud de todos los que estábamos presentes en la reunión, incluyendo desde luego a Ñico López, que sería también uno de los que ofrecerían generosamente sus vidas durante el desembarco de los expedicionarios en camino hacia la Sierra Maestra, protegiendo la retirada y por tanto la vida del verdadero culpable de su muerte: Fidel Castro.

Mientras tanto, desde los comienzos del año 1956, los clubes revolucionarios proliferaron en todos los Estados Unidos y en Puerto Rico. En Nueva York, en Miami, en Tampa, en Los Angeles, en Cayo Hueso y en San Juan, se reunían los cubanos para denunciar los crímenes de la dictadura de Batista y la ayuda norteamericana que sin trabas ni medida se le proporcionaba al dictador Batista.

Las asambleas, mítines, piquetes, y actos callejeros se producían a diario, y los cubanos en Estados Unidos, que por lo general desempeñaban los trabajos más humildes, terminaban sus labores en fábricas, restaurantes, cafeterías y hoteles, para dedicarle al movimiento no solamente los pocos dólares que ganaban, sino también su tiempo de descanso, robándole horas al sueño por la causa de una Cuba libre. Esos dólares, que tanto sacrificios costaba ganar y todos los otros recursos destinados a la guerra, serían los mismos que un día Fidel Castro, después del triunfo revolucionario, negaba haber recibido, exclamando jactanciosamente que los recursos que él había tenido durante su permanencia en la Sierra Maestra, habían sido únicamente el resultado de "quitárselo a los ejército de Batista en guerra frontal".

Castro sabía perfectamente bien lo que había representado ese dinero extraído del sacrificio sin límites del exilio y la emigración cubana.

En aquellos tiempos, la consigna era que, excepto el dinero para pagar el alquiler, comida y transporte para el trabajo, todo lo demás era para la revolución, y por lo tanto había que entregar semanalmente lo que quedara de los ínfimos sueldos que se recibían por el duro trabajo que realizaban esos cubanos. Al menos los dirigentes manteníamos esa consigna como cosa de honor revolucionario, llegándose al extremo de pedir al exilio prendas y objetos de valor, que todo se podría convertir en dinero y ese dinero era para la liberación de Cuba. En el sombrero mambí que se colocaba frente a la tribuna de los oradores en los actos que se realizaban, siempre, además de los dólares, aparecían joyas o prendas, y más de un humilde anillo de bodas o de compromiso venían a aumentar los recursos económicos tan generosamente aportados por tanto cubano pobre, pero patriota.

Todo lo recaudado tenía que ser enviado a México, prefiriéndose siempre que la entrega fuera en efectivo y personalmente. En los constantes viajes que se hacían, las entregas de dinero se efectuaban disciplinadamente. En algunas ocasiones una llamada por teléfono exigía una entrega urgente, y había que hacerlo por medio del cable. Fueron muchos los envíos entregados, tanto a mano como a través de la Western Union, y estos últimos se mandaban a diferentes direcciones y distintos nombres. Desde luego, Castro insistía que las entregas en efectivo y de todo tipo, fueran realizadas de persona a persona, toda vez que él aludía que de esta forma los agentes batistianos no tenían medios de seguir el rastro de los recursos. La realidad era que Castro tampoco deseaba dejar pruebas de lo que recibía, pues cuando las entregas se le hacían personalmente a él o a la persona de su íntima confianza que él designaba, nunca aceptaba firmar documentos. Únicamente con algunos emisarios que no se conocían bien, en ocasiones, se le exigía que firmara constancia de lo recibido.

Esta situación se repetía cuando, después de innumerables sacrificios y peligros le llegaban armas y municiones, tanto durante su permanencia en México, como más tarde, cuando se encontraba a buen recaudo en la Sierra Maestra, en su escondrijo de "la Plata".

En el mes de abril de abril de 1956, Castro nos hizo unas cortas líneas, y Juan Manuel Márquez nos la trajo como portador de una misión que venía a cumplir. La carta en cuestión era la siguiente:

"México, Abril 20 de 1956
Querido Pérez-Vidal:

Juan Manuel parte ahora mismo y no hay tiempo para otra cosa que estas brevísimas líneas de saludo.

Excúsame, en nombre de tantas ocupaciones, que no haya respondido como debía, en nuestro tiempo, a tus comunicaciones. Siempre hemos seguido contando con ustedes. Juan Manuel te explicará todo extensamente.

Te quiere, tu amigo y compañero,

Fidel".

87

Juan Manuel Márquez nos traía información de los graves problemas que estaba confrontando el Movimiento 26 de Julio en todos los aspectos. No había hombres suficientes en número para lo que en ese tiempo sólo se mencionaba como la posible invasión a Cuba dirigida por Castro. Lo mismo estaba ocurriendo con toda clase de recursos. De Cuba no se recibía ayuda ni colaboración de ningún tipo y, aunque no se expresaba antagonismo contra Castro o su movimiento, la realidad era que se negaban a aportar nada que pudiera representar algo positivo para la lucha. Era necesario que el exilio y la emigración hicieran el máximo sacrificio. Se pedía que vendieran cualquier cosa de valor que se tuviera y que se viviera cubriendo solamente las necesidades vitales, ya que se necesitaba urgentemente en los Estados Unidos.

La consigna era elevar las cuotas de contribución a lo máximo y todos los que tuvieran algún crédito en agencias de préstamos o bancos comerciales que solicitáramos el máximo de lo que nos pudieran facilitar, para de esta forma lograr recursos necesarios para la expedición cercana. Por lo menos me plantearon que todos los que teníamos alguna responsabilidad dentro de los cuadros dirigentes de la organización, teníamos que realizar este esfuerzo, y así apurar el verdadero comienzo de la revolución armada.

La exposición de Márquez, franca y honesta, fue escuchada por los cubanos. Todos los recursos, desde las pequeñas cuentas bancarias hasta la venta de lo que pudiera convertirse en dinero era solicitado, y obedecimos. Los que teníamos algún crédito lo hicimos efectivo y las entregas de dinero se realizaron. Márquez prosiguió su viaje hacia otras ciudades, pero en algunos lugares, especialmente en el sur de la Florida, las cosas resultaron desalentadoras. Márquez se enfrentaba a la realidad de que eran muchas las personas que conocían a Fidel Castro, y tenían una opinión muy diferente a la del resto de los exiliados y emigrados cubanos, incluídos Márquez mismo y yo.

Un par de semanas más tarde, recibí carta de Juan Manuel Márquez, la cual expresa claramente los problemas que se confrontaban. Desde el Hotel Miller, en la ciudad de Miami, él me enviaba la siguiente misiva:

"Sr. Angel Pérez-Vidal
Mi Querido Compañero y Amigo:
Desde que llegué a esta ciudad he estado pensando en hacerte unas líneas para informarte de la agradable impresión que recibió nuestro compañero F.C. al poder contemplar en forma objetiva el resultado de las gestiones realizadas por los abnegados compañeros de la emigración de Nueva York. Sin embargo, día tras día, he tenido que aplazar este deseo para poder cumplir aquí la tarea que me ha encomendado el movimiento. Hoy, en este instante de tranquilidad te hago estas notas para que veas que tanto tú como a los demás compañeros, de los cuales tú eres guía y alma, los recuerdo aun en las ingratas jornadas.
Debo decirte que la situación en Miami es pésima, que no hay ni organiza-ción, ni el espíritu de unidad y de colaboración que caracteriza el esfuerzo de los

compañeros de Nueva York, y que en este momento tengo la sensación de que sólo el fracaso coronará mis esfuerzos. De todos modos no he perdido totalmente la esperanza de levantar el trabajo, sobre todo en lo que se refiere a finanzas, pero estas esperanzas están reducidas a dos o tres gestiones finales. Como ves, no puedo darte una noticia agradable, pero de ninguna manera se detendrá nuestro esfuerzo ni se alterarán nuestros planes.

De los cinco mil pesos que pensé levantar aquí, y que el movimiento necesita con urgencia, sólo podré reunir a lo más de dos mil quinientos. No creo necesario ratificarte que la libertad de Cuba no se dejará de hacer por pesos más o menos. Lo que me duele no es que yo pueda fracasar en una gestión que se me confía, lo que me duele es que todos los cubanos no comprendan con el mismo espíritu de grandeza la hora dramática del Movimiento, que es la misma hora dramática de Cuba.

Puedes estar seguro de que para nosotros todos los sacrificios serán pequeños, y de otra cosa también pueden estar seguros, de que al hacerlos no nos creemos más que cubanos humildes a quienes la vida le ha dado la virtud de saber cumplir con sus deberes. No interpretes estas cosas como quejas, pues la queja como dijo el Maestro, es una prostitución del alma con la queja.

Sin embargo hay angustias que sólo los luchadores pueden comprender y a los luchadores genuinos sólo se les puede hablar de las angustias, porque son las que la saben interpretar sin confundir los reveses pasajeros con el desaliento que no cabe en el pecho de un hijo legítimo de la libertad.

Perdona esta carta que no está realmente cargada de optimismo, pero tú eres de la casa y tienes derecho a saber cualquier contratiempo familiar.

Espero volver a escribir y para entonces quizás pueda confirmarte mis esperanzas sobre el problema económico.

Por hoy abrazo al compañero de lucha que nunca ha defraudado nuestras esperanzas y te ruego que en mi nombre saludes con el mayor afecto a todos los compañeros que pelean bajo la bandera de combate de Acción Cívica Cubana de Nueva York.

Sabes te quiere, Juan Manuel Máruez.

P.D. Puedes escribirme a la dirección de este hotel pero a nombre de Horacio Cancio.

Vale."

Sr. Angel Pérez Vidal.

Mi querido compañero y amigo:

Desde que llegué a esta ciudad he estado pensando en hacerte unas líneas para informarte de la agradable impresión que recibió nuestro común compañero F. G. C. al poder contemplar en forma objetiva el resultado de las gestiones realizadas por los abnegados compañeros de la emigración en New York. Sin embargo día tras día he tenido que aplazar este deseo para poder cumplir aquí la tarea que me fue encomendada por el Movimiento. Hoy en un instante de tranquilidad te hago estas notas para que veas que tanto a ti como a los demás compañeros de los cuales eres guía y alma, los recuerdo aún en las más ingratas jornadas.

Debo decirte que la situación en Miami es pésima, y no hay ni organización, ni el espíritu de Movilidad y de colaboración que caracteriza el esfuerzo de los compañeros de New York, y que en este momento tengo la sensación de que sólo el fracaso coronará mis esfuerzos. De todos modos no he perdido totalmente la esperanza de levantar el trabajo, sobre todo en lo que se refiere a las finanzas, pero estas esperanzas están reducidas a dos o tres gestiones finales. Como ves no puedo darte una noticia agradable, pero de ninguna manera se detendrá nuestro esfuerzo ni se alterarán nuestros planes.

De los cinco mil pesos que pensé levantar aquí, y que el Movimiento necesita con urgencia, sólo podré reunir a lo más dos mil quinientos. No creo necesario notificarte que la libertad de Cuba no se dejará de hacer por personas ciertas. Lo que me duele no es que yo pueda fracasar en una gestión que se me confió, lo que me duele es que todos los cubanos no comprendan con el mismo espíritu de grandeza la hora dramática. Movimiento, que es la misma hora dramática Cuba.

Puedes estar seguro de que para nosotros todos los sacrificios serán pequeños, y de otra cosa también puedes estar seguro, de que al hacerlos, no nos creemos nada más que cubanos humildes a quienes la vida le ha da la virtud de saber cumplir con sus deberes. No interpretes estas cosas como quejas, pues la queja como dijo un maestro, es una prostitución del alma y nosotros, más prostituiríamos nuestras almas con la queja. Sin embargo hay angustias que solo los lidiad pueden comprender y a los luchadores genuinos se les puede hablar de las angustias, porque son los saben interpretar sin confundir los reveses pasajeros con el decaimiento que no cabe en el pecho de un hijo legítimo de la libertad.

Perdona esta carta que no está realmente cargada de optimismo, pero tú eres de la casa y tienes derecho a saber cualquier contratiempo familiar.

Espero volverte a escribir y para entonces quizás pueda confirmarte mis esperanzas sobre el problema económico.

Por hoy abrazo al compañero de lucha que nunca defraudará nuestras esperanzas y te ruego que en mi nombre saludes con el mayor afecto a todos los compañeros que pelean bajo la bandera de cordel de Acción Cívica de New York.

Sabes te quiere.

Juan Manuel Márquez

P.D. Puedes escribirme a la dirección de este ho pero a mi nombre de Horaldo Tancio Valle.

Las cosas siguieron en crisis. Cada día la desconfianza hacia Fidel Castro aumentaba, y eran muchos los que le temían a sus inmensas ambiciones. Poco después de arribar Márquez a México, quien había podido lograr llevar algún parque y municiones y cruzar la frontera mexicana con éxito (después de abonar los suficientes dólares a los agentes para que "no vieran nada", desde luego), una nueva situación se presenta que viene a empeorar las cosas. Como resultado de una denuncia o de uno de los tantos agentes de Batista que tenía infiltrado en todas las organizaciones, incluyendo desde luego el Movimiento 26 de Julio, la policía de México "sorprende" un cargamento de armas y retiene algunas de ellas. Unas cortas líneas de Márquez, me informan de lo sucedido.

"Sr. Angel Pérez-Vidal.
Compañero y Amigo:
Para tu conocimiento y el de los demás compañeros debo decirte lo siguiente:
1ro. Nada fundamental cayó en poder de los agentes policíacos en este país. Total cuatro radios de práctica y cinco escupideras de uso personal. (Márquez se refería a cuatro rifles M-1 y cinco pistolas calibre 45 mm.).
2do. Fue una maniobra del tirano que le falló por completo, pues sólo lograron la detención de los compañeros sin más consecuencias que el escándalo y las inhumanas torturas a que fueron sometidos 3 compañeros.
Te seguiré informando,
Márquez".

La realidad era que los que poseían los mayores recursos económicos, tanto en Cuba como en el extranjero, no creían en las posibilidades de una invasión como la prometida por Castro y mucho menos en un posible triunfo de insurrecciones armadas, por lo que inventando las más disímiles justificaciones, se mantenían alejados de todo lo que pudiera representar actividades bélicas.

Esas que no estimaban oportuno aun invertir dinero en la revolución, se mantenían expectantes, aunque de vez en cuando compraban un "bono de contribución", desde luego, de los de menor denominación, para complacer a un amigo, "por si acaso", como se decía en Cuba, especialmente los llamados "apolíticos".

En aquella época, como ya dijimos, existía una "Organización Auténtica" conocida como la "O.A.", que surgió como resultado de discrepancias entre Prío y Aureliano, constituyéndose la O.A. junto al Dr. Antonio Varona. La OA tenía hombres trabajando activamente en el problema revolucionario dentro de toda Cuba y en el extranjero se movía con bastante facilidad, por contar con los recursos económicos de sus dirigentes, especialmente de Prío mismo.

Pero muchas de esas actividades bélicas de esa organización eran descubiertas antes de producirse, tanto en Cuba como en Estados Unidos. Fueron muchos los que en la isla sufrieron el rigor de los agentes de la dictadura, en la cárcel, torturados y, en muchas ocasiones, hasta asesinados. Y en el extranjero, en cada una de las ocasiones en que se producían detenciones, con su correspondiente cargamento de armas, personas allegadas a Prío o a Tony Varona eran los responsables del trasiego de las mismas, desde los primeros momentos, en relación con la compra y transporte del material de guerra.

A medida que avanzaba el año 1956, los preparativos para la anunciada invasión prometida por Castro seguían a pasos agigantados. Los clubes patrióticos aumentaban a diario y cada día nuevos afiliados venían a nutrir sus filas. Castro, desde México, exigía en sus comunicaciones más y mejor trabajo, y sobre todo señalaba constantemente la necesidad de que las remesas de dinero fueran mayores y más seguidas, además del suministro de armas y material de guerra. El había anunciado que no aceptaría dinero de los antiguos gobernantes, que estimaba corruptos. Todo este tropel de propaganda, calculadamente demagógica, lo hacía con el único propósito de extraer la mayor cantidad de dinero posible de todas las fuentes que pudieran proporcionárselo.

Meses más tarde, durante el segundo semestre de 1956, Castro realizó un viaje secreto a un pueblo cercano a la frontera entre México y Estados Unidos. El propósito de dicho viaje era el resultado de una entrevista secreta que había solicitado con Carlos Prío, el cual accedió a la misma, a pesar de conocer que Castro estaba atravesando un crisis, y su promesa de ir a Cuba se veía más difícil que nunca. En silencio, y sin divulgar nada de lo tratado, ni siquiera a los que con tantos sacrificios habían aportado los recursos económicos y humanos, Castro le informó de su gestión.

Fidel Castro solicitó de quien tanto había maltratado de palabra, en epítetos infamantes, la ayuda inmediata de una gran cantidad de dinero. Prío, que jamás había regateado a nadie su aporte a la revolución, también se la proporcionó a Castro, sin ponerse en miramientos. Incluso Prío hizo posible la compra del yate "Granma", en el cual hizo Castro la travesía de México a Playa Colorada, en la parte sur de la provincia de Oriente, en Cuba. Posiblemente había sido la gestión de Juan Manuel Márquez, la que había logrado la cooperación de Prío y la promesa de éste de no divulgar lo relacionado con la reunión entre él y Fidel Castro.

El Dr. Carlos Prío Socarrás, con los errores que hubiera podido cometer durante su mandato como Primer Magistrado de la Nación, demostraba con ese gesto y otros muchos, que tuvo con posterioridad con Castro y con otros revolucionarios, que era el hombre cordial y generoso que no recordaba agravios, y que de la pasión revolucionaria que lo alentó en sus luchas durante la juventud contra la dictadura de Gerardo Machado, le quedaban muchas fibras intactas de preocupación y de amor hacia Cuba y la democracia.

En más de una ocasión fuimos testigos de que cuando muchos de sus íntimos amigos le criticaban el hecho de la ayuda que le daba a Fidel Castro y al 26 de Julio, como única respuesta señalaba "que la condición que pueda exigir un cubano cuando ayuda a otro era que éste luchara por la libertad de Cuba". Y más que sus palabras, sus acciones hablaban bien a las claras de su íntimo propósito de ver liberada la patria que él tanto amaba. Cuando de nuevo Cuba sea libre, la historia tendrá que recoger en sus páginas la gran figura humana, justa y patriótica y generosa del que posiblemente represente el mejor Presidente que haya tenido Cuba.

Con la ayuda económica de Prío, se pudo aligerar el proceso revolucionario y con más asiduidad comenzaron a llegar a México un contingente mayor de jóvenes cubanos, que iban a incorporarse a la lucha, iniciando el entrenamiento que dirigía el coronel Bayo en una finca de las cercanías de la capital de ese país.

En el mes de octubre de 1956, el periodista cubano Oscar de la Vega, de la redacción del rotativo "Alerta", que dirigía Ramón Vasconcelos, más conocido por el mote de "vas-con-plata", por la continua rotación de los partidos políticos de acuerdo al dinero que recibiera por posición, hizo un reportaje en México sobre las actividades del Movimiento 26 de Julio. En una entrevista trascendental que le hizo entonces a Castro, éste ratificó que "antes de terminar el año 1956 estaría en Cuba peleando contra la dictadura con las armas en la mano".

Y el periódico Alerta, principal órgano de la dictadura, destacó en grandes titulares las palabras de Castro. ¡Cosas de Cuba y los cubanos: el Gobierno anunciando y haciendo la propaganda de una invasión en su contra! Esa subestimación por la dictadura del peligro que se le alzaba, le costaría el poder a Batista dos años después.

El 25 de noviembre de 1956 salían Fidel Castro y sus ochenta y un expedicionarios del puerto mexicano de Tuxpan, a bordo del yate Granma. En México quedaban otros muchos cubanos, que por varias razones no pudieron embarcar. Incluso Pedro Miret, considerado uno de los lugartenientes de Castro, quedaba preso en una cárcel de México, detenido junto a varios cuando se les ocupó armas y materiales de guerra. También en los Estados Unidos quedaban muchos más revolucionarios que se suponían partieran en la expedición. Es que Castro, como siempre, había escogido a aquellos que él personalmente consideraba incondicionales, aunque muchos de ellos no lo fueron realmente.

Con bastante tiempo antes de la partida, Castro había asegurado la cooperación de José Antonio Echeverría y los estudiantes universitarios, que Castro logró convencer para que firmaran lo que fue conocido como "la Carta de México", en la cual comprometía los destinos de toda esa juventud a cambio de nada. Lo único con que Castro se había responsabilizado consistía en enviar a Cuba, previamente a cualquier acción el material de guerra que fuera necesario, lo cual nunca hizo, desde luego.

No creemos que ni siquiera Teté Casuso supo del día y la hora de la partida de Fidel Castro hacia Cuba, y mucho menos el coronel Bayo. Como siempre, taimado y traidor, únicamente le informó Castro al ingeniero Gutiérrez, hacia el cual todos nos sentíamos estrechamente ligados por sus generosas contribuciones y disponibilidad, el día de partida y el día de llegada a Cuba, información que más tarde conocí a través de Pedro Miret.

Desde luego, Castro solamente lo utilizó como hizo con todos los que en una u otra forma lo ayudaron, haciéndolo en parte responsable moral de los sucesos del 30 de Noviembre de 1956 en la ciudad de Santiago de Cuba, ya que ese era el día que Castro le había informado al ingeniero Gutiérrez que avisara que él llegaría a Cuba y por lo tanto, que se comenzaran los levantamientos armados en toda la Isla. Desde luego, con la excepción de los dramáticos hechos revolucionarios en Santiago de Cuba, ningún otro levantamiento se pudo realizar, ya que Castro incumplió su promesa de enviar las armas necesarias previamente a su desembarco. Precisamente fue ése el motivo por el que la Federación Estudiantil Universitaria, encabezada por José Antonio Echevarría se vio imposibilitada de realizar acción alguna en esos días.

Lo que el ingeniero Gutiérrez nunca pudo imaginarse, precisamente por la fe y confianza en el "héroe del Moncada", era que Castro había planeado de antemano no arribar a Cuba el 30 de noviembre, sino dos o tres días después, conforme lo hizo, es decir, el 2 de diciembre. Castro pensó que si el levantamiento se producía, él podría desembarcar tranquilamente, toda vez que las fuerzas represivas de la dictadura estarían en combate con los revolucionarios en todos los pueblos y ciudades de la Isla.

Toda esta información me la suministró Pablo Díaz González, que había sido uno de los expedicionarios del Granma. Díaz González era del grupo el de mayor edad, aproximadamente en los cuarenta años o más. Al mismo tiempo, Díaz González no solamente conocía muy bien la provincia de Oriente, sobre todo la ciudad de Santiago de Cuba, en la cual había trabajado como conductor de tranvías eléctricos que recorrían algunas calles de la ciudad. En aquellos tiempos él decía que había sido uno de los líderes obreros que organizara el sindicato de trabajadores tranviarios de esa ciudad. La Sierra Maestra tampoco le era desconocida, y podía recorrer sus más intrincados rincones sin mayores problemas. Precisamente, después del desatre del desembarco, Díaz González supo encontrar sin mucha dificultad el camino hasta la ciudad de Santiago de Cuba, y desde este lugar dirigirse hacia La Habana, embarcando nuevamente para Nueva York, donde se incorporó nuevamente a los trabajos en el exilio cubano.

Cuando conversamos sobre los trágicos sucesos de Santiago de Cuba, en los cuales habían perdido la vida varios combatientes, la explicación que me dio Díaz fue basada en las ideas de Castro de que era necesario asegurar que no se corriera demasiado peligro durante la operación de desembarco, toda vez que estaba definitivamente planeado, como propósito principal, llegar a la Sierra Maestra y, desde allí, comenzar una guerra de guerrillas que él había calculado que duraría un par de años, como sucedió, aunque resultó también sorprendido del apurado final de la dictadura de Batista.

La triste y trágica realidad fue la muerte de algunos de los dirigentes del Movimiento 26 de Julio, que prácticamente inermes lograron mantener la ciudad de Santiago de Cuba en estado de guerra. Si Castro hubiera arribado conforme lo prometido y avisado, probablemente esas vidas jóvenes de revolucionarios honestos no se hubieran perdido.

Por otra parte, José Antonio Echeverría no había podido realizar ninguna actividad revolucionaria, pues Castro nunca cumplió su promesa de enviar los armamentos prometido y por tanto comprometidos durante el pacto sellado en la Carta de México.

A través de toda la isla de Cuba, la dictadura encabezó una ola de terror, encerrando en calabozos y torturando a los prisioneros, muchos de ellos asesinados. En esa ocasión, toda la culpa de lo sucedido recaía en Castro quien, sin importarle la vida de los combatientes, los mandó a un suicidio colectivo, para poder él llegar y esconderse en la Sierra Maestra, como habían sido siempre sus planes. De todos los que participaron en la expedición del Granma, tal vez con alguna excepción como en el caso de Pablo Díaz González y otros pocos, Castro es el único que conocía todos los rincones done podía guarecerse dentro de la sierra, donde él y su hemano Raúl podrían permanecer escondidos todo el tiempo que fuera necesario.

El arribo de Castro a Playa Colorada se convirtió en un completo fracaso, más por efecto de la casualidad que por la organización policíaca del régimen de Batista. En los momentos del desembarco, una fragata de la Marina de Guerra cubana divisó la operación, comenzando a perseguir a los que trataban de adentrarse en la maleza. Los únicos que llevaban ventaja eran los hermanos Fidel y Raúl, que como se ha señalado, eran conocedores del terreno y supieron buscar el camino más corto y seguro hacia lo más intrincado de la Sierra Maestra.

Juan Manuel Márquez, segundo jefe de la expedición, con heroísmo sin par y salvando la vida de los hermanos Castro, tomó por un atajo que le señalaron, como medida de distracción a las tropas de Batista, que ya los perseguían toda vez que el oficial de la Marina había dado información del desembarco. Márquez, en compañía de otros muchos, fue hecho prisionero y ejecutado en el mismo lugar en que fue aprehendido por órdenes directas de Batista, que bien resguardado en la Ciudad Militar de Columbia, daba sus órdenes por radio a sus testaferros. Una vez más un honesto combatiente brindaba su vida por aquel que, al igual que había hecho en el asalto al Cuartel Moncada, sólo le preocupaba salvar su propia vida: Fidel Castro. La historia nos demuestra que los hombres y mujeres que pusieron su fe en el "líder de la traición", se inmolaron por salvarlo.

Fulgencio Batista anunciaba desde su protegido cubil y con alegría prematura lo que más tarde se convertiría en un gran ridículo: la muerte de Fidel Castro y todos sus expedicionarios.

En el exilio, las organizaciones con todos sus hombres y mujeres se movilizaron y trataron por todos los medios de efectuar contacto con el resto de los expedicionarios, que se encontraban disgregados por la Sierra Maestra.

Después de difíciles comunicaciones, pudimos confirmar que aunque se habían perdido las vidas de muchos compañeros, Fidel Castro se encontraba sano y salvo en la sierra. Había que probar al mundo la realidad de la revolución combatiente, la presencia de Castro "peleando" en tierra cubana. Primeramente se decidió aumentar los actos de calle, en forma de mítines, protestas, piquetes, etc., haciéndolos más agresivos, tratando de llevar al mundo entero el eco de la lucha que había comenzado en Cuba.

Pero aún más importante era probar que Castro estaba vivo y se mantenía en la Sierra Maestra. En forma sumamente secreta se hizo contacto con el periodista norteamericano Herbert Matthews, que en aquellos tiempos era uno de los principales de las páginas editoriales del mundialmente conocido rotativo "The New York Times". Aún brindaban con champán en el campamento militar de Columbia de La Habana y otros centros castrenses por toda la isla, los jefes de la dictadura en celebración de la muerte de los expedicionarios del Granma, cuando apareció el día 17 de febrero de 1957 en el New York Times, en primera plana, un reportaje de Matthews donde ese periodista aparecía retratado junto a Fidel Castro en la Sierra Maestra, llevando en esa forma oficial la noticia al mundo de la existencia material de los combatientes y el propósito de los mismos, de mantenerse peleando hasta libertar a Cuba del régimen dictatorial de Fulgencio Batista. El periodista Matthews, que más tarde se excusó diciendo que había sido engañado, publicó que con Castro había grandes contingentes de combatientes bien armados y que él personalmente los había visto y compartido algún tiempo con ellos. Posiblemente nunca se pueda probar que Matthews, mintiera a sabiendas, traicionando así toda ética periodística y profesional al decir que Castro lo engañó haciendo que un pequeño grupo de hombres que estaban a su lado en las montañas cubanas, rotaran constantemente frente al avispado periodista, conocido por una larga experiencia en guerras y actos de guerrillas, lo que habría que pensar que si Castro engañó a Matthews, como si éste fuera un principiante en lo que se refiere a notar las realidades que lo rodean o un gran mentiroso profesional con fines no específicos.

El impacto no pudo ser mayor; mucho más cuando en forma torpe uno de los más destacados ministros del Gabinete de la dictadura negaba que la entrevista se hubiera efectuado, y trataba de demostrar que las fotografías que aparecían en el periódico neoyorquino eran sólo obra de la "técnica americana".

Mientras tanto, el pueblo cubano, conocedor de la presencia de Castro en la Sierra Maestra, aumentó la movilización en apoyo moral y económico para la guerra que se iniciaba.

En esos primeros días, todo era urgente. Había que llevar inmediatamente hombres y recursos a la Sierra, buscando el escondido lugar en el que los Castro se refugiaban. Jorge Sotú, que había sido uno de los líderes del levantamiento del 30 de noviembre en Santiago de Cuba, reunió algunos pertrechos de guerra y alimentos, y con un grupo de aproximadamente 70 hombres, escaló el Turquino para unirse a los pocos combatientes que se habían mantenido con Castro en los picachos de la Sierra, y que llegaban escasamente a 30 hombres. La otra gran mentira de Castro de que "sólo habían sobrevivido 12 hombres", queriendo hacer un paralelo con los Doce Apóstoles, prendió en el romanticismo cubano e incluso mundial. Si contamos los supervivientes del Granma, incluyendo a los que Castro fusiló, mantiene en prisiones y los que viven en el exilio, se verá que el número es muy superior a los "12 supervivientes". Incluso Castro ordenó que salieran de la Sierra Maestra aquellos que tenían calidad de dirigentes, ya que el propio Jorge Sotú, que fue el primero en llevar refuerzos de hombres y armamentos a las montañas de Oriente, Castro le ordenó que organizara la resistencia en las ciudades y más tarde le dijo que saliera al extranjero para ayudar en el acopio de armas y material de guerra. Esta orden de Castro de separar a Sotú de las fuerzas de combate se debió principalmente a que fue Sotú el que se responsabilizó y dirigió personalmente el ataque efectuado al Cuartel del ejército de Batista situado en el lugar conocido como "el Uvero", en las estribaciones de la Sierra Maestra. Esta fue la primera acción de guerra que se realizó y en la cual ninguno de los hermanos Castro participó, posiblemente por considerarse como un acto suicida. Desde luego, la muerte de Sotú en aquel combate le hubiera servido de bandera y dicha acción la "sumaría a su historial de combatiente. Los que junto a él habían participado en el ataque al Cuartel Moncada y en el desembarco del yate Granma, bien sabía que Castro siempre procuraba mantenerse alejado del campo de batalla, y la mejor prueba de ello es que terminó toda la lucha armada sin haber recibido ni la más insignificante herida.

Después del triunfo de la revolución, pocos meses más tarde, Jorge Sotú fue detenido bajo órdenes directas de Fidel Castro y condenado a cumplir 30 años de prisión, logrando escapar del Reclusorio Nacional de Isla de Pinos, gracias a la acción del capitán del Ejército Rebelde Padilla, que logró embarcarlo en un pequeño avión hacia la Florida, asilándose luego el capitán Padilla en la Embajada del Brasil en La Habana, donde fue asesinado por órdenes de Castro, que no perdona.

Jorge Sotú murió más tarde en el exilio, cuando se encontraba en actividades revolucionarias para regresar de nuevo a Cuba y pelear contra el régimen de Fidel Castro, el cual él, como nadie, había luchado por ver triunfar.

En relación a la situación que se encontraba el Movimiento 26 de Julio, se establecieron como metas inmediatas tres objeticos a alcanzar. El primero, consistía en suministrar a la Sierra Maestra todos los recursos vitales para los que en ella estaban pudieran sostenerse; así empezaron a llegar a las montañas de Oriente cargamentos de armas, comida, medicinas y dinero en efectivo, que Castro reclamaba para sus actividades.

En segundo lugar de prioridad y Castro lo señalaba como algo paralelo al primero, era el ampliar por todos los medios y maneras, la propaganda sobre la revolución y sobre todo buscar el apoyo y las simpatías continentales.

Finalmente, como tercer prioridad, se señalaba el inmediato desarrollo de una amplia campaña en todos los Estados Unidos para evitar que el gobierno norteamericano le siguiera enviando armas y material de guerra al dictador Batista, error éste que persistía en cometer y lo único que lograba era crear un ambiente de resentimiento muy justificado. Incluso cuando las actividades se dirigieron principalmente al suministro a la Sierra Maestra, Castro enfatizó que no necesitaba más hombres ni material de guerra en esos momentos, y ordenó que se dirigieran la mayoría de las actividades a destacar en el exterior, por todos los medios, y utilizando todos los recursos que se poseían a crear una "imagen del guerrillero combatiente", utilizando precisamente la fotografía que el señor Matthews había tomado en la Sierra Maestra. Ese ha sido el talento mayor de Castro, es decir, dirigir una campaña publicitaria que pudiera ejercer una presión emotiva hacia los factores que él señalaba como prioritarios. Esta situación proyectaría a Castro como una personalidad continental, logrando de esta manera anular todo intento revolucionario que pudiera apurar el proceso de la liberación. Para Castro, la demora en alcanzar el triunfo no era lo importante; lo único vital era que cuando el triunfo se lograra, él fuera el único e indiscutible líder de la revolución. Ni los que junto a él habíamos estado desde el comienzo, pudimos darnos cuenta que la única consigna válida que había en su mente era: "todo el poder para Fidel".

En aquellos tiempos la derrota de las fuerzas militares de Batista no constituía un factor importante, mientras que Castro no representara todas las fuerzas revolucionarias y que solamente él pudiera tener control absoluto de la situación nacional cuando el régimen se desplomara.

Los clubes patrióticos en Estados Unidos desarrollaban una actividad nunca igualada en la historia de las revoluciones en América En una oportunidad, Acción Cívica Cuba, organizó una inmensa caravana de automóviles y camiones que recorrió toda la Avenida de Broadway, la famosa "Vía Blanca", llamada así por sus millones de luces, hasta la Calle 42, prosiguiendo hasta el edificio de las Naciones Unidas. En aquella ocasión, personalmente entregué a la Secretaría General de esa organización un documento denunciando los crímenes de Batista, y solicitando que se abriera en el seno de la Asamblea General, la discusión sobre el problema cubano, y de esta manera también se solicitaba de esa organización mundial que reconocerá como beligerantes a los que mantenían la guerra en Cuba.

Uno de los graves problemas que teníamos los que estábamos responsabilizados con el cumplimiento de las tres prioridades establecidas por el Movimiento 26 de Julio desde la misma Sierra Maestra, lo constituía lo que parecía ser una lucha interna entre los dirigentes de Cuba y los que habían quedado en México después de la salida de Castro.

Desde los primeros días de enero, en medio de la lucha por hacer conocer la presencia de Castro en la Sierra Maestra, recibí una comunicación firmada por Pedro Miret, considerado el principal dirigente después de Castro y Márquez, ya que inclusive históricamente, había sido Miret el que se quedó peleando cuando los sucesos del Moncada, para que Fidel y Raúl Castro tuvieran tiempo suficiente para huir y esconderse. Miret estuvo gravemente herido en el combate y más tarde fue torturado y solamente por milagro pudo salvar la vida. La carta de Miret, también estaba firmada por Melba Hernández de Montané y Gustavo Arcos Bergnes, ambos combatientes en el Cuartel Moncada, siendo Melba Hernández, junto a Haydée Santamaría, las únicas dos mujeres que participaron en aquella acción de guerra. La carta de estos combatientes demostraba que Castro nunca tuvo intenciones de que aquellos tuvieran en su haber un historial revolucionario y que al mismo tiempo habían logrado un nivel académico universitario, participaran en acción alguna, pues temía que pudieran convertirse en líderes y restarle importancia o mando a su persona. Por estas razones, cuando Miret y sus compañeros quedaron detenidos en México, Castro en ningún momento ni siquiera sugirió que se ayudara a esos compañeros para que al menos pudieran llegar a Cuba. La carta en cuestión explica el estado de desesperación de esos combatientes. Por motivo de que dicha carta fue escrita en papel cebolla o de china, se transcribe textualmente y después se presentará copia fotostática de la misma. La carta en definitiva dice lo siguiente:

México, Enero 21/57
Sr. Angel Pérez Vidal, New York.
Estimado amigo: Por razones ajenas a nuestra voluntad nos encontramos en ésta sufriendo las amarguras de oír los nombres de los caídos, nuestros compañeros, y no poder haber estado a su lado "con el fusil al hombro".

Hemos podido arreglar nuestro sistema de correspondencia y por él recibimos, de los que están peleando (que se encuentran bien) una serie de indicaciones de cómo ayudarles.

Se están reorganizando las fuerzas del movimiento para darle el empujón final a la tiranía y con este fin les estamos escribiendo a Uds., los que tan generosamente fueron en anteriores oportunidades, para recabar, una vez más, su contribución. Hemos pensado que en la ciudad de New York se puede recaudar $2,000.00 que nos hacen falta para completar una cantidad que las indicaciones de los que están peleando exigen; y hemos pensado también, que tú, haciendo un postrer esfuerzo entre tus amigos y entre todos esos cubanos que anteriormente ayudaron, podrías conseguir mil dólares. La otra mitad se la hemos pedido al compañero Barrón.

No puedes imaginarte cuánta mala suerte nos ha acompañado en esta jornada; tal parece que el destino pone a prueba siempre la entereza de los hombres antes de otorgarles su laudo. Este es el momento de poner el hombro y ayudar un poco más, aunque reconocemos vuestros esfuerzos en todos los magníficos actos que en ésa han preparado y que deben continuar pues son un poderoso apoyo para los que luchan.

Te escribo ésta a nombre mío en atención a nuestra amistad, pero interpretando el sentir de los otros dos miembros de la dirección que en ésta se encuentran y que firmaron más abajo.

Salúdame a todos los cubanos que con tan buena voluntad nos ayudan. Con hondo afecto cubano te abraza Pedro Miret; Melba H. de Montané y Gustavo Arcos

Bergnes. *P.D. Hagan sus remisones a nombre de Melba Ortega, Sierra Nevada 712, Lomas de Chapultepec, México D.F."*

México, Enero 21/57

Sr. Angel Pérez Vidal
New York

Estimado amigo:

Por razones ajenas a nuestra voluntad nos encontramos en ésta sufriendo las amarguras de oír los nombres de los caídos, nuestros compañeros, y no poder haber estado a su lado "con el fusil al hombro".

Hemos podido arreglar nuestro sistema de correspondencia, y por él recibimos, de los que están peleando (que se encuentran bien) una serie de indicaciones de cómo ayudarles.

Se están reorganizando las fuerzas del movimiento para darle el empujón final a la tiranía y con este fin les estamos escribiendo a Uds., los que tan generosos fueron en anteriores oportunidades, para recabar, una vez más, su contribución. Hemos pensado que en la ciudad de New York se pueden recaudar $2,000.ºº que nos hacen falta para completar una cantidad que las indicaciones de los que están peleando exigen; y hemos pensado también, que tú, haciendo un postrer esfuerzo entre tus amigos y entre todos esos cubanos que anteriormente ayudaron, podrías conseguir la mitad es decir, mil dólares. La otra mitad, se la hemos pedido al compañero Barrós.

No puedes imaginarte cuánta mala suerte nos ha acompañado en esta jornada; tal parece que el destino pone a prueba siempre la entereza de los hombres antes de otorgarles su laudo. Este es el momento de poner el hombro y ayudar un poco más, aunque reconocemos vuestros esfuerzos en todos los magníficos actos que en esa han preparado y que deben continuar pues son un poderoso apoyo para los que luchan.

Te escribo ésta a nombre mío

interpretando el sentir de los otros dos miembros de la dirección que... en ésta se encuentran y que firmarán, más abajo.

Salúdame a todos los ... que con tan buena voluntad nos ayudan.

Con hondo afecto cubano, te abrazan,

Pedro Miret

Melba H. de Montané

Gustavo Arcos Bergnes.

P.D. Hagan sus remisiones a nombre de

Melba Ortega
Sierra Nevada 712
Lomas de Chapultepec
Méjico D.F.

Como podrá observarse, la lucha intestina del movimiento se encontraba en todo su apogeo. Los que trataban de luchar en lo que se llamaba "el llano", es decir, en pueblos y ciudades, eran desconocidos por los que dirigían y mandaban en la Sierra Maestra, en otras palabras, por Raúl y Fidel Castro. Estos dos "buenos hermanos" ordenaban en todas las comunicaciones tanto por mensajeros como por medio de familiares y algunos altos dirigentes, que todos los recursos fueran dirigidos hacia la Sierra Maestra y especialmente que la primera prioridad se convirtiera únicamente en grandes actos de calle en el extranjero, sobre todo en Estados Unidos. Castro ordenaba que lo principal era darle un carácter continental y si fuera posible mundial, al gesto que representaba el encontrarse en la Sierra Maestra y al mismo tiempo destacar que era únicamente el Movimiento 26 de Julio el responsable de mantener la bandera de la rebeldía en la lucha frontal contra la dictadura de Batista.

Es más, los Castro prohibieron terminantemente que ningún dirigente o miembro del movimiento en las ciudades o pueblos de Cuba tomara el camino de la Sierra. Incluso a uno de los pocos profesionales que habían participado en la expedición del Granma, el Dr. Faustino Pérez, Castro le ordenó que saliera de la Sierra Maestra y se fuera hacia La Habana, para organizar el 26 de Julio en esa ciudad, probablemente pensando que Faustino en muy poco tiempo sería una nueva víctima de la dictadura y representaría otra bandera que Castro podría enarbolar.

Fidel Castro sabía de sobra que, según avanzara la situación, los problemas serían más serios, lo que significaba que nuevas víctimas aumentarían la galería de mártires cubanos. Para él lo más importante era tener buenos argumentos, es decir, lo que él interpretaba como escalones para cuando se produjera el triunfo de la revolución, todas esas víctimas representarían parte de un proceso en el que él sería el máximo y único líder.

Castro tenía en lo más intrincado de la Sierra Maestra su escondrijo predilecto y, desde ese lugar, él jugaba como si estuviera en una partida de ajedrez, con lo en la intimidad él llamaba "su mapa político". Se cuidó de incluir en el viaje del yate Granma, algunos cubanos negros, como Juan Almeida y Pablo Díaz González, ambos de origen muy humilde. De Pablo Díaz se sabía solamente que había trabajado de conductor de tranvías en Santiago de Cuba, lo que Castro destacaba como "su representación obrera"; a Juan Almeida ni se le conocía historial de trabajo o de estudio, y su relación con Castro partía de haber participado en los sucesos del Moncada. En la Sierra Maestra, Castro presumía de tener "una gran representación campesina", aunque la realidad demostraba que un guajiro llamado Crescencio Pérez, quien era bien conocido, no por sus esfuerzos en el agro cubano, sino por sus chantajes y atropellos a otros campesinos infelices, y junto a él los había llevado a Castro para que engrosaran las filas del Ejército Rebelde. A este pequeño grupo de sufridos campesinos. Este los mencionaba como "la presencia campesina en el ejército del pueblo alzado en armas"...

En cuanto a la presencia de la mujer cubana, la había resulto con una joven delgada y no muy agraciada, de una buena familia de Santiago de Cuba: Celia Sánchez, que en forma fanática se uniría a Castro hasta los días de su temprana muerte, con posterioridad al triunfo de la revolución.

En aquellos tiempos, lo único que Castro quería era tiempo suficiente para fortalecer su figura de "libertador". El escondrijo en el cual permanecía la mayor parte del tiempo, estaba localizado en los más profundo de la Sierra Maestra, representando un seguro y buen lugar para permanecer hasta tanto él lo estimara conveniente. Desde esas cuevas, en las cuales permanecía, impartía sus órdenes.

Cuando Pablo Díaz González llegó a Nueva York en la última mitad del mes de enero de 1957, después de haber hecho el viaje desde el Puerto de Tuxpan, en México hasta la Sierra Maestra, inmediatamente me vino a ver para discutir "las instrucciones y las estrategias de lucha" que traía de la Sierra Maestra. El llamado Che Guevara comentaría más tarde que Pablo se había demorado más en llegar de México a la Sierra Maestra que desde esa montaña a la ciudad de Nueva York. Este estrafalario individuo trataba de burlarse de todo lo que no fuera algo personal de los Castro.

Díaz González me comunicó que las instrucciones eran que no se permitiera que nadie saliera hacia la Sierra Maestra, y precisamente él, al igual que Faustino Pérez y otros expedicionarios habían recibido órdenes de salir de las montañas de Oriente para irse a incorporar a otros trabajos. Castro mandaba a decir que en la Sierra él tenía los hombres suficientes para ese momento y que informaría cuando fuera necesario que otros combatientes se incorporaran al "ejército" rebelde. Las órdenes precisas eran de aumentar los actos de calle, tratando de involucrar a personalidades del mundo político americano y tratar de estar presentes en todo lo que pudiera significar la presencia de Castro en Cuba. Lo relacionado con el viaje y el atraso de dos días en llegar a Cuba, era algo aceptado como estratégico y además que la realidad era que habían llegado y estaban en Cuba. En mi conversación con Pablo, a los pocos días de su llegada, al recibir la carta de Miret, Melba y Arcos discutimos brevemente la comunicación y decidimos enviar un mensaje por vía directa, es decir, por contacto personal a La Habana, con unas líneas pidiendo aclaración a la situación planteada.

La carta que envié a Cuba, por motivo de haber sido escrita hace ya cuarenta años, es una copia al carbón y que decidí hacerlo en esa forma, exigiendo que Pablo firmara el estar de acuerdo y en conocimiento que lo que se exponía, por motivo de que se estaba poniendo en tela de juicio la autoridad y la honestidad de tres buenos combatientes que residían en México. Como se observará la carta está dirigida a Alejandro, Luis y otros, que eran los nombres que usaban generalmente dentro de los cuadros dirigentes.

"New York, Enero 31 de 1957

Compañeros Alejandro, Luis y demás responsables de la Dirección Nacional del Movimiento 26 de Julio.

Estimados compañeros: Vayan con estas líneas nuestros mejores saludos revolucionarios, acompañados de nuestros mejores deseos para el más rápido y victorioso fin de nuestras luchas por librar a Cuba de la dictadura que nos oprime.

El objeto de las presentes líneas es para comunicarles que hace unos días hubimos de recibir una comunicación desde México firmada por los comp. Miret, Melba y Arcos en la cual se solicita de nosotros el envío de $2,000.00 para ayudar a nuestro ejército revolucionario que se bate heroicamente en la Sierra Maestra y en toda Cuba. Como en toda ocasión anterior, nos hemos lanzado a la lucha para obtener esa cantidad, y en esta tarea nos encontramos en estos momentos y espero completarla muy pronto. En estas circunstancias en que ha llegado aquí el Comp. Pablo Díaz, el cual nos ha sugerido de que consultemos con la Dirección Nacional en Cuba de nuestro Movimiento 26 de Julio, si dicha cantidad la remitimos a México o a Cuba. Asimismo queremos saber cuanto antes la decisión por Uds. tomada para proceder en consecuencia.

Sin otro particular por el momento, y en espera de una rápida contesta a la presente, quedamos de Uds. con saludos revolucionarios. (Firmado) A. Pérez-Vidal y Pablo Díaz González.

New York Enero 31 de 1957

Companero Alejandro, Luis y demas responsables de la Direccion Nacional del Movimiento 26 de Julio.
HABANA.-

Estimados companeros:-
        Vayan con estas lineas nuestros mejores saludos revolucionarios, acompañados de nuestros mejores deseos para el mas rapido y victorio fin de nuestras luchas por librar a Cuba de la Dictadura que nos oprime.-
        El objeto de las presente lineas es para comunicarles que hace unos dias hubimos de recibir una comunicacion desde Mexico firmada por los comp. Miret, Melba y Arcos, en la cual se solicita de nosotros el envio de $2.000 para ayudar a nuestro Ejercito Revolucionario que se bate heroicamente en la Sierra Maestra y en toda Cuba. Como en toda ocasion anterior, nos hemos lanzado a la lucha para obtener esa cantidad, y en esa tarea nos encontramos en estos momentos, y espero completarla muy pronto. Es en esta circunstancia en que ha llegado aqui el comp/ Pablo Diaz el cual nos ha sugerido de que consultemos con la Direccion Nacional en Cuba de nuestro Movimiento 26 de Julio, si dicha cantidad la remitimos a Mexico o a Cuba. Asi mismo queremos saber cuanto antes la desicion por Uds. tomada para proceder en consecuencia.-
        Sin otro particular por el momento, y en espera de una rapida contesta a la presente, quedamos de Uds. con saludos revolucionarios

Por varias semanas no recibí comunicación oficial de los dirigentes nacionales del Movimiento, al menos de Faustino Pérez, que estaba al frente de la organización en La Habana, para que me indicara cuáles eran las prioridades a cumplir. Desde luego lo que desconocía en aquellos tiempos era que Faustino, en parte, era también una víctima de los Castro, pues, mientras él se sentía acorralado y sin medios económicos de ninguna otra clase, Fidel Castro demandaba que todos los recursos se mandaran a la Sierra Maestra. Hubo momentos en que Faustino, perseguido de muy cerca por los agentes policíacos de la dictadura, no encontraba lugar donde estar, toda vez que no existía una forma organizada de procurar sustento y habitación confidencial para los que luchaban en la clandestinidad. La realidad era, según se pudo conocer con posterioridad, que Castro decía que mientras más largo y numeroso fuera el martirologio revolucionario, más fuerte y poderoso se haría el proceso insurreccional. En otras palabras, para Fidel Castro, la muerte de Faustino

Pérez representaría algo positivo, especialmente si éste moría en las calles de La Habana, como había sucedido con otros muchos combatientes. Precisamente, la muerte de aquel joven idealista, Frank País, a quien prácticamente se le prohibió escalar la Sierra Maestra, a pesar de las recomendaciones del movimiento en la clandestinidad de Santiago de Cuba, representó para Castro un gran triunfo, sobre todo el sepelio del joven revolucionario, que constituyó un gran acto de repulsa para los miembros de la dictadura. Fidel Castro se ufanaba de lo positivo que representaba para el movimiento la trágica muerte de Frank País.

Mientras esperábamos la respuesta a mi carta a los dirigentes nacionales del movimiento, continuamos desarrollando las actividades necesarias para dar a conocer lo que estaba sucediendo en Cuba. Al mismo tiempo, el Consulado de Cuba en Nueva York, así como la Embajada en Washington, trataban por todos los medios y con los amplios recursos de que disponían de desacreditar los esfuerzos revolucionarios. Constantemente algunos de nostros éramos interrogados por los cuerpos de seguridad de Estados Unidos, tanto por la Policía local como los representantes del Buró Federal de Investigaciones, por motivo de las constantes denuncias del Cónsul cubano de Nueva York.

En varias ocasiones, algunos de nosotros éramos provocados en lugares públicos con la idea de que se produjera un acto de violencia y de esta manera ser encarcelados. Desde luego, más de una vez fuimos atacados por los esbirros que la dictadura tenía en Nueva York, lo que tuvimos que estar vigilantes en cuanto a lo que la seguridad personal representaba, pues el famoso caso Galíndez y el del periodista Requena, pudiera repetirse en cualquier instante. Pero esas situaciones constituían una realidad de la cual teníamos que estar preparados.

Apenas dos semanas después de haberle escrito a la dirigencia nacional del movimiento en Cuba, recibo una nueva carta de Pedro Miret, la cual demostraba claramente la situación interna que existía en el movimiento, en el cual no habían establecido canales de comunicación positivos. Muy tarde, comprendimos que éste era el sistema de Fidel Castro, es decir, crear la duda y confusión entre todos los responsables del 26 de Julio, de manera que siempre había que ir hasta el mismo Castro por aclaraciones. La carta de Miret se reproduce a continuación:

México, Febrero 10 de 1957

Sr. Angel Perez Vidal
New York

Querido amigo y compañero:

Recibí el lunes pasado tu carta y los
recortes que tan gentilmente me enviaste. Fué un poco tarde para
poder mandar cable al acto, que espero quedara bien.

No te había contestado hasta hoy por
que estuve fuera de la capital en unas gestiones y al llegar me
dediqué a pasar en limpio esta tesis económica (que es la tesis
del Movimiento) con la idea de enviarte una copia a ti y otra a
Barrón. Esta tesis, aunque incompleta, es un resumen de un trabajo mucho mayor que no hemos podido terminar por falta de tiempo y de estadísticas.

He recibido la noticia de que en ésa
se encuentra el compañero Pablo Díaz interesándose por fondos
con destino al Dr. Faustino Pérez; como quiera que recibo cartas
cada dos o tres días de él y no me ha dicho nada sobre el particular, desearía que cualquier envío de fondos se dirija aquí, pues
como ya te dije en la anterior, estamos estrechamente ligados
(Faustino y nosotros) en un trabajo de mucha importancia. Es necesario que se haga el mayor esfuerzo en enviar algo la próxima
semana, pues cada día que pasa es un motivo más de sufrimiento
para los que están en la Sierra.

Sin más por hoy, salúdame a todos los
que de buena fé colaboran contigo al derrocamiento de la tiranía.

Un fuerte abrazo de

Lo más importante de esta carta es destacar el tercer párrafo de la misma, en el cual se señala que "el compañero Pablo Díaz se encuentra interesándose por fondos con destino al Dr. Faustino Pérez". En otras palabras, las comunicaciones entre Faustino Pérez y Pedro Miret se veían como inexistentes, aunque existía la posibilidad de que mi carta a la Dirección Nacional y la carta de Miret se encontraban en el proceso de entrega.

Después de 40 años, uno se analiza cómo era posible que en medio de estas divisiones y luchas por el poder, no pudiera darme cuenta que lo que sucedía en aquellos momentos era un avance de lo que sería el destino de Cuba cuando los Castro tomaran el poder. Posiblemente el recuerdo de compañeros de lucha muy queridos, como Juan Manuel Márquez y José Antonio Echeverría y otros muchos, además del sueño de ver una Cuba libre e independiente nos cubría la realidad que se presentaba. Por otro lado, con la excepción que constituía el Dr. Prío Socarrás y los integrantes del Directorio Revolucionario de la FEU, no había en el panorama nacional otra cosa que los sucios rejuegos políticos.

Aquellos tiempos representaban trágicas situaciones en relación a los problemas intestinos de nuestra organización. Si buscar los recursos económicos y cubrir todas las necesidades de los combatientes en Cuba, añadido a la campaña de información pública que teníamos que realizar, aquella situación de lucha por el poder dentro de los cuadros del Movimiento resultaba un verdadero problema que lo hacía todo más difícil.

Durante el mes de marzo se estaba tratando de enviar para Cuba al coronel Bayo, para que sirviera de instructor a los campesinos de la Sierra Maestra en las tácticas de guerra de guerrillas. En esos días el coronel Bayo, que ya aceptaba el grado militar de "general" que el movimiento le había conferido, medio en broma y medio en serio —Bayo lo tomaba todo en serio—, vino a verme en forma muy confidencial, entregándome una copia, que reproduzco, de una carta firmada por Pedro Miret y Gustavo Arcos, en la cual se le notificaba que había instrucciones de enviarlo para Cuba lo más urgentemente posible. La carta y las instrucciones en cuestión las copiamos literalmente, reproduciendo después la copia original de las mismas.

México, marzo 7 de 1957

Querido General: Hace dos meses recibimos el encargo de Faustino Pérez de que lo mandáramos a Cuba; no nos acercamos a Ud. a hablarle de tal recado pues carecíamos de medios seguros de hacerlo.

Hoy, después de bastante trabajo, hemos conseguido la forma pero nos encontramos con que, debido a que se ha hablado mucho del asunto, se hace muy difícil realizarlo con seguridad. Es por eso que hemos redactado estas instrucciones de acuerdo con los que van a realizar la operación, para garantizar su seguridad y nuestra responsabilidad. Esperamos que para su bien y como militar que es, cumpla con discreción las mismas.

Gustavo Arcos B.

Por el Movimiento 26 de Julio,
Pedro Miret".

México, Marzo 7 de 1957

Querido General: Hace casi dos meses recibimos el encargo del Dr. Faustino Pérez de que lo mandáramos a Cuba; no nos acercamos a Vd. a hablarle del tal recado pues carecíamos de medios seguros para hacerlo.

Hoy, después de bastante trabajo, hemos conseguido la forma pero no nos encontramos con que, debido a que se ha hablado mucho del asunto, se hace muy difícil realizarlo con seguridad. Es por eso que hemos redactado estas instrucciones de acuerdo con los que van a realizar la operación, para garantizar su seguridad y nuestra responsabilidad. Esperamos que para su bien y como militar que es, cumplirá con discreción las mismas.

Por el Movimiento 26 de Julio

Gustavo Arcos B.   Pedro Miret

Instrucciones

1º Nadie en New York ni en Miami salvo Pablo y Mario deben saber su estancia en esa ciudad ni su destino.

2º Al llegar a Miami se dirigirá a la siguiente dirección

Sr. Mario Villamía
1443 N.E Miami P.L.
Miami FLA.

3º Le presentará estas líneas y recibirá de él, en sobre cerrado, otras instrucciones finales escritas a mano.

4º Caso de haber fallado algún eslabón por motivos de contingencias nuevas, él le orientará.

110

Como podrá notarse, en algunas ocasiones, nombres y direcciones han sido borrados o eliminados, práctica que se repetirá.

Realmente nos pareció una locura el pensar enviar al coronel Bayo para Cuba. En aquella época el coronel Bayo se acercaba a los 70 años de edad, si es que no pasaba. Físicamente no estaba en buenas condiciones. Si a esto se agregaba el costo de dicha operación, y los esfuerzos y peligros que representaba, más que una locura, llegamos a pensar que esta operación sería una forma de tratar de equilibrar las fuerzas del poder, o crear situaciones especiales en las cuales Castro se viera obligado a tomar determinaciones en relación a las tácticas y maneras de proseguir la lucha, calmando al menos, los graves problemas intestinos que, como un cáncer, estaban destruyendo los cimientos, aún muy débiles de la organización

Poco después, finalmente, se desechó este plan, toda vez que tanto Miret como Arcos y otros compañeros que estaban en México, decidieron que mejor salían ellos para Cuba, dejando en esos momentos al coronel Bayo en los Estados Unidos, sin recursos para subsistir. Para agravar aún más la situación, la esposa de Bayo se había quedado en México, por lo que en definitiva hubo que enviar al coronel de regreso al país azteca.

Mientras pequeñas intrigas y querellas intestinas minaban al Movimiento 26 de Julio, el 13 de marzo se producía en La Habana un hecho que tendría resonancia mundial: la Organización Auténtica, unida al Directorio Estudiantil Revolucionario, con sus líderes al frente: Menelao Mora, Carlos Gutiérrez Menoyo y otros muchos, junto a los estudiantes dirigidos por José Antonio Echeverría, efectuaban un ataque frontal al Palacio Presidencial, guarida del tirano, en horas tempranas de la tarde —3:28 pm para ser exactos—. El ataque estuvo a punto de triunfar sensacionalmente; pero unas rejas de acero que nadie esperaba, retrasaron la rapidez con que subían los combatientes, dando tiempo a los guardias de palacio a concentrarse en los pisos superiores, mientras aguardaban los refuerzos que Batista pedía a gritos por radios y teléfonos. En la acción heroica sin par murieron 24 de los atacantes, aunque hicieron muchas bajas a los batistianos.

Echeverría, que había sido designado para atacar la emisora Radio Reloj y lanzar al aire un manifiesto, murió combatiendo a la policía bajo los muros mismos de su amada Universidad.

El dictador, asustado ante la osadía revolucionaria, ordenó "dar un escarmiento" en la ciudadanía. Durante todo ese día hubo asesinatos y detenciones en toda La Habana y, al otro día, 14 de marzo, el Dr. Pelayo Cuervo, opositor civilista, apareció asesinado en el Laguito —en las cercanías del barrio residencial Country Club— con ocho heridas de bala. Batista, como antes, como siempre, imponía el terror sin tasa ni medida, toda vez que el Dr. Cuervo Navarro —hasta donde se supiera— no había estado vinculado en los sucesos del ataque al Palacio.

La cacería de héroes continuó implacable. Pocas semanas después, eran asesinados en un apartamento del edificio situado en Humboldt No. 7, los estudiantes Fructuoso Rodríguez —que había sustituido a Echeverría como Presidente de la FEU y líder del Directorio—, Juan Pedro Carbó Serviá, José Machado y el adolescente Joe Westbrook. Fueron víctimas de una delación por parte de un miembro del Partido Comunista, y cuyo proceso ya triunfada la revolución, fue un escándalo mayor que Castro tuvo que encubrir, al quedar comprobada la complicidad activa del Partido con el traidor.

Pero, mientras tanto, una gran pérdida para el futuro de Cuba, y una gran suerte para Castro, lo constituyó esa muerte del valiente José Antonio Echeverría. Ese día, el líder estudiantil cumplió a cabalidad y con heroísmo sin límites su promesa firmada en la Carta de México en representación del Directorio ante Fidel Castro que representaba al 26 de Julio. Castro no cumplió nunca su promesa de proporcionar los medios y recursos necesarios a Echeverría para actuar; pero éste, con su gran concepto del honor, y derramando su sangre noble, hizo buena su palabra empeñada. Precisamente, con la visión de futuro del combatiente, dejaba escrita antes de marchar al combate, lo que ha constituido su Testamento Político. En dicho documento, Echeverría enfatizaba lo que él siempre consideró como la lucha de un pueblo en su busca de la libertad, sentenciando: "En definitiva será la acción conjunta del pueblo la decisiva para alcanzar la victoria". Son palabras que tienen hoy más vigencia que nunca.

Todos estos hechos revolucionarios, eran aprovechados por Fidel Castro para enfatizar su posición de "líder combatiente" indiscutible, utilizando a todos los héroes y mártires como si le pertenecieran; como caballos de batalla.

A medida que los hechos revolucionarios se precipitaban en Cuba, Castro proseguía creando mayor desconcierto dentro del movimiento, creando crisis en cuanto a la orientación de los mandos y el establecimiento jerárquico en la Dirección Nacional.

Todos estos problemas sucedían al mismo tiempo. Mientras de Cuba recibíamos instrucciones en relación con las actividades necesarias a los que luchaban en la clandestinidad, desde la Sierra Maestra llegaban mensajeros con órdenes de que se intensificaran al máximo las actividades en los Estados Unidos. Para Castro, lo más importante no era combatir en la Sierra Maestra en esos momentos, sino como él mismo dijera, los combates tenían que ser en el extranjero, para dar dimensión continental a la revolución cubana. Al mismo tiempo, desde México, reclamaban nuestros esfuerzos para continuar la lucha y el regreso a Cuba de los principales dirigentes nacionales del movimiento.

En esos primeros meses de 1957, cuando la situación era más difícil, por motivos de no haber forma de atestiguar cuáles eran las verdaderas direcciones del movimiento, un nuevo elemento conflictivo entró en escena. Dos de las hermanas de Castro, las llamadas Emma y Lidia, informaban que ellas eran las únicas autorizadas por Fidel Castro para recibir todas las contribuciones para el 26 de Julio, para más tarde hacerlas llegar a la Sierra Maestra. En los primeros días de marzo, estas dos hermanas arribaron a la ciudad de Nueva York. Lidia era la medio hermana mayor de Fidel Castro, y se abrogaba toda la autoridad. En una entrevista que tuvo conmigo, en la cual Emma también estaba presente, me informó oficialmente que ella se responsabilizaba con todo lo relacionado con el movimiento, toda vez que Fidel Castro lo que necesitaba no eran hombres en la Sierra Maestra, sino simplemente tener en sus manos todos los recursos para usarlos de acuerdo a lo que él estimara necesario. En cuanto a los que aún se encontraban en México luchando por regresar a Cuba, eso sería una cuestión personal de ellos, y que nada representaba para el 26 de Julio el que ellos pudieran llegar a Cuba o se quedaran en el país azteca.

Lidia Castro, que se presentaba como "la persona de confianza de Fidel", poseía cartas personales en las cuales los Castro le comunicaban una serie de encomiendas aunque, desde luego, Castro, como siempre, no afirmaba ni negaba nada específico, ya que de esa manera él siempre tendría en sus manos los resortes necesarios para poder mantener las fracciones dentro de su movimiento convenientemente separadas y, por tanto, todas las cuestiones tendrían que ser consultadas con él. Esto constituiría una manera de conocer hasta los más íntimos detalles de los problemas entre los dirigentes del 26 de Julio.

Era parte de la responsabilidad del movimiento dentro de Estados Unidos el realizar acopio de los fondos monetarios que contribuían los exiliados y emigrados cubanos. Esto se hacía a a través de los llamados "ramales" de los Clubes Patrióticos. Al llegar las hermanas de Fidel Castro a Nueva York, demandaron que lo que en esos momentos se había recaudado se le entregara a ellas, pues tenían que dejar la ciudad de Nueva York con toda premura. El total que estaba en mi poder en esos momentos era la cantidad de $ 1,643.35. Esa cantidad se la entregué; pero debido a los problemas que sucedían, les pedí que me firmaran el recibo correspondiente, cuya copia fotostática aparece a continuación:

De nuevo recibimos una comunicación de Pedro Miret, fechada el 18 de marzo. Por estar escrita a maquinilla no creo necesario reescribirla, prefiriendo simplemente incluir la copia fotostática de la misma. En esa carta, Miret se enfrenta a las hermanas de Fidel, nada menos que desautorizándolas y enfatizando que ninguna de ellas eran miembros del Movimiento 26 de Julio y por lo tanto carecían de autoridad para hablar ni mucho menos colectar fondos para la causa revolucionaria.

Sr. Angel Pérez Vidal,
New York
Querido amigo y compañero:
He recibido una carta de Pablo preguntándome s[o]
bre unas gestiones que están haciendo en ésa las hermanas de Fidel.
No tengo conocimiento alguno, no sólo de esas g[es]
tiones, sino de los motivos del viaje de ellas a ésa. Parece que se ha qu[eri]
do utilizar su presencia para crear divisiones y algún día le pediré cuen[ta]
ta s personalmente al autor de tal actitud. Imagínate que el compañero Pa[blo]
todavía no ha podido tener una entrevista con ellas por que según su secr[e]
tario no tienen tiempo para ocuparse de él; de él que no fué a la Sierra
Ma estra a pasear ni está en ésa disfrutando de unas vacaciones.
En ningún momento las hermanas de Fidel han sid[o]
miembros del 26 de Julio (que no se ha constituído con fines nepotistas)
por lo tanto, no tienen derecho a tomar determinaciones por su cuenta, c[omo]
es la de cambiar el curso de la recaudación, que está establecido vía Mé[jico]
y a demás expresar opiniones particulares como si fueran órdenes de Fide[l]
Quiero decirte que yo no he visto todavía una sola letra de Fidel, y ser[á]
interesante les pidieras a esas personas te mostraran esas fa mosas cart[as]
q ue tan amenudo esgrimen.
Espero q ue sabran definir los campos y tomar [una]
actitud q ue cuadre a las circunstancias; pero q ue en ningún momento se [rom]
gre la labor que están desarrollando.
He recibido $ 150 que nos enviastes y si no te [he]
contestado se debe a que todas estas intrigas me consumen un tiempo dign[o]
de mejor encomio. Figúrate que antes de ayer se recibió en la U.P. un c[able]
de New York preguntando si era cierto que yo iba a llevar una expedición [a]
Cuba, resultando lo siguiente: que por poco nos agarra la Federal el sáb[ado]
y todavía no sabemos en que parará esto, pues hasta tuvieron la desfacha[tez]
de pasar unas declaraciones falsas que me atribuyeron a mí y que aquí te [salie]
do junto con unas que salieron hoy. Pa rece que el propósito es ir crean[do]
una estado de opinión en contra mía para facilitar lo que me han mandado
decir desde la prisión de Boniato, un atentado en el que aparezca yo com[o]
agresor de la policía de aquí (seguro pagada por el propio Batista).
Aunque he ido a la prensa a desmentir esas ver[sio]
nes, no me han querido publicar nada; sólo la U.P. me tomó declaraciones [el]
sába do, pero no creo q ue las publiquen aquí.
No se me ocurre que podrían hacer Uds. en este [[
asunto. Hasta ahora el único periodista que respetan y que le dejan publ[icar]
sus artículos es a Matthews. El le respondió a Tete una carta que ella l[e]
escribió y tal vez podría decir algo.
El compañero Villamía ha resultado una maravil[la]
adq uisición, lo va mos a tener que declarar el novato del año.
Bueno, espero que no tengan tropiezos similar[es]
en esa y que continúen con sus maravillosos a ctos.
Un fuerte abrazo de todos aquí

Pedro Miret

Me responsabilizo totalmente con lo arriba escrito.

Gustavo Arcos Bergnes

Pero, la sorprendente aclaración de Miret sobre el hecho de que en el movimiento "no podía existir ningún tipo de nepotismo", se quebraba ante la realidad de las cartas que Lidia Castro poseía de Fidel, y en las cuales se la autorizaba para una serie de tareas en relación con las labores específicas del movimiento mismo, desconociendo así toda autoridad o jerarquía a los miembros que estaban en México.

Por otra parte Miret mencionaba problemas que contenían bastante gravedad, especialmente tratándose de la ciudad de México, en la que tantos problemas habían presentado sus agentes de la autoridad.

Lidia y Emma Castro regresaron a México, pues, prometiendo que le pedirían a Castro que de una vez por todas aclarara la situación que se estaba presentando, ya que la organización estaba resintiéndose y la credibilidad de los que luchábamos se estaba poniendo en duda. En mi última entrevista con Lidia, que era realmente la que se abrogaba toda la autoridad para hablar y actuar, le manifesté que a no ser que recibiera una indicación oficial de puño y letra de Fidel Castro, yo continuaría luchando en el proceso revolucionario, pero estableciendo mis propios parámetros de acción.

En definitiva, la carta de Pedro Miret se explica por sí misma sobre la situación mencionada.

Unos días después de la partida de las hermanas de Castro, me reuní con Pablo Díaz González y le mostré la carta que había recibido de Pedro Miret. Pablo me enseñó y me entregó una copia fotostática de la que él había recibido también un día antes, diciéndome que él se responsabilizaba en seguir actuando de acuerdo con las indicaciones que recibiera de La Habana, de Faustino Pérez, y también con lo que residían en México, especialmente Pedro Miret. La realidad era que todo el proceso y confusión se debían a la dualidad de funciones que Castro desde la Sierra, por medio de sus cartas de poder dubitativo y sus mensajeros especiales mantenía en estado constante.

De las hermanas de Fidel Castro no volvimos a saber. La única que vino a participar como una combatiente más fue Juanita Castro, que se dio por entero a la lucha sin buscar reconocimiento especial por ser hermana de quien era. Ella constituyó dentro de los cuadros de trabajo algo verdaderamente positivo.

En cuanto al comité que orientaba Barrón del Partido Ortodoxo, se separaron de toda vinculación oficial con el Movimiento 26 de Julio, pero seguían cooperando directamente con una de las tantas ramificaciones que mantenía la organización fidelista. Un grupo de los miembros del Comité Ortodoxo de Nueva York, decidió separarse de dicho comité para formar filas dentro de los cuadros de trabajo del 26 de Julio.

En la carta que Miret le enviaba a Pablo Díaz, le anunciaba entre otras cosas la anulación del viaje del coronel Bayo a Cuba. El lector podrá conocer los detalles de la misiva al reproducir la copia fotostática de la misma.

México, D.F., Marzo 16 de 1957

Sr. Pablo Díaz
New York
Querido compañero:

Con gran pena te hago estas líneas, después de pensarlas muy bien. Es sumamente d loroso lo que está ocurriendo y no nos queda más remedio que situar las cosas en su verdadero lugar.

Como sabes, Desde que el Sr. Barrón mandó a buscar por su cuenta y riesgo, había intuído lo que se nos venía encima. Desgraciadamente estaba ocupado en otras cosas y no pude evitar este desenlace.

En ningún momento se ha recibido carta alguna de Fidel y si ésta ha llegado, me ha sido sustraída pues no he visto ni una sola letra de él; y ya yo estoy cansado de que siempre me estén diciendo lo mismo.

Nosotros pertenecemos a una organización que se rige por una serie de normas, y una de ellas es, que sólo los miembros de la dirección tienen potestad para tomar determinaciones siempre y cuando esta s caiga n dentro del campo de su responsabilidad. Las hermanas de Fidel con todo el cariño que les profeso, no son ni han sido nunca miembros de este Movimiento (q ue no se mueve por razones de nepotismo) y no tienen por lo tanto potestad para expulsar a nadie ni cambiar órdenes ya estableedas por individuos responsables.

Seguimos siendo tan miembros de la dirección de este Movimiento como desde el día que éste se constituyó y sería muy interesan que les sean presentadas a Uds. esas fa mosas cartas de Fidel de donde em nan esas órdenes, pues yo estimo que todo eso no es más que exceso de imaginación.

En estos momentos de crisis es necesario más que nunca tener un claro sentido de la responsabilidad en que podemos recaer si nos dejamos desviar por tan pequeñas incidencias.

Voy a contestar a tus tres puntos:

1.- Ya ha sido a nulado el viaje de Don Manuel (que dicho sea de paso, me trajo tremendo lío aquí; pues fué a ver a León Osorio, connotado trujilli a decirle que las hermanitas de Fidel tenían "órdenes de su hermano" de hab con él, y hace unos ocho días se me presentó aquí Raúl Hernández, que ven de Sto. Domingo a ve que querían las hermanas de Fidel; ¡ Figúrate que pena¡, tuve que decirle que las hermanas de Fidel en ningún momento había pedido tal entrevista y q ue Fidel no quería saber na da con eso señor).

2.- No es cierto que estén ellas autorizadas para ninguna gestión de diner o por lo menos aquí no se les ha dado tal autorización. Todo el dinero de ser enviado a la dirección que ya les envié y que oportunamente les ra ti: có Faustino.

3.- Debes seguir ahora más que nunca las orientaciones de Faustino.

En días pasados salieron unas declaraciones en un perió co de Méjico calzadas con mi firma fraudulentamente, en el que aparezco y COMO UN DELATOR y a demás con ca rencia de sentido del momento, que es de UNIR. Aunque he ido a ese periódico a desmentirlas no he conseguido que l hagan. Ayer sábado, fuí a la U.P. e hice unas declaraciones que espero ha llegado a ésa, negando las tales declaraciones.

Hay una conjura destinada a mezclarme, por medio de pro ganda en una serie de artículos q que irán subiendo de tono, en los cual apareceré como comunista unas veces y otra como superterrorista, o peor au como amenaza para la policía de aquí; el fin que persiguen no es más que tener un pretexto para desaparecerme. Esto lo digo con toda responsabilid y sin ningún género de vanidad. Tal vez Uds. puedan denunciar esto allá, la cosa es más seria de lo que parece.

Por último, no estamos divididos en ningún pedazo; lo q que está sucediendo es que se están inmiscuyendo personas ajenas a nuestr Mov. en a suntos que no son de su incumbencia y que no es el momento de p mitir pues se da esa sensación falaz de desunión. abrazos de Pedro Miret

116

Desde esos momentos, decidí actuar de acuerdo con las recomendaciones que nos llegaban de Cuba, pero en definitiva yo mismo establecería prioridades tomando en cuenta cómo se presentaran los problemas y situaciones. Al fin y al cabo los compañeros que estaban en México eran parte importante de la dirección general del movimiento, además de tener una ejecutoria de luchas y sacrificios. Lo que sí comprendí necesario establecer y mantener era el realizar toda clase de actos de calle que llevaran a la opinión pública norteamericana lo que estaba sucediendo en Cuba y demostrar la política errónea del gobierno del entonces presidente Einsenhower, de continuar ofreciendo ayuda incondicional de armas y pertrechos de guerra a la dictadura de Batista. Esto constituía una grave situación, no precisamente por el efecto que esas armas pudieran producir a los que se encontraban en la Sierra Maestra, sino principalmente por el efecto internacional que representaba el apoyo del gobierno norteamericano a la dictadura cubana.

Era necesario movilizar a la opinión pública en contra de tales regulaciones y tratados, advirtiendo que el mantenimiento de esa situación pudiera tener resultados muy negativos en las relaciones futuras de las dos naciones, una vez que terminara el proceso de la dictadura cubana.

A esas alturas ya se habían realizado numerosos actos de calle, piquetes, asambleas de militantes, mítines en los cuales la colonia cubana e hispanoamericana brindaron una valiosa cooperación. La protesta subía de tono, pero comprendí que únicamente si se movilizaba a la opinión pública norteamericana y ésta de alguna forma expresaba su descontento frente a la política del gobierno de ayuda militar a la dictadura, los políticos, sobre todo en la rama legislativa, presentarían una nueva alternativa; Seguidamente, copias fotostáticas de la presidencia de los actos.

De izquierda a derecha, Carlos González, combatiente en el Cuartel Moncada; Pablo Díaz González, expedicionario del Granma; Ángel Perez Vidal, autor de este libro; la Sra. de Arciniegas y el profesor Germán Arciniegas; el Dr. Mario Llerena; el Dr. Manuel Urrutia y su señora esposa Esperanza Llaguno de Urrutia; Miss. Frances Grant y una anciana cubana que quiso dirigir unas palabras a la concurrencia y a quien se le invitó a la mesa presidencial del acto.

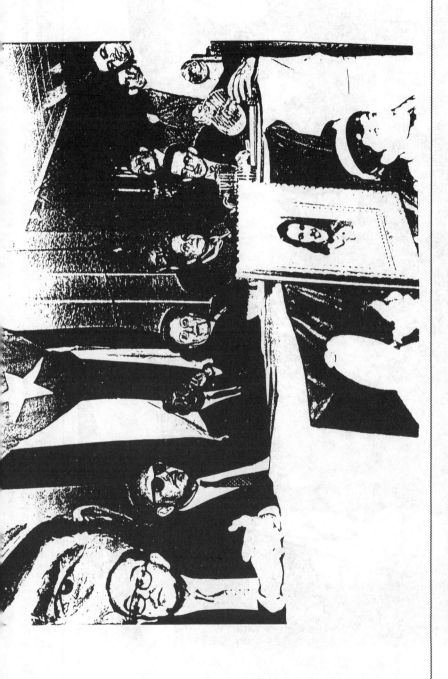

De izquierda a derecha, el Dr. Raúl Chibás; el Dr. Manuel Urrutia, Mis Frances Grant; una señora que había llegado de Cuba después de haber sido torturada y a quien se le invitó a la tribuna y el autor de este libro, Ángel Pérez Vidal.

De izquierda a derecha, el autor de este libro Ángel Pérez-Vidal; Carlos González, combatiente del Cuartel Moncada; Juanita Castro, hermana de Raúl y Fidel Castro; Dora Rosales, madre del adolescente asesinado en la ciudad de La Habana, Joe Westbrook y la Sra. Soler, madre del niño héroe William Soler, asesinado en la ciudad de Santiago de Cuba, en la provincia de Oriente.

Después de revisar cuidadosamente todas las opciones que teníamos, convoqué a reunión a un pequeño grupo de cubanos, donde les informé que, posiblemente, la única manera de llegar al pueblo norteamericano era formular una protesta de contenido dramático, para que hacerlos comprender todo el dolor del pueblo cubano. La recomendación que formulé fue realizar una huelga de hambre frente al edificio de las Naciones Unidas en Nueva York. Fuimos 34 hombres los que voluntariamente nos ofrecimos para la demostración, que representaría una actuación histórica en los anales de la política norteamericana.

Cuando solicitamos el permiso para efectuar la demostración, después de algunos días de espera y muchas consultas a diferentes niveles de autoridad, nos informaron que lo único que podían autorizar era un "piquete" de un grupo de personas en la pequeña plaza que existe frente al edificio de la ONU, agregando que desde luego, el piquete no podría ser estacionario y tendría que efectuarse en movimiento constante de los participantes y en el círculo determinado previamente por el Dpto. de Policía.

Sabíamos de antemano lo que representaría efectuar una huelga de hambre en la cual se nos exigía estar constantemente en movimiento, y para empeorar la situación, teníamos que caminar en un círculo bastante limitado. Pero la decisión estaba tomada y el sábado 25 de mayo de 1957, treinta y cuatro compañeros revolucionarios, entre ellos varios que eran miembros del Directorio Estudiantil Revolucionario, que voluntariamente vinieron en solidaridad con los que representábamos al 26 de Julio. A las siete de la mañana estábamos situados en el lugar que la policía nos había señalado. Todos los que participamos en esa huelga de hambre firmamos de antemano el compromiso de que, únicamente si agotados físicamente caíamos al pavimento sin poder de nuevo levantarnos y nos conducían al hospital, la huelga de hambre terminaría para esa persona. Pero los demás no nos detendríamos ni siquiera para auxiliarlo, pues la policía podía paralizar el piquete si nos parábamos. El resto de los participantes continuaría la huelga de hambre ambulatoria, algo que no creo que se hubiera visto nunca en ninguna parte y que atrajo la curiosidad de la prensa.

Al comenzar el piquete, las autoridades pensaron que en un par de horas todo estaría terminado. Pero las horas iban sumándose y todos nos manteníamos firmes caminando sin ingerir alimentos o agua. la prensa hispana fue la primera en llegar al lugar y a ellos se comenzaron a sumar periodistas y fotógrafos de diferentes medios de información.

Pasadas cuatro horas después de comenzar a caminar, se producía la primera baja en las filas. Uno de los participantes, agotado completamente y sufriendo del calor que el sol había hecho insoportable, cayó desvanecido. De acuerdo con lo que habíamos decidido, todos continuamos la marcha, mientras este compañero sangraba profusamente de una herida sufrida en la caída contra el concreto de la plaza. Las voces de nuestro himno nacional no se escucharon nunca más vibrantes ni los versos tan hermosos como en las gargantas de los agotados caminantes.

Un grupo de mujeres cubanas, norteamericanas y puertorriqueñas —muchas de ellas, esposas o familiares nuestras—, también entonaban con fuerza el himno bayamés, en solidaridad con los que estábamos marchando.

Al producirse el trágico incidente, la policía que "protegía" el piquete, comenzó a alarmarse por haber tenido que llamar a la ambulancia para conducir al patriota cubano caído que seguía sin conocimiento y sangrando. A los pocos minutos, un gran contingente policíaco se hizo cargo del área. Un sargento de apellido Polawski, que estaba a cargo del pelotón policíaco, se me acercó y caminando junto a mí me pidió que suspendiera el piquete, que se prolongaba ya demasiadas horas. Utilizando la mentalidad legalista norteamericana, sólo le respondí que nosotros estábamos autorizados a realizar la demostración y que no podían detenerla mientras cumpliéramos con las regulaciones que el Dpto. de Policía mismo nos había impuesto.

Poco tiempo después la prensa norteamericana comenzaba a llegar. Las cámaras de televisión de los principales canales comenzaban a hacerse eco de la demostración de los cubanos, esperando el momento dramático en que otro de los participantes del acto cayera sin conocimiento para reproducir la noticia. Como dato histórico se puede señalar que entre los participantes estaba Ramón Güin, que luego llegaría a comandante peleando contra la dictadura en la Sierra del Escambray y poco tiempo después del triunfo de la revolución sería implacablemente condenado a treinta años de prisión contra la tiranía comunista, como otros tantos miles de esos héroes que con sus muchos sacrificios y heroísmo hicieron posible el cómodo triunfo del desagradecido verdugo rojo de Cuba.

La multitud se estaba congregando en forma que constituía una verdadera demostración de solidaridad con los que nos manteníamos caminando en huelga de hambre. Allí habían hombres; mujeres y niños de todas las nacionalidades, pues no solamente cubanos e hispanoamericanos concurrieron a la protesta, sino también norteamericanos de diferentes edades querían ofrecer su generosa solidaridad a la protesta cubana. Cientos de voces se escuchaban al unísono, que como grito de protesta reclamaban "No más armas para Batista".

Las sirenas de los carros policíacos y de las ambulancias ponían una nota mas dramática en la protesta cubana. La prensa y la televisión no se movían del lugar, y todos querían ser testigos del una caída, y recogerla en sus cámaras. Y es que aquello era algo que verdaderamente hacía historia en los anales de la ciudad de Nueva York. La realidad de ver a treinta y cuatro hombres en huelga de hambre, que habían sido obligados a realizar la demostración caminando en un pequeño círculo, era un espectáculo que no se querían perder. La demanda que hacíamos a la Organización de Naciones Unidas era pedir que intervinieran y solicitaran de los Estados Unidos la cancelación del tratado de ayuda militar y los enormes envíos de armas y material de guerra a la dictadura de Batista; y solicitar al mismo tiempo que se reconocieran a las fuerzas combatientes en el conflicto cubano como beligerantes en la contienda que libraba el pueblo de Cuba por su libertad.

Fueron muchas las figuras políticas nacionales y extranjeras que vinieron a ofrecernos su apoyo moral en los esfuerzos que realizábamos. Por varias horas estuvieron junto a nosotros, incluso, ayudando físicamente a sostenernos, innumerables personas, muchas de ellas nunca antes habíamos visto, y otras, como la madre del estudiante asesinado en la ciudad de Santiago de Cuba, William Soler, que solamente había cumplido quince años de edad cuando destruyeron su generosa vida. Otra digna mujer que caminó junto a nosotros fue la madre del estudiante Joe Westbrook, de 19 años asesinado en los sucesos producidos en el apartamento de Humbolt 7, en La Habana. Estas dos mujeres que habían perdido sus hijos en lucha desigual contra la dictadura, eran como madres espirituales para todos nosotros y se mantenían dándonos aliento en nuestra decisión de mantener la huelga, hasta tanto no fuéramos escuchados en nuestras demandas o fuéramos todos conducidos a los hospitales.

Al aproximarse las seis de la tarde, más de quince de los manifestantes habían caído en forma brusca al pavimento y habían sido conducidos a los hospitales. El no ingerir alimentos, ni siquiera el beber agua no constituía lo peor de la continuada marcha, sino el hecho de tener que caminar en un círculo cerrado, bajo un sol que había brillado durante toda la tarde. Hasta el lugar del "piquete" también habían llegado varios sacerdotes y ministros de varios credos religiosos, que se nos acercaban rogándonos que diéramos por terminada la huelga de hambre, por motivo de los que ya se encontraban hospitalizados y la condición física de los que aún manteníamos la protesta.

La televisión se hacía eco de lo que sucedía y los programas habituales, eran interrumpidos para mostrar cualquier nuevo incidente que sucedía, especialmente cuando algunos de los restantes del grupo caía al pavimento y la ambulancia lo transportaba al hospital. Al comenzar la noche, los cálidos rayos solares fueron sustituídos por el aire frío que comenzaba a sentirse. De los treinta y cuatro hombres que comenzamos la demostración apenas quedaba la mitad. El resto había caído al pavimento, sufriendo de serios calambres en las piernas y agotamiento físico, muchos de hecho sufriendo heridas en el desplome.

A nuestro lado, llegaron autoridades de la ciudad y del Estado, así como algunos miembros de países representados en las Naciones Unidas. Estas personalidades prometieron que intervendrían con el gobierno central norteamericano para que se tomara en consideración nuestra protesta y la exposición que habíamos presentado a la Organización de Naciones Unidas.

Aproximadamente a la una de la madrugada del siguiente día, aun tratábamos de proseguir la marcha el pequeño grupo que quedaba. Eran casi 18 horas de mantenernos caminando en círculo cerrado en huelga de hambre. Prácticamente estábamos como sonámbulos en nuestra larga caminata. A esa hora, nos hicieron formales promesas de escuchar nuestra petición y decidimos dar por terminada la demostración que había hecho historia. Han pasado 41 años de ese gran movimiento de protesta y hoy más que nunca hemos podido evaluar el gran impacto político que tuvo en diferentes sectores de la vida norteamericana. El mundo siempre ha sido testigo de huelgas de hambre de larga duración, mantenidas por seres humanos en demanda de pan y libertad para los que sufren, pero efectuar una huelga de hambre, en constante movimiento dentro de un círculo cerrado, no se conocía en la historia. Los que participamos en esa "marcha del hambre" no podemos olvidar el efecto de cantar nuestro Himno Nacional en tales condiciones, cruzando incluso sobre compañeros que se encontraban en el piso sin conocimiento o imposibilitados de levantarse, pensando que probablemente millones de norteamericanos lo vieron y escucharon a través de sus pantallas de televisión.

A la semana siguiente de la "Huelga de Hambre" inclusive la revista "Bohemia" se hizo eco, imitando a las publicaciones norteamericanas y otros medios. Las copias fotostáticas de algunas páginas de dicha revista dan una prueba gráfica de lo sucedido.

MADRES Simbolicas e HIJOS Espirituales

La Juventud Estudiantil de Cuba en el 'Piquete del Hambre', frente a la ONU, al lado de sus Madres Espirituales las desventuradas señoras autoras de los días de los estudiantes asesinados William Soler, de 18 años, de Santiago de Cuba, y Joe Westbrook, de 12 años, en la Habana, por la Dictadura de Batista.
Ramón Goás, de la Universidad de la Habana y José Briones, de la Segunda Enseñanza, aparecen con otro compañero, cuyo nombre no podemos revelar, del Directorio Revolucionario de la FEU, tras 19 horas consecutivas de sí, con imperia y almuentos denuncian al mundo civilizado los horrores...

.A MARCHA DEL HAMBRE FRENT
A LAS NACIONES UNIDAS

Un anuncio insólito que no provoca reacciones in diatas.— Hambre por gu.:o y caminata por necesi El sábado 25 de mayo.— Los 34.— Los represento del Movimiento 26 de Julio y el documento del 1(Marzo.— La comisión de derechos humanos.— Lc tervención del Padre Felipe.— Un desfile ante 3, ojos de vidrio.— Las primeras bajas.— La policía ir viene. —Sirenas y ambulancias.— Una plazo histórica.

por JOSE ANTONIO CABRER
Fotos de OSVALDO SAL/

LA prensa norteamericana no se hizo eco del anuncio hecho el pasado jueves 23 de mayo por representantes del Movimiento 26 de julio en Nueva York. La noticia era demasiado fantástica— y a la vez inesperada— para que un espíritu sajón pudiera asimilarla totalmente. ¿Huelga de hambre? ¿Cómo es posible que una persona por su propia voluntad decida declarar ese bloqueo al estómago en la ciudad más rica del mundo?

El anuncio, sin embarg redactado con bastante p dad.

"Desfilaremos ante las ? Unidas —decía— sin com que la organización mundi. a considerar el caso de Cul

Lo de desfilar no era u modalidad en los ayunos rios, sino un requisito de l de Nueva York, que exig manifestaciones de prot participantes deben mante

llos deben convertir en arados sus espadas; y sus lanzas en podade- s. Las naciones no deben alzar sus espadas entre ellas, ni saber jamás de guerras".

no de los manifestantes cuando era introducido en una ambulancia. Al dedor de 10 hombres tuvieron que ser conducidos al hospital. Algunos rehusaron ser internados y marcharon a sus casas.

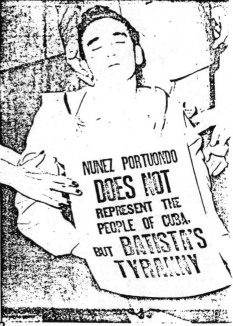

Los músculos, entumecidos por trece horas de constante ejercicio, comenzaban a rebelarse contra las órdenes de la voluntad. El grupo había quedado reducido a 20 hombres.

El padre canadiense Antonio Felipe, de la iglesia de la Guad tó de buscar la intervención del delegado de Canadá... Estados Unidos, inútil. Parecía que la ciudad había sido ev diplomáticos.

Las mujeres se arrodillaron. Una anciana, su pensamiento quizá fijo en un pedazo de su isla, dejó correr dos lágrimas por sus santas mejillas.

movimiento sin formar grupos que puedan alterar el orden público. A la paralización gástrica había que añadir el funcionamiento activo de todas las regiones que en la nomenclatura anatómica de Basile están comprendidas entre la coxal y la maleolar externa.

Pero si los chicos de la prensa norteamericana pensaron que los fidelistas obraban por impulso del humorismo cubano, recién descongelado con la llegada de la primavera, se llevaron el gran chasco en la mañana del sábado 25 de mayo. A las nueve de esa mañana, treinta y cuatro cubanos comenzaron a desfilar frente a la sede de las Naciones Unidas portando cartelones con todas las consignas que se le puede ocurrir a un oposicionista criollo.

El asunto cobró seriedad. Los dos policía asignados a custodiar la manifestación se cruzaban miradas de desconcierto. Se oyó el himno de Bayamo cantado por doscientas voces. Las mujeres se arrodillaron. Una anciana, su pensamiento quizá fijo en un pedazo de su isla, dejó

¿Qué querían aquellos hombres dispuestos a desfallecer de hambre y a caer de cansancio?

Sencillamente que las Naciones Unidas prestaran atención a un documento presentado en la Secretaria General del organismo el pasado diez de marzo, en el cual denunciaban violaciones cometidas en Cuba contra los derechos humanos.

El documento, un pliego de seis páginas, mencionaba quince casos específicos que los manifestantes consideraban constituían "violaciones de los fundamentos en que está basada la Organización de las Naciones Unidas".

Firman el documento Pablo Díaz González, Arnaldo Barron y Angel Pérez Vidal, a nombre del Comité Obrero Democrático de Exilados y Emigrados Cubanos, Comité Orto-

"Rogamos a la Comisión de Derechos Humanos que considere el problema de Cuba" —"Cuba, Hungría de América". Así rezaban dos

doxo de Nueva York y Acción Cívica Cubana, respectivamente, y como representantes del Movimiento 26 de julio.

"...comparecen ante las Naciones Unidas por su mediación y en la forma que mejor proceda conforme a trámite y derechos, y vienen a presentar formal y urgente petición de que sean sometidas a la consideración de la Organización, los siguientes hechos de suma gravedad, ocurridos en Cuba bajo el gobierno del Dictador Fulgencio Batista..."

Citan a continuación, entre otros, el caso del periódico "La Calle", el secuestro del periodista Mario Kuchilan, los muertos del Moncada, el secuestro del doctor A Hernández, el asesinato Fortuny, la violación de mía universitaria, el asa lacio del Cardenal Artea gicos incidentes de la haitiana, los muertos de el triste caso del niño W ler. Todos están mencion documento con fechas y

Concurrían ahora a el caso de Cuba y, según raciones, dispuestos a para recalcar la urgencia dida

A medida que pasaba el asunto iba adquirie

(Continúa en la

Poco tiempo después de la "Huelga de Hambre", el Secretario de Estado de la gran nación norteamericana, notificaba oficialmente a los representantes de la dictadura de Fulgencio Batista, que "no recibirán más armas ni municiones de los Estados Unidos, ya que las entregadas se estiman suficientes para el fin que le fueron dadas de acuerdo a los planes de defensa continental".

Esto representó, posiblemente, el más duro golpe para la dictadura de Batista. Fidel Castro, indiscutiblemente conocía los efectos positivos de mantener el Movimiento 26 de Julio, bien organizado y envuelto en actividades que le dieran al movimiento categoría continental y prestigio universal.

La importancia y la repercusión de la "Huelga de Hambre" pude notarla más fuertemente, al comprobar el interés de importantes organizaciones cívicas y políticas en los Estados Unidos al invitarme como orador principal en reuniones que celebraban, con el propósito de exponer la tragedia y el esfuerzo libertador del pueblo de Cuba. Precisamente, en una de las presentaciones que hice en la reunión de la "Asociación de Mujeres Americanas" que presidía Miss Frances Grant, comenzó una fraterna amistad con el periodista de origen húngaro Andrew St. George.

Desde los primeros momentos, St. George demostró un gran interés por la situación cubana, que le recordaba la tragedia que sufría su pueblo natal, Hungría, en la Europa asolada por el comunismo internacional. Fueron muchas las conversaciones que tuve con el periodista St. George, y desde los primeros momentos demostró sus deseos de viajar a la Sierra Maestra, prometiendo que su reportaje saldría publicado en la revista norteamericana "Life", que era una de las de mayor circulación en toda la nación, e incluso que se traducía a varios idiomas.

Después de evaluar los beneficios que ese viaje y consecuentemente la publicación en la revista Life de la entrevista que St. George le haría a Castro, y después de chequear sus credenciales y tener innumerables consultas con los dirigentes nacionales en Cuba, se decidió el viaje de St. George, a la Sierra Maestra.

El preparar el viaje de un periodista hasta el lugar en que Castro se encontraba representaba muchos riesgos ya que hasta la investigación que había hecho de St. George era a todas luces limitada. No se trataba en esta ocasión de llevar a la Sierra Maestra a un hombre como Herbert Matthews, conocido internacionalmente. St. George era norteamericano por adopción y en realidad no estábamos seguros completamente de a quién pretendía representar, es decir, su interés como periodista anticomunista o un nuevo aventurero que deseaba aprovecharse de la situación. Pero en definitiva la decisión fue tomada.

Se organizaron una serie de contraseñas, para asegurar la mayor confidencialidad de la misión. St. George salió de Nueva York hacia la ciudad de Miami. A la salida se le entregó la mitad de uno de esos sobres que son cajetillas de fósforos norteamericanas y se le dijo que a una hora determinada estuviera sentado en el salón de recepción del hotel y que alguien le pediría un fósforo y él tendría que darle la mitad de la cajetilla que llevaba como contraseña y el que lo venía a recoger le devolvería la otra mitad, que esto representaba una seguridad tanto para él, como para la persona que lo iría a recoger. De Miami salió con una contraseña similar hacia la ciudad de La Habana y con las mismas instrucciones. En el día señalado, alguien se le acercaría a pedirle un fósforo y de esa manera continuaría el viaje con el acompañante de turno, los cuales se cambiaban frecuentemente en diferentes ciudades.

Esa forma de viajar, tomando todas las precauciones, se mantuvo en todos los momentos, pues Castro quería asegurarse que nada le sucedería al periodista St. George. La posibilidad de la aparición de un reportaje desde la Sierra Maestra en la revista Life bien valía todos los esfuerzos. Ese constituyó el primer viaje que daría del periodista a la Sierra Maestra, en la que permaneció dos semanas, recorriendo lugares con Castro. Después siguieron otros tres viajes de suyos a las montañas de Oriente. Sus reportajes lograron gran publicidad, y su forma de manifestarse sobre la revolución cubana, aunque le produjo algunos enemigos, le proporcionó buenos amigos, que lo consideraron como un cubano más. La revolución cubana había dejado de ser considerada como una revuelta a los ojos de norteamericanos y otras muchas naciones, para convertirse en una verdadera lucha por la libertad.

Hasta los tiempos actuales, nunca se ha reconocido a Fidel Castro el talento y la capacidad para planear, actuar, traicionar, asesinar, encarcelar y en definitiva realizar todo lo que se propone, y convertir sus errores y derrotas en verdaderos triunfos. Castro siempre ha tenido a su favor, una total falta de escrúpulos para la utilización de los más perversos planes, sin que pueda una actuación suya obtener la condenación, por lo menos de las naciones que se llaman libres y democráticas.

Según avanzaba el proceso de la revolución, surgieron otros extranjeros que se asociaron generosamente a la causa de Cuba. En una ocasión recibí una llamada de alguien que se presentaba como un canadiense identificado con la causa de la revolución cubana, informando que deseaba entrevistarse conmigo, porque tenía la posibilidad de prestar una gran ayuda para acelerar el triunfo del proceso revolucionario cubano.

Con bastante reserva, pues Batista tenía innumerables agentes en todos los lugares, hice una cita con el canadiense. Este hombre resultó ser Andrew R.L. McNaughton, perteneciente a una de las mejores y más acaudaladas familias del Canadá. McNaughton, había sido capitán de la Real Fuerza Aérea del Canadá durante la Segunda Guerra Mundial y era el Presidente de la Fundación que llevaba el nombre de su familia, es decir, Fundación McNaughton, institución de gran prestigio por la contribución que ofrecía en el campo científico para erradicar las peores enfermedades, sobre todo el cáncer. Precisamente, McNaughton acababa de publicar un libro que había escrito sobre la droga llamada "Laetrile" que se utilizaba en aquellos momentos en forma experimental como un agente posible de cura del cáncer. El padre de McNaughton, había sido representante del Canadá ante las Naciones Unidas y también uno de los Jefes de las Fuerzas Armadas de su país, según él nos lo informó.

La amistad con McNaughton se hizo muy firme, pues diversas circunstancias habían probado la honestidad del canadiense. En aquellos tiempos, consideramos que se hacía de imperativa necesidad enviar la mayor cantidad de armas a la Sierra Maestra. La campaña buscando prestigio para el movimiento, ya había convertido a Fidel Castro en una figura por lo menos continental. Éste aún insistía en la continuación de actos de calle y manifestaciones públicas, pues pensaba que aún la revolución no estaba lista para dar su enfrentamiento final a las tropas de la dictadura. Además, Castro se sentía muy bien protegido en sus escondrijos de la Sierra Maestra y con suficiente tiempo para que la dictadura poco a poco, continuara desmoronándose y su figura se convertía en lo que muchos ya llamaban, el "Robin Hood" de América.

En aquellos tiempos pensé que si se aumentaba el número de hombres en la Sierra Maestra y se les podía facilitar medios de combate, la victoria estaría más cercana y la nación no seguiría desangrándose, con la inevitable secuela de odios y revanchas, de la que necesita un país largos años para recuperarse.

Esta situación la discutimos francamente con McNaughton y este se ofreció para tratar de conseguir lo que fuera necesario, sin necesidad de tener que desembolsar grandes sumas de dinero.

Después de varios tanteos, logramos entrevistarnos, McNaughton y yo, con un representante de una de las más jóvenes nacionalidades de aquellos tiempos, un nuevo estado que a la vez poseía la experiencia de un largo martirologio, y que había terminado victoriosamente su guerra de liberación. La reunión se efectuó en la ciudad de Montreal, en el Canadá. Por motivo de no tener la autorización de McNaughton, a pesar de los años transcurridos, no deseo divulgar el nombre de la nación, ni mucho menos de su representante. Fueron varias las reuniones que se realizaron y después de largas discusiones, nos concedieron un crédito consistente en medio millón de dólares en armas y material de guerra, cuyo costo total sería pagado a la nación que nos lo facilitaba, al triunfo de la revolución. La condición básica fue que sería necesario que un país de América se responsabilizara con recibir el material bélico, pues aunque el crédito se lo facilitaban al Movimiento Revolucionario 26 de Julio, oficialmente tenía que aparecer como que las armas eran vendidas a otro país.

Una vez más, los llamados gobiernos "libres" de América, bien fueran el resultado de elecciones populares o de golpes de estado revolucionarios se negaron a tomar parte en la operación. Por un lado nos hablaban de "su solidaridad" con la revolución cubana, pero, por el otro, negaban con sus actos sus propias palabras.

McNaughton, que en su larga historia de combatiente había conocido a muchas gentes y lugares, nos informó que en Nueva York vivía un hombre que poseía grandes y positivas conexiones con el llamado "Presidente" Duvalier de la República de Haití. Este hombre, conocido como el coronel Hubert Julián, residía en una zona residencial de la barriada del Bronx, en Nueva York. El coronel Julián también era conocido como el "Águila Negra", por haber sido uno de los primeros aviadores de la raza negra, según él manifestaba. El coronel Julián nos dijo que podríamos llegar a un acuerdo con el gobierno de la República de Haití, utilizando su estrecha amistad con el "Presidente" Duvalier.

Junto a McNaughton y el coronel Hubert Julián, marchamos pues a la República de Haití, y junto al equipaje llevábamos un equipo de radio receptor-trasmisor, algún dinero de mi propiedad y aproximadamente diez mil dólares que llevaba McNaughton de su capital privado, para los primeros gastos que pudieran presentarse con algunas de las personas de ese gobierno.

Al llegar a Haití, ya teníamos reservadas amplias habitaciones en uno de los hoteles del país, nombrado "Castle Haiti" que se encontraba en las montañas de ese país; el coronel Julián desde Nueva York, había ordenado las reservaciones. Al día siguiente de nuestra llegada, tuvimos nuestra primera entrevista con el Presidente Duvalier. Mientras esperábamos en la antesala del Despacho del llamado Presidente "vitalicio", nos llamó la atención la forma completamente deteriorada que presentaba el Palacio del dictador Duvalier. Las cortinas que colgaban de los amplios ventanales estaban sucias y raídas. Los muebles se veían en mal estado y todo parecía como si uno estuviera presenciando la terrible pobreza que sufría el pueblo haitiano ya que hasta en el Palacio Presidencial se veía ese espectáculo. Otro incidente que nos llamó poderosamente la atención, fue que, cuando estábamos esperando para entrar en el despacho presidencial, vimos que un niño venía corriendo por uno de los pasillos de la Mansión Ejecutiva completamente desnudo. Al llegar el pequeño junto al Ayudante Militar Presidencial, fuimos testigos de los gestos de afecto entre el niño desnudo y el oficial. Para nuestra sorpresa, este hombre nos presentó al niño como el hijo de Duvalier, "Baby Doc", quien más tarde, a la muerte de su padre se convertiría también en Presidente, atesorando los millones de dólares que tanto él como el difunto dictador se robaron de la paupérrima nación del Caribe. Otra de nuestras sorpresas fue conocer al "Presidente Vitalicio mismo, Francois Duvalier", quien por su vestimenta y su forma de hablar lucía un "lord inglés". Impecablemente vestido de blanco y refinado en sus modales, era difícil imaginarse a este hombre como el mismo que organizaba actos de vudú en su propia residencia, y se atribuía el poseer, "poderes especiales" que le habían sido transmitidos por sus antepasados africanos. Esta primera entrevista tuvo un tono bastante protocolar. Era como si dos contendientes trataran de medir sus fuerzas para el combate final. Una nueva cita se hizo para el día siguiente, después de solicitar Duvalier los detalles del plan que teníamos y la forma en que se llevaría a cabo.

Cuando arribamos al Palacio Presidencial, nos avisaron que el "Presidente" nos estaba esperando. Duvalier mantuvo la conversación en francés casi todo el tiempo, lo cual para McNaughton no era problema alguno. En cuanto a los detalles de la operación, estos se discutieron en inglés, toda vez que mis conocimientos del francés eran bastante limitados. Duvalier, al conocer el plan que teníamos, es decir que su gobierno recibiera las armas y material de guerra y nos facilitara un punto de embarque para transportar esa mercancía a la Sierra Maestra, expresó que no tendría problemas para darnos esas facilidades, y que incluso podríamos utilizar un pequeño cayo que se encuentra en las afueras de la capital haitiana, Puerto Príncipe.

Después de ofrecernos las facilidades, nos explicó la difícil situación que atravesaba su país y que él también tenía necesidad de nuevas armas para su ejército y por lo tanto esperaba que nosotros le entregáramos el equivalente de doscientos mil dólares en armas o cien mil dólares en efectivo. Aceptando las condiciones impuestas, le informamos que los embarques se realizarían en dos o tres viajes por medio de barcos de transporte de mercancía normal que arribarían a Haití aproximadamente en el espacio de tiempo de un mes. Las armas que le entregaríamos, serían en forma parcial, es decir, en cada uno de los envíos que nos llegaran le daríamos la parte correspondiente.

Al principio, Duvalier que era asistido por el coronel Julián en todas las negociaciones y que estuvo presente en las entrevistas, se resistió a la forma de entrega, pero aduciendo la urgente necesidad de armas en la Sierra Maestra, nosotros solamente podríamos entregarle un tercio de lo pactado en cada viaje que nos llegara el material de guerra, y en definitiva lo aceptó. Para que el lector comprenda la situación y mentalidad de estos bandoleros con ropaje de presidentes, podemos citar el caso específico que, durante una de las entrevistas, Duvalier, observando el equipo portátil de radio que llevábamos y del cual procurábamos no separanos un minuto por haberlo traído de los Estados Unidos, y ser completamente imposible adquirirlo en Haití, nos dijo que una de las cosas en que él estaba más interesado era en equipos de comunicación y que era un ferviente aficionado a los radios trasmisores. Ante la situación planteada le ofrecimos traerle uno en nuestro próximo viaje, pero Duvalier, sin reparo alguno, nos expresó su deseo de tener el que nosotros portábamos, no teniendo otro remedio que ofrecérselo "voluntariamente como un regalo especial".

Al día siguiente de la entrevista con Duvalier, en la cual habían quedado concertados todos los acuerdos, durante las horas de la noche, recibimos una llamada de la recepción del hotel informándonos que alguien solicitaba permiso para subir a nuestras habitaciones, a lo cual dimos autorización.

El hombre que se nos presentó, un joven que no llegaba a los treinta años, correctamente vestido, hablaba inglés con un ligero acento, dijo ser Capitán de la Fuerza Aérea del gobierno de Haití. Después de ofrecernos toda clase de identificaciones, nos dijo que desde el mismo día que nosotros habíamos llegado a Haití, Duvalier se había comunicado con el dictador Batista informándole de todo lo tratado. Como resultado de esas conversaciones, el gobierno de Cuba, le había concedido un préstamo al de Haití por la cantidad de tres millones de dólares, y que como parte de lo pactado entre los dos dictadores, Duvalier se había comprometido a mandarnos para Cuba. Ese mismo día, en horas tempranas, había llegado a Haití un avión de la Compañía Cubana de Aviación con personal militar que serían los encargados de llevarnos para Cuba. Este hombre, que en definitiva representaba uno de esos valores anónimos de las reservas de honor de los pueblos sufridos nos dijo que hiciéramos contacto con el Consulado de Canadá inmediatamente y que tratáramos de salir del país, de ser posible en las primeras horas de la mañana siguiente. El oficial de aviación nos dijo que si nosotros nos dirigíamos hacia Cuba, él también quería hacer el viaje para incorporarse a las fuerzas revolucionarias en la Sierra Maestra.

Andrew McNaughton se comunicó inmediatamente con el Cónsul de Canadá y le explicó la situación. Éste le dio instrucciones de que nos trasladáramos a las oficinas del Consulado, y que él trataría de resolver la situación lo más pronto posible. No contento con la solución planteada, esa noche hicimos contacto con alguien que nos presentó el capitán de la Fuerza Aérea y que tenía acceso a un pequeño Cessna de cuatro plazas en el cual podríamos salir de Haití en las primeras horas de la mañana. Aún no había amanecido, cuando fuertes golpes sonaron en la puerta de nuestras habitaciones del Hotel. Era una cuadrilla de agentes de la autoridad uniformados, que nos notificaban que teníamos que acompañarlos por órdenes del Presidente Duvalier. McNaughton se comunicó telefónicamente con el personal del Consulado canadiense, los que le dijeron a agentes de Duvalier que nosotros nos dirigíamos al Consulado y que el Cónsul nos estaría esperando para discutir la situación. Después que esos agentes se comunicaron con las autoridades nos permitieron que saliéramos hacia el Consulado. Después que el pelotón de guardias se retiró, y utilizando el automóvil que teníamos alquilado, nos dirigimos a la casa del capitán de aviación y con él fuimos a buscar al piloto, dirigiéndonos todos al aeropuerto de Puerto Príncipe. El equipaje y todas nuestras pertenencias quedaban en el Hotel, ya que apenas podíamos acomodarnos en el pequeño avión. De Haití logramos volar hasta Jamaica en cuyo aeropuerto aterrizamos y nos dirigimos inmediatamente a las autoridades de Canadá, quedándonos un par de días en la residencia de unos amigos de McNaughton que vivían en Jamaica. Dos días después partíamos de nuevo hacia la ciudad de Nueva York.

Esto lo he relatado en detalle para que el lector comprenda las luchas de la gran mayoría de los hombres y mujeres que participaron en el proceso revolucionario y cómo Castro sólo reconoció, después del triunfo de la revolución a "los combatientes de la Sierra Maestra" que en definitiva eran los que menos riesgos habían corrido y donde menos vidas se habían perdido.

Apenas llegamos a Nueva York, tratamos de comunicarnos con el coronel Hubert Julián, pero éste permaneció por largo tiempo en Haití, quedándose como "asistente especial" a las órdenes directas del presidente Duvalier.

Desde luego, si Duvalier hubiera podido realizar sus planes de enviarnos para Cuba, no sería el caso de nosotros el primero que se diera, amparado por el silencio cobarde y cómplice de los gobiernos de América, pues eso precisamente sucedió en el "caso Galíndez", que fue secuestrado en plena ciudad de Nueva York por la dictadura de Trujillo y llevado a Santo Domingo para ser asesinado.

Posteriormente, realizamos otras muchas gestiones con gobiernos de Hispanoamérica que decían tener grandes simpatías por la revolución cubana, pero ninguno de ellos quiso comprometerse a colaborar con el generoso ofrecimiento de la distante nación, que a través de McNaughton estaba dispuesta a ofrecer su decidida colaboración en el esfuerzo de guerra.

Por este motivo, la operación nunca llegó a realizarse, aunque el canadiense se mantuvo como un buen amigo, ofreciendo una gran contribución a la causa de Cuba Libre, hasta el triunfo de la revolución.

Mientras tanto, en los Estados Unidos las actividades en favor de la causa de Cuba aumentaban a ritmo ascendente y aunque es verdad que las autoridades norteamericanas a veces realizaban ocupaciones de armas y material de guerra, con su triste secuela de detenciones, esos hechos no detenían el esfuerzo cubano. Incluso en más de una ocasión fuimos víctimas de esos procedimientos.

Con la proliferación de organizaciones en el exilio, las tareas de trabajo se hacían difíciles y confusas, aunque ninguno de esos "comités" lograron efectiva vigencia.

La ciudad de Nueva York, manteniendo su tradición de ser sede de exiliados en lucha, constituía siempre el centro principal de trabajo de los elementos revolucionarios. En aquella época se publicaban tres periódicos tipo tabloide, que salían aproximadamente todas las semanas. Uno de ellos "Batalla" del cual yo era director, constituía el órgano oficial de Acción Cívica Cubana y del Movimiento 26 de Julio; el otro, "Combate", expresaba la opinión del Directorio Revolucionario y el tercero "Patria" lo publicaba el Comité del Partido Ortodoxo de Nueva York.

Junto a esas publicaciones se recibían en algunas oportunidades, algunas otras que aparecían en forma esporádica, como la que publicaba la "Organización Auténtica." Todas sin embargo representaban un esfuerzo positivo en la lucha revolucionaria.

La prohibición de colaborar con el esfuerzo que hacían otras organizaciones revolucionarias, se hacía cada vez más persistente, aunque para esa fecha ignoraba completamente esas recomendaciones y en de una ocasión, junto a los dirigentes de la O.A. o del Directorio Revolucionario, realizamos muchas actividades.

Las instrucciones llegaron a decirnos que no nos hiciéramos eco de ninguna actividad bélica o de cualquier otro tipo, que no fuera realizado bajo el nombre del Movimiento 26 de Julio. En "Batalla" esa prohibición nunca tuvo efecto. A continuación se presentan copias fotostáticas de la primera página de ambas publicaciones.

¡TRIUNFA LA REVOLUCION

IMPONIENDOSE AL TERROR DE BATISTA

BATALLA

ORGANO OFICIAL DE "ACCION CIVICA CUBANA"
MOVIMIENTO "26 de JULIO"
PERIODICO QUE DICE Y SIENTE LA VERDAD
Solicitada la Franquicia en la Admon. de Correos. N.Y.

CUANDO LA TIRANIA ES LA LEY
LA REVOLUCION ES EL ORDEN

EPOCA II.   New York, Junio 9 de 1957   No. 6

GUERRA DE BACTERIAS
VEA EDITORIAL

Clérigos y Policías Intervinieron

Un oficial de la Policía Newyorkina explica al Presidente de 'Acción Cívica Cubana' y dirigente del 'Movimiento 26 de Julio', la imposibilidad de que continúe el 'Piquete del Hambre', 'rente a la ONU, después de 15 horas consecutivas de desfile, unto al Presidente del 'Comité Obrero de Emigrados Revolucionarios', Sr. Pablo Díaz González, también dirigente del '26 le Julio', y el Rev. Padre de la Iglesia de Guadalupe, que intervino para evitar fatales consecuencias en los manifestantes, varios de los cuales ya se habían desmayado, y fueron conducidos a Hospitales cercanos.

El Arma mas Importante de la Liberacion en Cuba

'UN Fosforo'
¡CANDELA!

¡ULTIMA HORA!

Noticias que nos acaban de llegar de Cuba y que nos merecen entero crédito, por ser provenientes de distintas fuentes de información, aseguran que COMO RESPUESTA a la criminal actitud de la Dictadura de Batista, de arrojar Bombas de Fuego, Nepalm, en toda la Sierra Maestra y sus estribaciones, arrasando caseríos enteros de sufridos campesinos y la incontable riqueza natural de los contornos, para batir a los Rebeldes, éstos *han ordenado a sus adeptos y simpatizantes* en la Isla de Cuba, que RECOJAN EL GUAN. TE y como hicieron los Bayameses en la Guerra Emancipadora, hagan del fósforo: "¡LA CANDELA!" el arma más importante de la Revolu-

ción, que puede carecer en gunas partes de armament aviones y otros medios n idóneos para combatir a la ranía, pero que CORAJE, V

(Pasa a la Pág. 8

BATISTA no puede sofocar la Sublevacio

De un extremo a otro de Isla de Cuba, crece el desc tento y la más dura oposici armada a la Dictadura de tista, que está a punto de se por vencida, pues a su d plegado Terror, ahorcand asesinando de mil modos a venes, hombres y niños, c ponden hasta las mujeres

(Pasa a la Pág. 8

Centros Laborales com Campos de Concentracio

La Dictadura de Batista tiende al Control del Transporte, tanto de Pasajeros como de Mercancías, el cual ya ha logrado en las vías del Ferro-

carril. Los "Autobuses Mod nos", antiguos *Tranvías,* es ya bajo 'los auspicios' del (

(Pasa a la Pág. 8

EDITORIAL

Reconcentracion y Bombardeos

BATISTA está usando la Guerra de Bacterias en la S rra Maestra; está envenenando con Arsénico too los ríos y manantiales de esa extensa región y además. tá lanzando Bombas de Fuego sobre el Pico Turquino y

(Pasa a la Pág. 2)

¡¡POR UN 13 DE MARZO VICTORIOSO!!

5   **5**

"En definitiva es la acción del pueblo la que será decisiva para alcanzar el triunfo."— J. A. ECHEVERRIA

LA LIBERACION de CUBA

Hacemos una sincera invocación a todos los cubanos, latinos y americanos que amen la causa de la Libertad, para que adquieran BONOS del "DIRECTORIO REVOLUCIONARIO" y de cuantas organizaciones sea sabido contribuyan con hombres y otros recursos a la Liberación de Cuba.

En las calles de la Habana y todas las Provincias, miembros del "DIRECTORIO REVOLU-

(Pasa a la página 2)

Audibles todas las trasmisiones del Directorio

Desde la misma capital cubana, el "Direcorio Revolucionario" está transmitiendo sus orientaciones y noticias, en "Ondas Corta y Larga", a las juventudes y opositores en general a la Dictadura de Batista.

Cada día, el pueblo espera y escucha "LA VOZ DEL DIRECTORIO", que arriesgando sus vidas valientes compañeros reali-

(Pasa a la página 2)

PERISCOPIO

Por HERMINIO GARCIA

Episodio anónimo del día 13 de marzo de 1957. Lugar: Embarcadero Blanco No. 122, Matanzas. Protagonista: Carmen Julia Hernández . . . "Serían alrededor de las 4 de la tarde cuando esta buena señora oyó por la radio la alocución que al pueblo de Cuba dirigió nuestro inolvidable líder José Antonio Echeverria, informando del comienzo de la revolución en la Habana y del ataque al Palacio; su alegría fue inmensa, su

(Pasa a la página 3)

"Mendigar derechos es propio de cobardes, incapaces de ejercitarlos".—Antonio Maceo.

"La libertad cuesta muy cara y es preciso comprarla por su precio o resignarse a vivir sin ella."—. José Martí.

al COMBATE

"POR UN 13 DE MARZO VICTORIOSO"

Organo Oficial del "DIRECTORIO REVOLUCIONARIO"

Periódico Independiente POR LA LIBERTAD DE CUBA Solicitada franquicia Admón. Correos, N

AÑO I   New York, 28 de Julio de 1957   N

¡VOLVEREMOS!

Directorio Revolucionario

EDITORIAL

¡Por Un 13 de Marzo VICTORIOSO!

El "DIRECTORIO REVOLUCIONARIO" siente profundo respeto y consideración por todos los grupos e institu-

198 **Dictadura de SUPRESIONES**

Todas las Dictaduras so supresiones, de limitación a va a los derechos y prerro

135

En el segundo semestre del año 1957, el suministro de armas, ropas y botas militares y alimentos comenzó a convertirse en una prioridad urgente, debido a que muchos jóvenes cubanos habían tomado el camino de la Sierra Maestra, a pesar de la prohibición de Castro de que se unieran nuevos combatientes en las montañas de Oriente. Él prefería que todos los miembros del 26 de Julio se mantuvieran realizando actividades en las ciudades o en el extranjero, pero la realidad indicaba que había que suministrar algunos materiales importantes al movimiento en Cuba.

Recuerdo que en una ocasión, adquirimos en una de las islas del Caribe una gran cantidad de "cajas de supervivencia" llamadas en inglés "survival kits" que el ejército norteamericano o cualquier organización clandestina las había llevado a ese lugar para negociarlas y que fueran enviadas a la Sierra Maestra. En esos "survival kits" había envasadas comidas, medicinas, cigarrillos ...y hasta condones. Esto último constituyó tema de enojosas discusiones.

Debido a los problemas que representaba realizar operaciones de compras y envío de armas en los Estados Unidos, nos veíamos forzados a dar cortos viajes a diferentes regiones para que dichas operaciones no fueran descubiertas, tanto por autoridades norteamericanas y por la gran cantidad de agentes de la dictadura de Batista. De esta manera se crearon diferentes canales para que el envío de material de guerra no sufriera percances y todo pudiera arribar a la Sierra Maestra.

Se utilizaron los medios más complejos, y aunque siempre nos enfrentábamos a las escaseces económicas, jamás dejaron de enviarse las armas y municiones, que permitían proseguir la guerra. A veces, la entrega de material de guerra se hacía difícil, toda vez que en ocasiones se pedía que enviaran algunas armas pesadas, incluyendo ametralladoras calibre 50 y calibre treinta con su correspondiente parque. Todo ese material bélico salía de lugares difíciles de imaginar, pues poco a poco se iban transportando de un lugar a otro, bien fuera un país o una isla o un cayo en el Mar Caribe o el Golfo de México, siendo uno de los lugares comunes algunos islotes del grupo de las Bahamas. De esos lugares, iban para Cuba, en pequeñas embarcaciones y otros medios similares, utilizando las maneras ingeniosas que se podían concebir.

Las armas de calibre pequeño, que generalmente se usaban para protección y combate de los que luchaban en la clandestinidad en ciudades y pueblos de la Isla, se llevaban para Cuba de formas diferentes.

En muchas ocasiones, se utilizaban automóviles de uso y después de eliminar todo lo que no fuera necesario, dejando prácticamente lo imprescindible para que al llegar al puerto de La Habana, el automóvil pudiera comenzar la marcha. Dentro de sus puertas, en el doble forro, en el espacio del techo, en partes escondidas en el maletero y hasta en algunas partes que cubrían las gomas, dependiendo del tipo de automóvil que se utilizara. Se rellenaban todos estos sitios de armas de calibre pequeño y municiones, así como algunos artefactos que pudieran ser utilizados en actos de sabotaje. Todo ese material se pesaba cuidadosamente y se calculaba introducir el mismo peso de las piezas que se eliminaban o las partes del automóvil y entonces se colocaba el material de guerra o lo que en esos momentos se

136

necesitara. Desde luego, en ocasiones, cuando habíamos hecho contacto con algunos de los que trabajaban en la aduana, pagándoseles cierta cantidad de dinero, se hacía fácil la introducción de los automóviles "preparados", además la cantidad que se introducía era mayor.

Otra de las formas de introducir armas semi-livianas, como ametralladoras ligeras Stern, de fabricación Canadiense y otras fabricadas en Israel que eran muy similares a las carabinas M-2 y M-3 norteamericanas, eran en grandes resmas de papel del tipo de las bobinas que se envían para imprimir periódicos. Esta operación no solamente era complicada sino también de difícil ejecutoria, pero el riesgo de que las pudieran ocupar se reducía grandemente. Del medio de esas inmensas "bobinas", se extraía la mayor cantidad posible, desde luego asegurando, que tanto las dos tapas, es decir las que por fuera aparecían como parte de la misma bobina, como el gran rollo que formaban las cubiertas fueran suficientemente corpulentas para resistir el transporte, que se realizaba en barcos y que iban a puertos tanto de la Provincia de La Habana como los de la Provincia de Oriente o cualquier otro punto que pudiera justificar el arribo de las resmas de papel.

Todo este trabajo había que realizarlo generalmente los fines de semana, para no perder muchos días de trabajo en esa labor específica de acoplamiento. Los que nos involucrábamos en dichas tareas las realizábamos prácticamente sin dormir. En más de una ocasión, las píldoras de Benzedrina nos ayudaban a evitar el sueño y el cansancio. Era muy frecuente, marchar a trabajar un lunes temprano sin haber dormido; o que tener que presentar otras veces certificados médicos por ausencias que se prolongaban por motivo de los viajes que teníamos que realizar por las actividades revolucionarias en que estábamos envueltos.

En los finales del año 1957, se logró la utilización de pequeños aviones tipo Cessna, para llevar armas, ropa y comida a la Sierra Maestra. De la misma manera, pequeñas embarcaciones arribaban a las costas de Cuba. Algunos compañeros fueron sorprendidos y torturados y otros perdieron la vida en esas tareas. Pero la realidad también era que en muchas oportunidades el dinero pagado a los militares de Batista, facilitaba el camino libre, sin mayores tropiezos.

Todo este esfuerzo y sacrificio que se realizaba no tenían importancia para Castro aunque desde luego que, sin los trabajos emprendidos por el exilio y la emigración, el "comandante" nunca hubiera sido conocido ni mucho menos haber representado un peligro para la dictadura de Batista. Castro después del triunfo de la revolución, negó cínicamente el haber recibido ayuda de ningún tipo desde el extranjero. Aduciendo la necesidad de "mantener la mística de los combatientes de la Sierra Maestra" nos pidió que guardáramos silencio, cuando él enfatizaba que las armas con las cuales peleaba el ejército rebelde eran el resultado de habérselas "arrebatado al ejército de Batista". Sobre este problema comentaremos lo sucedido en la parte correspondiente del libro.

Como hemos mencionado en algunas ocasiones, las entregas de armas y material de guerra se realizaban a personas determinadas por el Movimiento 26 de Julio. En algunos casos, se exigía la firma como recibo del material. Como una prueba de esto se presentan recibos de dichas entregas, así como de la posibilidad de adquirir cosas o material de guerra o de transporte, lo cual se sometía a la consideración de Castro para que diera las órdenes pertinentes de acuerdo a sus necesidades. Desde luego, Castro ordenaba que no se firmaran documentos, aduciendo que estos pudieran caer en manos de los agentes de la dictadura, pero en realidad lo que él pretendía era que no quedara rastro ninguno de lo que en su escondrijo de la Sierra Maestra recibía.

A continuación algunos pocos de esos documentos :

```
Entregado por J.S. a Ang                           - $3,000.00

Gastos:

2 ametralladoras calibre 50 ------ $800.00
2 ametralladoras calibre 30 ------  660.00
600 balas explosivas cal. 50 -----  630.00
1500 balas cal. 50 ---------------- 1200.00
                         Total de gastos---------- $3,230.00
                         Deficet --------------- $--230.00
```

Las dos ametralladoras calibre 50 no tienen tripodes por haberse cambiado por dos tripodes extras de ametralladoras calibre 30.

El déficet que aparece de $230.00 fué cubierto con el sobrante de dinero entregado anteriormente por el Comité dell Movimiento de New York, de lo cual también se ha hecho el recibo correspondiente haciendo constar los gastos y la cantidad entregada.

New York, Diciembre 24 de 1957.

Vto.Bno.Aprobado.

Por la Dirección Nacional del Movimiento.

Gastos:

```
2 ametralladoras calibre 50 -------- $800.00
1 ametralladora calibre 30 ---------  300.00
1 ametralladora Thomson ------------  150.00
1 Garant ---------------------------  125.00
1 M-3 ------------------------------  150.00
1 lanza granada --------------------    6.00
1 ametralladora Ster ---------------   75.00
3 cajas parque 45 ------------------   12.00
209 balas ametralladora 50 ---------  156.75
Parque ametralladora 30 ------------   84.80
3 cajas de 9 m. --------------------   15.00
Entregado a          ------------    115.00
Regalado individuo atropellado autom.  25.00
Regalado a policia que intervino ---   15.00
Gasolina ---------------------------    4.80
Gasco de granada -------------------    2.00
Pasajes por tren para llevar mercanc. 146.43
Cambio de pasajes ------------------    3.00
Compra de tres maletas -------------   34.00
Lave inglesa -----------------------    6.00
Gasto viaje  :--        ------------   15.00
Inscripción de nacimiento para L.M.-   60.00
Llamada a Miami --------------------   11.00
Envase de mercancia ---- ----------    5.00
Entregado a          ---------------   10.00
Envío de caja por expreso ----------   12.90
Comprada dos maletas Dic.20 --------   28.00
Magacines --------------------------   60.00
Gastos varios (transporte,envolturas)  49.50
```

Total ----------------- $

2,477.18
Ref - 230.00
2,707.18

Vto.Bno. Aprobado.

Por la Dirección Nacional
del Movimiento.

```
1 Ametralladora calibre 50 ----------------  $   400.00
1 Ametralladora calibre 30 ----------------      300.00
1 Ametralladora Thomson   ----------------      150.00
1 Garant -------------------------------------      125.00
1 M-3 ----------------------------------------      150.00
1 Lanza granada ------------------------------        6.00
1 Ametralladora Stern ------------------------       75.00
3 cajas parque 45 ----------------------------       12.00
Parque ametralladora 50 ---------------------      155.75
Parque ametralladora 30 ---------------------       84.80
                                                 $1,458.55
```

3 *cajas de 9 M.* ————————————————

1 - 50
                                                     15.00
                                                    400.00

Durante la semana me entregarán 10 granadas de mano que las dan
a $8.00 y el rifle automatico BAR que vale $275.00 . Todo esto
lo pagué con los fondos que teníamos aquí.

- - - - - - - - -

Cosas que se pueden conseguir.

Al igual que lo arriba comprado se puede adquirir cualquiera de
esos artículos en la cantidad deseada al igual que muchos otros
que no están en la lista. La forma de compra es de pagar según
se entrega la mercancía y creo que hay bastante seguridad.

- - - - - - - -

Tengo otro vendedor que me ofrece lo siguiente:

Cuatro cañones de artillería de montaña, que dicen estar en per-
fectas condiciones y permite examinarlo todo lo que se desee.
Descripción: Peso del cañón: 120 libras; peso del apoyo 120 libras y peso de cada una de las rueda 51 libras. Peso total 342 lb.
Cada uno de estos cañones valen $500.00.
Balas para los cañones: Ancho 1.65 pulgadas; largo 7 pulgadas; peso
2 lb. y 7 on. Balas para los mimos: 5,000 de fragmentación y 9,000
de demolición. Cada una de las balas valen $1.00.
Esta operación tengo como máximo para cerrarla hasta el próximo
viernes.

- - - - - - - - -

Hay en   que tendría que ser recogidos allá 100 M-1
que lo ofrecen a $85.00 cada uno, pudiendo sacarse un poco más ba-
rato.

- - - - - - - -

Barco para venta: Largo: 73 pies.- 2 motores de gasolina y 2 más
extras que tienen 650 caballos de fuerza cada uno. - Velocidad 45
nudos por hora. Instalación de radar.- Precio $16.500.-
Este vendedor tiene de todo lo que se necesita pudiendo ser entregado en la Sierra Maestra por avión a base de pagar el flete. Pre-
cios moderados y seguridad bastante buena.

- - - - - - - -

Otro comerciante: Tiene inscrita una compañía de aviación y puede
hacer vuelo desde Miami hasta Jamaica o Haití, pudiendo ser carga-
do los aviones en ambas parte y haciendo aterrizaje en la Sierra.
Descripción de los aviones: Velocidad 150 millas.- Alcance de vuelo
800 millas.- Frequencia de radio Standard.- Carga máxima: 600 libras
o cuatro pasajeros. Pueden combinarse pasajeros y carga siempre que
el máximo sea 600 libras. Campo de aterrizaje: 600 yardas.

En cuanto a la entrega de dineros en efectivo, se continuaba enviando, algunas veces a México y en la mayoría venían emisarios especiales a recogerlo, manteniendo la idea de que no quedaran huellas por temor a los agentes de la dictadura, siendo ésta la excusa continua para no firmar documentos. Semanalmente se reunían los responsables de los "ramales" del Movimiento 26 de Julio para hacer entrega de lo colectado en la semana. No hay que olvidar que en aquellos tiempos, los empleados de fábricas (factorías) o de hoteles y restaurantes ganaban como sueldo promedio la cantidad de cuarenta dólares semanales ($40.oo) y el alquiler de un cuarto sencillo amueblado costaba de promedio $8.oo semanales y un pequeño apartamento aproximadamente $25.oo a $40.oo dólares semanales. Seguidamente copia fotostática de una de las colectas que se realizaban:

```
COLECTAS EFECTUADA EN EL MES DE MARZO:


PRIMERA COLECTA JUNTA DIRECTIVA............ $   110.00
COLECTA ASAMBLEA SABADO 9 .................       96.00
COLECTA ASAMBLEA SABADO 16 A.C.C. .........      144.00
COLECTA ASAMBLEA SABADO 21 A.C.C. .........       35.00
COLECTA ENTREGADA POR WASHINTON HEIGHT ....      273.00
COLECTA DE I        ... ---TNEZ ..........        47.55
COLECTA DE :  (nombres propios    .........       80.00
COLECTA FRAN   borrados)            ........       25.00
COLECTA DE I                       .........      132.25
COLECTA DE )                       .........      156.50
COLECTA DE NEWARK-...              .........      142.00
                        TOTAL COLECTADO.... $1,241.30
      SABADO 2$   COLECTADO EN A.C.C.
```

En varias oportunidades, Pedro Miret, que aún continuaba en México con su deseo de incorporarse a la lucha en Cuba, nos hacía peticiones especiales de dinero, inclusive, contra la práctica establecida en el Movimiento en algunas oportunidades nos veíamos obligados a enviar el dinero por medio de la compañía de cable Western Union. Durante los meses de Junio y Julio se presentaron urgencias de dinero en México y comprendiendo la situación de abandono y necesidad de buenos combatientes le enviábamos la ayuda que solicitaban. Copia fotostática de esos cablegramas se reproducen a continuación:

THE WESTERN UNION TELEGRAPH COMPANY

R E C E I P T

RK-30 ROCKEELLER PLAZA NYC

RECEIVED FROM __ANGEL PEREZ VIDAL__ JUL 11 OFFICE 2 32 DATE _____ 19___

ADDRESS __144 W 91 ST EN21554 RK NEW YORK__

__SIX HUNDRED AND NO/100--__ Dollars $ __600.00__

☐ Account for the month of _____ 19___

☐ Telegraphic Money Order

☐ Telegram or Cable

☐ Deposit on Collect Telegram
Returnable after 24 hours

☐ Account No. _____
FOR REMITTANCE

TO __PEDRO MIRET__
Address __SIERRA NEVADA 714__
__LOMAS CHAPULTEPEC__
__MEXICOCITY MEX__

Place _____

MONEY	Chgs $	12.00
ORDER	Tolls $	2.70
		.27
CHARGES	Tax $	
PAID	TOTAL $	14.97

THE WESTERN UNION TELEGRAPH COMPANY

BY _____ M MCTIGHE _____

THE WESTERN UNION TELEGRAPH COMPANY

RECEIPT

RECEIVED FROM ANGEL PEREZ VIDAL

NND 2500 BROADWAY NY
JUN 15 1957
19

ADDRESS 144 WEST 91 ST EN 21554

FOURHUNDRED AND NO/00---- Dollars $ 400.00

- [ ] Account for the month of _____ 19___

- [ ] Telegraphic Money Order
- [ ] Telegram or Cable
- [ ] Deposit on Collect Telegram Returnable after 24 hours
- [ ] Account NO._____
  FOR REMITTANCE

TO PEDRO MIRET

SIERRA NEVADA 714 LOMAS
Address
CHAPULTEPEC MEXICO DF MEX
Place

MONEY	Chgs $	8.00
ORDER	Tolls $	2.70
CHARGES	Tax $	27
PAID	TOTAL $	10.97

THE WESTERN UNION TELEGRAPH COMPANY

BY EJF

THE WESTERN UNION TELEGRAPH COMPANY

RECEIPT

RECEIVED FROM ANGEL PEREZ VIDAL

NND 2500 BROADWAY NY
DATE
JUL 29 1957
19

ADDRESS 144 WEST 91 ST NYK EN 2 1554

THREE HUNDRED AND 00/100 Dollars $ 300.00

- [ ] Account for the month of _____ 19___

- [X] Telegraphic Money Order
- [ ] Telegram or Cable
- [ ] Deposit on Collect Telegram Returnable after 24 hours
- [ ] Account NO._____
  FOR REMITTANCE

TO MANUEL MACHADO

SIERRA NEVADA
Address
714 LOMAS CHAPULTEPEC
Place
MEX DF

MONEY	Chgs $	6.00
ORDER	Tolls $	2.70
CHARGES	Tax $	27
PAID	TOTAL $	8.97

THE WESTERN UNION TELEGRAPH COMPANY

BY

En algunas oportunidades, como hemos mencionado anteriormente se presentaba un emisario especial para recoger personalmente las colectas que se realizaban o transmitir órdenes secretas en relación con las necesidades de la Sierra Maestra. Uno de estos emisarios fue Pablo Fernández Alegre, que luego llegaría a capitán y más tarde a comandante del Ejército Rebelde, no conozco la actual posición que mantiene. A continuación se presentan las copias fotostáticas de algunas de las colectas que Fernández Alegre recogió personalmente, firmando en esas ocasiones el recibo de las mismas.

Ramal #15 —— $57.00
"   #35 —— 171.00
Juan [   ]   80.00
Ramal #25   52.30
                    $360.30

Recibí [signature] 9/10/47

Bridgeport, Conn. —— 40.00
Newark ———— 276.50
              $316.50
Los Angeles — 300.00
              $616.50

Recibí [signature]

145

En los últimos meses del año 1957 llegó a Estados Unidos con el cargo de delegado de asuntos bélicos en el extranjero, el capitán Léster Rodríguez, que había sido uno de los participantes en el ataque al Cuartel Moncada en el año 1953 y más tarde en los sucesos acaecidos el 30 de noviembre de 1956. Su misión era coordinar todos los esfuerzos para lograr mayor ayuda y su más rápido envío a la Sierra Maestra. Poco tiempo después, llegaría el capitán Jorge Sotú con la misma misión, desconociéndose de nuevo a los que estaban en México desde los comienzos.

La realidad, que quedó demostrada con posterioridad, era que los Castro querían mantener fuera de Cuba a los capitanes Sotú y Rodríguez, ya que ambos tenían un limpio historial revolucionario y una bien cimentada educación superior. Ninguno de los dos había muerto peleando, tanto en la Sierra como en la ciudad de Santiago de Cuba y la única excusa que podía Castro utilizar era que ellos podrían aportar una gran ayuda en el problema bélico. Lo más notable era que ni Rodríguez ni Sotú, conocían el país ni mucho menos hablaban inglés, pero para Castro lo importante era hacerlos desaparecer de la Sierra Maestra, en la cual especialmente Sotú tenía un gran prestigio por haber sido el primero en llegar a la Sierra Maestra desde la ciudad de Santiago de Cuba con hombres y armas suficientes, además de haber dirigido el ataque al Cuartel Militar del Uvero en las estribaciones de la Sierra Maestra.

El panorama, de acuerdo con la mentalidad de Fidel Castro, se estaba aclarando de posibles rivales en el liderato de la revolución. Hombres como Menelao Mora, Gutiérrez Menoyo, José Antonio Echeverría y otros muchos que representaban verdaderos baluartes revolucionarios, habían muerto en la lucha frontal contra la dictadura. En el desembarco del yate Gramma, el dos de diciembre de 1956, habían muerto Juan Manuel Márquez, "Ñico" López y otra gran cantidad de combatientes. La mayoría de los que quedaban a su lado en la Sierra Maestra eran, con muy pocas excepciones, sus incondicionales, en su mayoría personas muy humildes, muchas de ellas ni comprendían la razón ni el significado de la revolución.

El exilio le había proporcionado nombre internacional al Movimiento 26 de Julio y sobre todo a su figura dirigente Fidel Castro, que él había sabido destacar en todos los momentos. Ahora era el momento de destruir la forma que él mismo había creado del Movimiento 26 de Julio en el exterior y hacia ese intento se encaminó.

Como hoy se sabe de sobra, Castro no acepta ningún tipo de independencia en las filas de la organización, como no lo permitiría después en su gobierno. Él conocía, que tanto yo como algunos otros nos manteníamos sus órdenes de acuerdo con sus dictados. Es más, él consideraba que habíamos roto la disciplina del Movimiento en cada ocasión que realizamos trabajos revolucionarios conjuntamente con miembros del Directorio Revolucionario o de la Organización Auténtica. Para Castro, eso más que otra cosa, significaba independencia de criterio, cosa que no le permitía ni a sus más cercanos colaboradores.

En aquella ocasión, según me informó Pedro Miret, Castro le ordenó que señalara al Dr. Mario Llerena, entonces exiliado en México, que nunca había participado en las tareas de la creación y organización del Movimiento 26 de Julio como coordinador general en el exilio.

El Dr. Llerena llegó a Nueva York con unas credenciales firmadas por Frank País ya que, a pesar de la diferencia de edad entre ambos, eran amigos por motivo de que ambos eran militantes del mismo culto religioso. El Dr. Llerena quiso convertirse en un nuevo Catón, exigiendo obediencia absoluta y completa y prohibiendo todo tipo de declaraciones o actuaciones que no fueran previamente autorizadas por su persona. Desde luego, esto no incluía ninguna actividad que pudiera ser peligrosa, pues él, como representante del movimiento tenía que tener una postura "limpia y decorosa", lo que quería decir, que no estaba dispuesto a correr ningún riesgo.

El documento que Castro firmó en Nueva York en el mes de noviembre de 1955, nombrando a los delegados del movimiento, quedaba en la práctica y sin explicación alguna, anulado totalmente.

Al poco tiempo de la designación del Dr. Llerena, éste convirtió su designación en lo que fue denominado como el "Comité del Exilio", agregándose al mismo Haydee Santamaría, José Llanusa y Raúl Chibás. Todos estos miembros, al mismo tiempo, pasaban a convertirse en "revolucionarios profesionales", pues con la excepción de Chibás, que trabajaba como maestro, los demás preferían ser "dirigentes". La política mantenida por el Movimiento 26 de Julio de que todos sus miembros tenían que trabajar para mantenerse y donar en efectivo al movimiento, quedaba sin efecto, y estos nuevos Catones, comenzaban a vivir en la ciudad de Nueva York, sin correr riesgos ni peligros y sin tener que un solo día **"ganarse el pan con el sudor de la frente"**. En adelante, la revolución mantendría a estos nuevos parásitos.

Desde luego todos estos señores se cuidaron muy bien en no tratar de pasar como "aplanadora"sobre los "delegados bélicos" capitanes Léster Rodríguez y Jorge Sotú, no solamente por el prestigio que ambos tenían, sino también por el tipo de trabajo que realizaban, lo que podía significar en cualquier momento, la cárcel en un país extranjero o la muerte en Cuba. Desde luego, los señores del "Comité del Exilio" buscarían el momento propicio para eliminarlos, porque ellos eran hijos legítimos de Castro en cuanto a tirar zancadillas.

Yo seguí trabajando estrechamente vinculado a Sotú y Rodríguez. Tanto Busch como Llanuza intrigaban por todo lo alto, siempre y desde luego con la aprobación formal de Haydée Santamaría.

En los últimos meses del año 1957, se hicieron conversaciones entre los diferentes grupos revolucionarios para lograr un acuerdo de unidad que apurara el proceso insurreccional y se procediera al triunfo revolucionario. Fidel Castro conoció de estos esfuerzos y nombró su representante en estas reuniones a Léster Rodríguez. En definitiva, el día 15 de Octubre de 1957, se reunieron en la ciudad de Miami todas las organizaciones revolucionarias, para lograr lo que por largo tiempo se anhelaba, es decir, un **"Pacto de Unidad"**. En dicha unidad de propósitos se acordaba poner a la disposición de Fidel Castro la dirección nacional de todos los hombres que se encontraban peleando en Cuba, entregándosele todos los recursos que se reunieran, lo cual había sido proposición del mismo Castro, insinuando al mismo tiempo la necesidad de la designación del futuro Presidente de Cuba.

En esas reuniones participaron los representantes de las instituciones de Cuba, el Partido Ortodoxo, el Partido Revolucionario Cubano, el Directorio Revoluciona-rio, el Movimiento de Resistencia Cívica, la Federación Estudiantil Universitaria, la Organización Auténtica, y desde luego el Movimiento Revolucionario 26 de Julio. Al final de estas asambleas, se había logrado un gran paso de avance, que hubiera sido histórico, en el proceso revolucionario cubano, pues todos los participantes estuvieron de acuerdo en la forma de proseguir la guerra y aceptar en principio el señalamiento del Dr. Felipe Pazos como el próximo Presidente Provisional de Cuba. A estos efectos se suscribió un documento que firmaron, a nombre de sus respectivas organizaciones, todos los participantes.

A estas alturas, volvió a entrar en juego una de las famosas "zancadillas" de Fidel Castro. ¡Otra gran traición!

En una extensa carta, a la cual ordenó que se le diera amplia publicidad, imprimiéndose millares de ella en forma de folleto, conforme se había hecho anteriormente con "La historia me absolverá", no solamente denunciaba el pacto de Miami y la "Junta de Liberación" que se había constituido, sino que además de desconocer el hecho del señalamiento del Dr. Felipe Pazos para Presidente Provisional, también desautorizaba al delegado bélico del "26 de Julio", capitán Léster Rodríguez, señalándolo por su nombre y apellido y mencionando sus funciones en los Estados Unidos, lo cual constituía una grave denuncia ante las autoridades del país. Pero Castro llegó aún más lejos, y en la misma carta nombró en forma unilateral y sin previa consulta, al Dr. Manuel Urrutia Lleó, como el futuro Presidente Provisional de Cuba.

El "Comité del Exilio" sí fue muy bueno para destruir la unidad pactada y al mismo tiempo a los que en esos momentos se habían responsabilizado con la parte difícil y peligrosa en el extranjero, que consistía en adquirir armas, material de guerra y todas las necesidades que demandaban desde Cuba para la continuación de la guerra y al mismo tiempo hacer que, por los medios más distintos e inimaginables, esos suministros llegaran a la Sierra Maestra o a los lugares en que el movimiento los necesitara. No obstante, sin claudicar de sus propósitos de lucha, los que apoyaban el esfuerzo unitario prosiguieron en la tarea de llevar los recursos necesarios.

En aquellos tiempos, algunos de los que estaban trabajando en la parte bélica, poseían un número de suministros que se hacía necesario transportar a Cuba, y al mismo tiempo, eran muchos los que se encontraban sin posibilidades de continuar brindando un trabajo en el exilio, algunos por desconocer el país y el idioma así como por carecer de las relaciones suficientes en otros lugares de América, agravado por la circunstancia de la famosa carta de Fidel Castro denunciando la unidad y señalando el nombre de Léster Rodríguez.

Uno de esos días aparecía en la prensa que un grupo de cubanos, entre ellos Léster Rodríguez y Jorge Sotú, habían sido arrestados en Houston, Texas, acusados de tratar de salir en una expedición con armas y grueso material de guerra, siendo ocupadas no solamente las armas, sino también la embarcación. Desde luego, por lo menos que yo haya sabido, nunca se pudo comprobar como sucedió el fracaso de la expedición y que las autoridades norteamericanas en Houston, Texas, conocieran de esos hechos, pero siempre se sospechó que los miembros del Comité del Exilio, dirigidos en esta operación por Llanuza y Bush, siguiendo órdenes directas de los Castro, que sí conocían de la posible salida de la expedición, fueron los que denunciaron dicha operación. No se trataba liberar a Cuba en el menor tiempo posible y con el número de vidas que pudiera perderse, la realidad era que en todos los momentos había que mantener la consigna de **"todo el poder para Fidel Castro"**.

El Dr. Urrutia, al ser nominado como Presidente Provisional, contra la opinión y el deseo expreso de todas las organizaciones, poco después de llegar a la ciudad de Miami, se trasladó a residir a Nueva York.

De nuevo los problemas internos comenzaron a sentirse, ahora con más fuerza que nunca, pues el que representaba al "Comité del Exilio" en los momentos que el Dr. Urrutia llegaba a Nueva York, era el Dr. Mario Llerena, el cual desde los primeros momentos se enfrascó en una pugna frontal con Urrutia, pues estimaba que el ex-magistrado no era la persona que debía haber sido nombrada, agregando muchos de sus íntimos, que siendo el Dr. Llerena Presidente del Comité del Exilio y habiando cumplido con las consignas que Castro mandaba desde la Sierra Maestra, era la persona indicada para ser Presidente provisional de Cuba.

Esta constante lucha de poder entre Llerena y Urrutia, presentó una crisis, en la que se determinó que Llerena dejara la posición que tenía en el Comité del Exilio.

La realidad había sido que José Llanuza, con algunos otros, habían alimentado esta pugna, dando como resultado la destitución del Llerena, no por apoyar a Urrutia, sino por la eterna ambición de ganar la batalla en la lucha por el poder, controlando completamente el Movimiento en el exterior, lo cual finalmente pudo lograr por la ayuda incondicional que le prestaba Haydée Santamaría, siendo ésta la que mantenía el contacto directo con la dirigencia del movimiento dentro de Cuba.

En el "Comité del Exilio", entró un nuevo factor, tan negativo como Llanuza, el funesto Luis Bush, el cual junto a Haydée Santamaría y Llanuza, constituyó un trío que se abrogó los derechos de la revolución en el exilio. Incluso por motivo de estos terribles problemas que confrontaba el Movimiento en el exterior, el Dr. Raúl Chibás, que era el cuarto miembro de dicho comité, decidió abandonar el exilio y marchar a la Sierra Maestra asqueado de la situación que imperaba, a la que muchas veces se opuso demostrando su inconformidad con los procedimientos que se estaban usando.

Raúl Chibás informó debidamente a Castro al llegar a la Sierra Maestra de todas las anormalidades, pero las cosas siguieron de mal en peor, aunque precisamente esos eran los propósitos de Castro. Los miembros del Comité del Exilio eran lo que Castro quería mantener en esos momentos en el extranjero, toda vez que esos personajes constituían la más legítima representación de su pensamiento, y nunca tendrían opinión propia ni mucho menos decidirían algo por ellos mismos. Incluso, después del triunfo de la revolución, Castro mencionaría a estas tres personas como los "cuatreros" de la revolución, refiriéndose a Llanuza como el "jugador de basketball" y a Haydée Santamaría como la "histérica amante de Armando Hart". En cuanto a Luis Bush, a quien Fidel reservaba para cosas más importantes, como se conocerá en el desarrollo del libro, lo calificó como un comerciante de bolsa negra que hizo negocio hasta con Fulgencio Batista.

Durante todo el tiempo, siempre se mantuvo la dualidad de funciones en cuanto a las responsabilidades de trabajo dentro de la organización.

En el mes de noviembre, recibí una carta del coronel Alberto Bayo, que puede explicar algunas de las cosas que sucederían después del primero de enero de 1959. Bayo nos decía en sus líneas, escritas, al igual que acostumbraba Fidel Castro, en papel transparente y con tinta lo que hacía imposible cualquier enmienda que alguien tratara de hacer en la misiva):

"México 21 Nov. Se.D. Angel Perez Vidal.

Querido Angel:

La carta que te escribí el 24 de Octubre tuvo grata respuesta que llegó a mis manos el 17 de Nov. Hoy quiero enviarte estas líneas para daros una idea que ya expuse allí, pero es conveniente repetir.

1. Hacer un buen servicio de información, rogando a las miles de almas que fueron al Palm Garden que escriban en tarjetas los informes buenos o malos que sepan de todos los cubanos y personas que pululan alrededor de nuestro problema. Esto, amigo Ángel, es de una importancia vital.

2. Mandar, debidamente instruidos y con todo secreto, personal a Cuba para misiones especiales. No debe ir la gente por parejas, sino aisladas. La misión debe ser clara, precisa, sin vaguedades ni fórmulas que puedan dar lugar a excusas y dilaciones.

3. Mandar mensualmente a Fidel dinero en efectivo pues para la guerra, todo dinero es poco.

Recibí tu programa del mítin monstruo, lo que te agradezco.

Debes repetir mucho esas reuniones y no es de olvidar de que un orador exponga al auditorio la conducta heroica de los que murieron por la libertad de la patria. Te envío un abrazo.

Alberto Bayo.

Esta carta va cerrada con cinta engomada con una firma sobre ella. Si se la somete a una severa observación, puede notarse que las ideas del coronel Bayo, no eran precisamente las de un militar de carrera, sino de un conspirador neto que vio todos los aspectos de una situación para establecer conclusiones específicas. Al mismo tiempo puede observarse al oportunista que quiere mantener una hegemonía, al recomendar que se envíen hombres a Cuba y dinero en efectivo a Castro, cosa esta que se había estado haciendo desde los mismos comienzos del proceso revolucionario. El coronel Bayo, vigilaba y bien observando el curso que llevaba la revolución y pensando que el fin de la dictadura se aproximaba. Quería hacer constar su preocupación y al mismo tiempo su interés en la organización de las actividades.

La carta de Bayo, al igual que los otros documentos que aparecen en el presente libro, fueron enviados a los Estados Unidos para su preservación, conforme se explicó en el prólogo del libro. Cuando años después, pudimos leer de nuevo esas cartas nos dimos cuenta de que posiblemente fueron las ideas que Bayo señalaba en su carta, las que dieron lugar, en la Cuba de Castro, a la organización de los llamados "Comités de Defensa de la Revolución", en los cuales se organizaron archivos con los expedientes de los residentes de cada cuadra en toda la isla de Cuba. Estos comités han sido los que se han utilizado, para denunciar, vigilar, detener y movilizar al pueblo para conducirlo desde los cortes de caña hasta las concentraciones que se realizan. A continuación la copia fotostática de la carta de Bayo.

Sr. D. Angel Perez Vidal

Querido Angel: la carta que te escribí el 2... de octubre grata respuesta que llegó a mis manos el 17 de ...

Hoy quiero escribir estas líneas para darte unas ideas que ya expuse allí, por que es conveniente repetir.

1- Hacer un buen servicio de información, rogando a los miles de almas que fueron al Palm Garden que escriban en tarjetas los informes buenos o ma[los] que sepan de todos los cubanos y personas que pululan alrededor de nuestro problema. Esto, amigo Angel, es de una importancia vital.

2- Mandar debidamente instruidos y con todo secreto ... a Cuba para misiones especial[es] No debe ir la gente por parejas, su misión... su misión debe ser clara, precisa, sin ningunas ni fórmulas que puedan dar lugar a excusas y dilaciones.

3- Mandar mensualmente a Fidel dinero e[n] efectivo, pues para la guerra, todo dinero es poco.

Recibe tu programa del último mitin, lo que agradezco.

Debéis repetir mucho esas reuniones y no os olvidéis de que van a hablar expon... ante el auditorio la conducta heroica de los que mueren por la libertad de la Patria. Te envío un abrazo.

Los acontecimientos favorecían enormemente a Fidel Castro y todos, tanto en Cuba como en el extranjero, aunaban sus esfuerzos y sacrificios para cooperar y mantener vigente la llamada **"mística de la Sierra Maestra"**. Castro, más que nunca, según avanzaba el proceso de la revolución, mantenía con más fortaleza la orden de que todo lo que se realizara fuera **"adjudicado al Movimiento 26 de Julio."**

Precisamente cuando se produce el levantamiento o sublevación de la Marina de Guerra en la ciudad de Cienfuegos el 5 de septiembre de 1957, nos llegaron órdenes desde Cuba, del Comité Central del Movimiento de parte de Fidel Castro de no hacernos eco de dicha sublevación, toda vez que ese hecho podría rebajar o menoscabar la importancia de la Sierra Maestra. Él pensó que si la sublevación de la Marina de Guerra en Cienfuegos pudiera producir algún efecto positivo en el proceso de la lucha revolucionaria su posición de **"líder indiscutible"** pudiera disminuir y otros pudieran destacarse con alguna fuerza personal e independiente y al mismo tiempo le asaltó el temor que otras unidades de las Fuerzas Armadas pudieran copiar el ejemplo de lo sucedido en Cienfuegos, y que como resultado sus planes se vieran entorpecidos por un golpe militar que lo dejaría a él en un limbo revolucionario.

Aproximadamente diez días después de la sublevación de miembros de la Marina de Guerra, tuve conocimiento que dos miembros de ese cuerpo que habían participado en la conspiración, lograron huir en un barco mercante de Cuba que se dirigía a los Estados Unidos y que se proponían, una vez que el barco atracara en el puerto de Nueva York, desembarcar sin ser vistos y pedir asilo político.

Durante la travesía fueron descubiertos y presentados al Capitán de la nave. Inmediatamente éste estableció comunicación con Cuba y las órdenes del Estado Mayor y de Batista, desde la misma ciudad militar, era que los mantuvieran bajo estricta custodia y arresto y que los trajeran de regreso a Cuba. El barco llegó a puerto neoyorquino para dejar y recibir carga previamente estipulada.

Un par de días antes de llegar el barco a Nueva York, junto a un grupo de compañeros, decidimos que se hacía necesario el realizar una acción efectiva para lograr que estos dos prisioneros de la dictadura de Batista, pudieran acogerse al asilo político. Para ello, era necesario que pisaran el territorio norteamericano, toda vez que mientras permanecieran en el barco, las autoridades de Inmigración no tenían jurisdicción alguna para intervenir. En esos momentos tuvimos que decidir cuáles eran las prioridades, es decir, aceptar las órdenes de Castro de no participar en nada que no fuera ordenado por la dirección central del Movimiento o tratar de realizar una acción de cualquier tipo para tratar de salvar la vida de estos dos hombres, ya que la tortura y la muerte les esperaban en Cuba. Los que discutimos ambas opciones no dudamos de cuál era nuestra obligación como revolucionarios y al mismo tiempo que existía la posibilidad de lograr asilo para los dos hombres, en el plano continental, se probarían una vez más las tácticas de la dictadura de Batista en cuanto a crimen y secuestro. Resultaba irónico que la estrategia de Batista de tratar de silenciar todo esfuerzo revolucionario era igual o semejante a las órdenes impartidas por Fidel Castro.

Durante algunos días, preparamos cuidadosamente lo único que pensamos que podríamos realizar. El lugar en el cual el barco cubano estaba atracado, era en los muelles de Nueva York, en los cuales en altas horas de la noche no existe una gran vigilancia y por lo tanto una acción de fuerza pudiera lograr resultados positivos.

Aproximadamente treinta personas, entre ellas algunas compañeras revolucionarias, realizaríamos la acción de introducirnos en el barco por los medios que fuera posible y una vez allí, buscar el lugar en el cual tenían prisioneros a los dos cubanos y lograr que llegaran a tierra, aunque tuvieran que tirarse al agua para alcanzarla.

Decidimos que la acción tendría efecto a la una y media de la madrugada. En dos pequeños grupos, avanzaríamos en direcciones opuestas hasta acercarnos al barco. A la hora cero, es decir el instante en que abordaríamos la nave la fijamos cinco minutos más tarde, pues previamente habíamos hecho el recorrido. Esa noche desgraciadamente había llovido a torrentes y no podíamos aplazar la operación de rescate por motivo que nos habían informado que el barco partiría al día siguiente.

Uno de los grupos era dirigido por Luis Blanca, dirigente del Directorio Revolucionario y el otro estaba bajo mi dirección y responsabilidad. Al converger en forma silenciosa hacia los muelles, a solo unos pasos de la embarcación, nos encontramos con una fila cerrada de policías de la ciudad de Nueva York, que con grandes bastones (*clubs*), nos cerraban el paso, pero el problema era llegar hasta el barco. El resultado final fue que muchos de nosotros recibimos fuertes golpes y atropellos por parte de la policía, aunque reconocemos que solamente estaban cumpliendo con el deber de mantener el orden de cualquier forma y medida que ellos estimaran necesario. Después de ser golpeados durante la reyerta, que en definitiva en eso se convirtió la acción nuestra, junto a Luis Blanca, fui separado del resto del grupo.

Ambos fuimos introducidos en una camioneta celular y encerrados en una celda para ser interrogados por la policía de la ciudad y por los miembros del Buró Federal de Investigaciones. Con las ropas aún mojadas y semi-destruidas durante la refriega, nos enviaron para la cárcel de Nueva York, conocida como "las Tumbas". Después vino el proceso de prestación de fianza y el consabido juicio. Todo este proceso era natural y lo comprendimos perfectamente. Nosotros habíamos realizado un hecho que bajo la ley se conocía como "un acto de violencia y resistencia de arresto", sin que la motivación de esa acción se tomara en consideración. Lo que de veras resultó algo inconcebible, fue la actitud de los miembros del Comité del Exilio, que no solamente se negaron a prestar la fianza y proporcionarnos ayuda legal, sino que condenaron el hecho que habíamos realizado.

Cuando salimos en libertad confrontamos a los que representaban el Comité, y expusimos nuestra más enérgica protesta por la acción tomada por ellos. Aunque desgraciadamente los dos miembros de la Marina Cubana, fueron devueltos a Cuba y asesinados más tarde por las fuerzas represivas de la dictadura, al menos se logró que tanto la prensa escrita como radial y televisada se hicieran eco de lo sucedido.

Para Fidel Castro, los hechos de rebeldía de la Marina de Guerra en Cuba, no tenían importancia, alegando que sólo representaban una lucha por el poder entre los militares de Batista. Desde luego, lo que hicimos nosotros, al lograr destacar una acción revolucionaria que trajera a la luz pública el esfuerzo de otros cubanos en la lucha contra la dictadura de Batista, solo logró, por parte del Movimiento que nos hicieran una crítica por no aceptar los lineamientos generales y las tácticas de guerra que emanaran de la Dirección General del 26 de Julio.

Al comenzar el año 1958, yo había decidido que era necesario realizar lo que fuera necesario, dentro y fuera del Movimiento 26 de Julio, para aunar esfuerzos en las tareas revolucionarias, sin necesidad de ofrecer ni dar explicaciones. Después de todo, la práctica que habíamos seguido desde los comienzos, era la de confiar unos en otros, sin tener que ofrecer detalles de nuestro proceder. Por esa manera de actuar se habían logrado los positivos resultados en todo el proceso revolucionario. Entre muchas de esas personas que se nos acercaban, solicitando cooperación para tomar cualquier acción, se encuentran algunas que hoy mantienen altos cargos en la tiranía de Castro y otros muchos que viven en el exilio. Como una muestra de la forma de actuar, presentamos una pequeña nota escrita por uno de los dirigentes del movimiento 26 de Julio, que simplemente nos solicita una cantidad de dinero, de la cual daría cuenta a la Dirección o Ejecutivo Nacional de la Organización. La nota firmada por Carlos Sánchez puede ser identificada por el autor, actualmente en exilio.

La lucha interna entre los dirigentes del Directorio Revolucionario y los del Movimiento 26 de Julio se hacía cada día más fuerte y tenaz. Castro desconocía a todos sus dirigentes e inclusive a la heroica acción al Palacio Presidencial el día 13 de Marzo de 1957 y se refería a ella como si se hubiera hecho en forma de un nuevo golpe de estado para "robarle al Movimiento 26 de Julio el triunfo revolucionario".

A través de innumerables esfuerzos y sacrificios, el Directorio Revolucionario logró con unos limitados recursos, reunir un grupo de sus dirigentes en número de

16 hombres y una mujer, partiendo del puerto de Miami en un pequeño yate de 55 pies rumbo a Cuba, el día primero de febrero de 1958. Al frente de la pequeña fuerza invasora iba Faure Chomón y Rolando Cubelas, desembarcando en la bahía de Nuevitas el ocho de febrero, después de una larga y difícil travesía.

Es precisamente por medio de este esfuerzo, que se logra constituir lo que más tarde fué conocido como "el Segundo Frente de Escambray. Allí comenzaron a llegar los miembros del Directorio sumándose a ellos obreros y campesinos, que voluntariamente formaron filas con los que representaban la Colina Universitaria. La mayoría de esos dirigentes habían salido de las aulas universitarias, y en el pasado, junto a José Antonio Echeverría, habían bajado las escalinatas de la Universidad de la Habana en protesta y desafío al régimen batistiano.

Este nuevo frente de combate, representaba para el proceso revolucionario un duro golpe asestado a la dictadura, pero para Fidel Castro, era un golpe aún más fuerte, toda vez que había otra organización, que no estaba bajo su control y que contaba con dirigentes capaces y valientes, que se enfrentaban con las armas en guerra desigual a las fuerzas de la dictadura.

Desde ese momento las directrices eran aún más enérgicas. Era necesario eliminar toda mención o gestión que pudiera favorecer a las fuerzas que luchaban en las montañas del Escambray. José Llanuza, conociendo mis estrechas relaciones con los dirigentes del Directorio Revolucionario y la Organización Auténtica, me informó que estaban mandando una carta a la Sierra Maestra notificándole a Castro y la Dirección General sobre mi participación con otros grupos revolucionarios. Desde luego, mantuve una seria discusión con Llanuza y le informé que mi posición sería siempre colaborar con cualquier grupo u organización que estuviera dispuesta a trabajar en el esfuerzo revolucionario. La realidad también era que ni Luis Bush, José Llanuza o Haydee Santamaría nunca se inmiscuirían en las actividades que eran más vitales para el Movimiento manteniendo solamente la figura de "representantes diplomáticos en el exilio" y dedicándose a lo que ellos con mucha seriedad le llamaban las "relaciones públicas" las cuales, desde luego, les proporcionaban buenos hoteles, excelentes comidas y viajes a granel. Mientras tanto los dirigentes originales del Movimiento teníamos que ocuparnos de las situaciones que significaran peligro en alguna forma o manera.

Al finalizar el primer semestre del año 1958, recibí una carta de Carlos Franqui, fechada en Miami del día 26 de mayo de 1958, la cual manifestaba lo siguiente:

"Miami, 26 de Mayo de 1958. Mi estimado Ángel. Recibí enseguida las cuartillas del programa. No te preocupes porque no estuvieran terminadas. Ahora espero los libros y el informe que quiero recuerdes a Raúl Chibás.

Me alegro que estén trabajando con entusiasmo, espero que algunas medidas adoptadas ayuden, y otras que confío se adoptarán más tarde solucionen definitivamente el problema del extranjero. De pronto hay nuevos miembros en el Comité y un nuevo responsable del periódico.

Envíame con toda urgencia unas planillas de puertorriqueño: Me urge de este tipo: entre 19 y 23 años, ojos pardos, pelo castaño, peso entre 120/30, estatura mediana, casi alta. Un abrazo para los amigos de ahí y el afecto de Carlos Franqui".

Como se podrá observar en la carta de Carlos Franqui, los problemas del Movimiento 26 de Julio seguían aparentemente sin una dirección fija y terminante, pero todo demostraba que eso era precisamente lo que Fidel Castro quería mantener, de manera que siempre él se guardaba el derecho de decir la última palabra y proclamar el desconocimiento de cualquier situación que no le conviniera en un momento adecuado, como sucedió durante las reuniones que dieron lugar al Pacto de Unidad en la ciudad de Miami.

Carlos Franqui no esperó por los libros que alguien le había prometido entregarle en la ciudad de Miami, ni tampoco al no recibir los papeles de identificación que solicitaba.

En los primeros días del mes de junio, se apareció Carlos Franqui en Miami, alojándose provisionalmente en uno de los locales que manteníamos como centro de operaciones del Movimiento.

Antes de ofrecer una explicación del repentino viaje de Franqui a Nueva York, seguidamente se ofrece la copia fotostática de la carta, que aunque difícil de leer, puede identificarse lo dicho.

Miami, 26 de mayo 88

Mi estimado Angel:

Recibí enseguida las cuartillas del programa. No te escribí porque no estaban terminadas. Ahora espero los libros, y el informe que quedó recuerdas a Raúl Chibás.

Me alegro estén trabajando con entusiasmo espero que algunas medidas adoptadas ayuden, y otras que confío se adoptarán mas tarde, solucionen definitivamente el problema del extranjero. De pronto hay nuevos miembros en el Comité, y un nuevo responsable del periódico.

Envíame con toda urgencia una planilla de puertorriqueños. Me urge una de este tipo: entre 19 y 23 años, ojos pardos, pelo castaño, peso 120-30, estatura mediana, casi alta.

Un abrazo para los amigos de ahí y hasta el afecto, de Carlos Franqui

En unas de las reuniones secretas que mantuve con Carlos Franqui éste me manifestó que tenía órdenes de marchar hacia Cuba, para incorporarse a la Sierra Maestra junto a Castro, pero que le habían dado instrucciones de no relacionarse con los miembros del Comité del Exilio, ni que mucho menos se pudieran enterar de los planes de partida que tenía. Desde luego, esto sólo me hizo pensar que Franqui no quería correr los riesgos de penetrar en Cuba por los medios que se utilizaban para entregar recursos a los combatientes, y posiblemente ese era su interés de buscar papeles de puertorriqueño que le facilitarían la entrada por el aeropuerto de La Habana. Se hacía patente una vez más la dualidad de mando y funciones de la organización.

Carlos Franqui dijo que la persona que tenía que entregarle los libros que él mandaría para la Sierra Maestra no había cumplido con el encargo, y me entregó una larga lista de títulos de libros que decía era de urgente necesidad que llegaran a Castro cuanto antes. Cuando revisé la lista, observé que la mayoría de ellos eran de material comunista, sobre todo los que se emplean en el aprendizaje de las teorías marxista-leninistas, incluyendo, desde luego, "El Capital" de Carlos Marx.

Por ese motivo tuve algunas diferencias con Franqui. No conocía su historial revolucionario, pero me informaron que era de ideas anarco-comunistas de toda la vida. Cuando discutí el problema con él me explicó que era necesario que los jóvenes en la Sierra Maestra tuvieran conocimiento de estas ideas para que no pudieran ser engañados más tarde durante el proceso revolucionario, toda vez que ya los comunistas estaban tratando de infiltrarse en nuestra organización. La verdad es que él, que nunca se había enfrentado a una situación de guerra ni arriesgado el pellejo, ahora pretendía convertirse en el gran adoctrinador de la Sierra Maestra. La realidad indicó que las actividades de Carlos Franqui en acciones de guerra en la Sierra Maestra brillaron por su ausencia y que todas sus actividades se relacionaron solamente con publicaciones y orientaciones políticas a los que formaban el Ejército Rebelde. Desde luego, los libros posiblemente los consiguió en las diferentes librerías que existen en Nueva York.

Lo notable de toda esta situación, es que hoy Carlos Franqui y otros muchos, que durante veinte o treinta años han estado usando y abusando de su poder en Cuba, como es el caso del llamado general Del Pino y otros que se hacen llamar con eufemismo "disidentes", se vean rodeados de comodidades y lujos, viajando por el mundo, contando "sus experiencias" que no son otra cosa que el dolor y la tragedia en la que ellos participaron. Es bueno que los Franqui y los Del Pino, abandonen la nave comunista o castrista, pero sería mejor que tuvieran la experiencia de aprender a ganarse el pan de todos los días, conforme hemos hecho, antes y ahora, los verdaderos revolucionarios sin aceptar pan ajeno ni generosas propinas de los que posiblemente les sobre el dinero, aunque le falten otras cosas. Pero bueno, eso es algo a discutir en la historia futura de la patria.

Continuando con esta *Historia íntima de la revolución cubana* observamos que en el segundo semestre de 1958, los cubanos de amplios recursos económicos, que hasta esos momentos habían estado al margen de la situación y que gustaban llamarse "apolíticos", comenzaron a contribuir "generosamente" a la economía revolucionaria. Desde los llamados "medios-ricos" hasta los millonarios, especialmente los dueños de centrales azucareros y grandes colonos, se empeñaban en cooperar con grandes sumas de dinero. Lo que nunca se imaginaron era que Castro algún día les pisaría los callos como manifestarían con posterioridad.

La realidad era que en esos últimos meses del período revolucionario no eran necesarios esos grandes recursos económicos. La mejor prueba de ello, fue que al terminar la revolución, el Movimiento 26 de Julio tenía en su tesorería varios millones de dólares. Muchos de esos dineros eran manejados por Raúl Chibás como tesorero del movimiento y el grueso de los mismos era guardado y distribuido celosamente por los Castro, tanto Raúl como Fidel.

Precisamente, Fidel utilizaría parte de esos inmensos recursos económicos, para tratar de destruir el esfuerzo guerrillero de los combatientes de las montañas de Escambray. En forma secreta, Castro preparó lo que él llamó "la invasión de Oriente hacia Occidente". Se hacía necesario que esta acción se realizara sin riesgo alguno, pues el plan era que tanto el Che Guevara como Camilo Cienfuegos, que serían los "comandantes de avanzada", fueran los que dirigieran el paso de la caravana desde la Sierra Maestra hasta la Sierra de Escambray.

El día 30 de Agosto de 1958, salieron de Las Mercedes, los Comandantes Camilo Cienfuegos y Che Guevara, con unos ciento cincuenta hombres aproximadamente. Las armas y el material de guerra eran muy ligeros, pues no esperaban enfrentarse con el enemigo durante la travesía. Lo único importante era que estos dos comandantes se hicieran rápidamente cargo de "tomar la Sierra del Escambray" y tratar de hacer desaparecer lo que el Directorio Revolucionario había creado con esfuerzos y sacrificios sin límites. El principal armamento de estos dos "comandantes de avanzada", consistía en una cantidad mayor de trescientos mil pesos, que constituiría el pasaporte de viaje. Para ellos también "poderoso caballero era don Dinero".

Durante la travesía de Las Mercedes hasta la Sierra del Escambray, las instrucciones dadas por Castro y con completo asesoramiento de muchos de los que eran importantes personeros del régimen de Batista, era que el dinero se repartiera sin tasa ni medida. La única prioridad era llegar a las montañas villareñas, toda vez que las fuerzas de combate del Directorio Revolucionario cada día conquistaban no solamente nuevos territorios, sino que adquirían prestigio y renombre entre todos los que residían en las poblaciones a donde llegaban esos contingentes de combatientes.

Los jefes militares de Batista, recibían órdenes de "dejar el campo libre" para que las famosas "tropas invasoras" del Movimiento 26 de Julio, encontraran territorio libre y paso rápido. Desde luego, la ambición por los dineros repartidos, se hizo mayor según avanzaba la caravana, y no solamente eran los grandes jefes militares de Batista los que se beneficiaron con la plata de estos dos "comandantes de avanzada", sino que incluso, muchos que no alcanzaban el grado de teniente lograron obtener algunos pesos de la revolución.

Fidel Castro seguía paso a paso la "ruta de la invasión", impartiendo órdenes a las células del movimiento, en los lugares en los cuales él estimaba que había "compañeros de absoluta confianza" que fueran dadivosos con los militares de Batista. Era una fijación lo que Castro tenía en relación a la famosa caminata de Oriente hacia Occidente. El bien podía evaluar que lo que comenzó en un desembarco de 16 hombres y una mujer en las playas de Nuevitas, se estaba convirtiendo en el mayor peligro para la estabilidad de la dictadura de Batista.

Lo que puso más frenético a Castro fue cuando le llegó la noticia, por medio de los confidentes que siempre trataba de colocar en todos los lugares, que los planes de los dirigentes del Directorio Revolucionario era tratar de descender desde las montañas villareñas hasta lograr tomar la ciudad de Santa Clara, dividiendo la Isla de Cuba en dos partes y haciendo imposible para la dictadura el mantenimiento del poder.

Desde luego, lo que habían planeado las fuerzas del Directorio Revolucionario llegó a realizarse, cuando el 21 de Diciembre de 1958, las fuerzas revolucionario tomaron la ciudad de Santa Clara. pero ya Castro había logrado su propósito. Tanto el Che Guevara como Camilo Cienfuegos aparecían como los comandantes triunfadores. La prensa, la radio, la televisión y sobretodo el semanario Bohemia que cada día se hacía más fervoroso admirador de Fidel Castro, cantaban loas a los comandantes de avanzada. El señor Miguel Ángel Quevedo, propietario y director de Bohemia seguramente en su tristeza y amargura, antes de buscar la vía del suicidio para terminar sus días, se sentiría muy responsable por su completa parcialidad en las informaciones que brindaba.

Para la época en que los comandantes Cienfuegos y Guevara llegaban a la Sierra del Escambray, las posibilidades de triunfo eran evidentes. La alta burguesía cubana había ya comenzado a competir en "generosidad" y a proclamarse "ardorosos y fervientes simpatizantes de la revolución cubana". Desde luego, la mayoría de estos señores, habían logrado enviar a sus hijos al extranjero a estudiar, para que no fueran arrastrados al torbellino revolucionario y la posición de sus respectivos padres pudiera comprometerse. Esos jóvenes no tenían que participar en el negocio bélico, aunque contrariando las órdenes de sus progenitores, muchos de ellos se enrolaron en las filas revolucionarias.

Era realmente patético contemplar a esos antiguos "apolíticos" haciendo conecciones para brindar una cooperación económica al Movimiento 26 de Julio. Siempre pretendían encontrar algún contacto que más tarde pudiera atestiguar "la generosa contribución realizada". Pero desde luego, cuando había que esconder o cobijar a uno de los revolucionarios perseguidos por los cuerpos represivos de la dictadura, desaparecían del escenario nacional, aunque fuera por unos pocos días para no verse comprometidos en ese tipo de tareas.

Esos señores, en su mayoría eran los mismos que habían hecho fila para felicitar al "general" Batista por haber salido ileso del ataque al Palacio Presidencial el 13 de marzo de 1957. Aún las fotografías de esas escenas, brindando con champán y mostrando amplias sonrisas de satisfacción, se encuentran en más de un archivo que engrosará las páginas de la historia de Cuba, en un futuro cercano de libertad.

Estos personajes, parodiando la religiosa frase "que no se entere la mano derecha de lo que hace la izquierda" (aunque con muy diferente significado) eran generosos en sus entregas de dineros a la revolución y al mismo tiempo, le hacían grandes elogios a la dictadura, convirtiéndose en verdaderos edecanes del que desde la finca "Kukine" disfrutaba del poder al igual que ya comenzaba a hacerlo el que desde las montañas orientales, se regodeaba en "su finca de la Sierra Maestra". La misma mentalidad y forma de actuar de estos dos tristemente célebres personajes.

Al mismo tiempo que estos acontecimientos se producían, los modernos "líderes del exilio", por motivo precisamente de la gran afluencia de dinero que engrosaba los fondos del Movimiento 26 de Julio, vivían una vida muy placentera y holgada, como "líderes revolucionarios profesionales". Otra realidad que se discutía era la posibilidad de un triunfo militar eminente de las fuerzas revolucionarias. Fidel Castro parecía muy cómodo en su posición de gran cabecilla en su escondrijo, y parecía no tener intención alguna de apurar el proceso insurreccional. Mientras Castro mantuviera esa actitud, los ejércitos de Batista mantenían el control absoluto de toda la nación. Con excepción de los triunfos guerrilleros del Escambray, muy pocas eran las acciones que Castro realizaba. También, su hermano Raúl, que había salido de la Sierra Maestra hacia las montañas más al norte de Santiago de Cuba, no ofrecía mucho combate.

Las fuerzas militares y civiles de la dictadura estaban corrompidas y sólo trataban de atesorar la mayor cantidad de dinero en el menor tiempo posible. Fulgencio Batista, por otra parte, comenzaba a buscar formas de terminar con el proceso de su dictadura. Utilizando a su más íntimos testaferros, trataba desesperadamente de entregar el poder a las fuerzas revolucionarias. Uno de los personajes que más utilizó fue su asesor, amigo y compañero Carlos Rafael Rodríguez y otros connotados líderes comunistas, los cuales siempre habían sido sus más fieles aliados. Por otra parte, es decir, en los planes de Fidel Castro, todo se reducía a obtener más dinero cada vez, lo —que en aquellos momentos los ricos y millonarios lo ofrecían a manos llenas—, y con esos dineros comprar todo lo que estuviera a la venta, hombres, cargos, posiciones... ofreciéndoles que terminada la revolución armada, vendría un período de paz y perdón. Infelices, que por dinero traicionaron no solamente el sistema que ellos habían cooperado a crear y mantener, sino que con sus acciones traicionaban a sus propias familias y en definitiva a ellos mismos. Con su ambición y tal vez ingenuidad o ignorancia política, muchos de ellos tuvieron que pagar con sus vidas la acción suicida que cometían al no hacer frente a los combatientes. El fatídico paredón fidelista se haría cargo de la conducta que mantenían. Ellos, probablemente, como el pueblo de Cuba, no podían inmaginarse la crueldad sin límites de los Castro.

Mientras todo este proceso se tramitaba, el dictador Batista aseguraba refugio seguro para él, su familia y sus más allegados e íntimos colaboradores en los predios de otro tirano que también destrozaba y manejaba una nación como si fuera su finca privada.

En el extranjero se recibían noticias del desmoronamiento de la dictadura de Cuba. Los militares y civiles de confianza de Batista no estaban dispuestos a continuar una lucha que veían aproximarse a su fin. Tal vez con algunas excepciones, la gran mayoría de esos hombres, buscando afanosamente dinero y refugio seguro, enviaban con anticipación a los familiares al extranjero.

Como resultado de los acontecimientos en Cuba, el Comité del Exilio, se apresuró a acabar de destruir o eliminar a todos los que habían fundado y organizado el Movimiento 26 de Julio, y que, por sus esfuerzos, el movimiento había adquirido prestigio continental y se había podido mantener como fuerza combatiente en Cuba. Pero para los hombres como Llanuza y Bush, y otros incondicionales que ya habían hecho aparición, lo principal era crear una nueva estructura de poder que pudiera recoger todo el trabajo realizado por los que habían luchado desde los comienzos.

Cada día se realizaban esfuerzos para marginarme a mí, que era un fundador de todo aquello, de todas las actividades del ahora gigante y rico movimiento. En diferentes oportunidades se presentaron serias desavenencias entre los miembros del Comité del Exilio y mi postura revolucionaria. Definitivamente, mi posición de combatiente no era negociable. Yo estaba decidido a realizar cualquier esfuerzo, con cualquier persona u organización que estuviera dispuesta a presentar una acción bélica. Yo tenía la ventaja de conocer los recursos disponibles, los medios de movimiento y las mejores conexiones para procesar un esfuerzo de guerra. En diferentes oportunidades le pedí al Comité del Exilio que me permitiera marcharme a la Sierra Maestra, pero la respuesta era que Fidel Castro no deseaba a nadie más que se sumara a las fuerzas de combate, pues él alegaba que le sobraban hombres para pelear.

En esos tiempos, otros hombres, con recursos económicos e historiales políticos honestos, trataban de producir algún hecho bélico. A mediados del año 1958, se me acercó un antiguo compañero, con el que nos habíamos alejado por motivos mencionados en los comienzos de este libro. Se trataba de Joaquín Sanjenís. Su hermano, era uno de los dirigentes principales del movimiento clandestino en La Habana y él siempre se había movido con bastante discreción.

Después de varias reuniones, Sanjenís me informó que el Dr. Justo Carrillo, deseaba organizar una expedición, en la cual, tanto él como Carrillo participarían personalmente. Tenían los recursos económicos necesarios, pero carecían de experiencia y el conocimiento de aunar hombres suficientes, al igual que las armas y el material de guerra para dicha expedición. Yo sabía que mis derechos de marchar a la Sierra Maestra a incorporarme al Movimiento eran ignorados. Yo pertenecía a los llamados "vetados" de la Sierra. Sanjenís me informó que él tenía conocimiento que los que habíamos comenzado el Movimiento 26 de Julio, teníamos que buscar nuestros propios medios para marchar a Cuba, toda vez que Fidel Castro, utilizando y dando sus órdenes através de la Dirección Nacional, ordenaba que nadie fuera a Cuba a incorporarse a la lucha armada.

También en esos momentos se estaba evaluando la posibilidad de llevar al Dr. Urrutia a la Sierra Maestra. El propio Urrutia me dio su palabra de honor que cuando este hecho se produjera, yo sería uno de sus acompañantes. Esta situación se la comuniqué a Sanjenís y le informé que conociendo que tanto yo, como otros pocos, se nos haría difícil ir a la Sierra acompañando a Urrutia, estaba dispuesto a participar en la organización de la expedición que se planeaba. Desde luego, le informé que si éste podía cumplir con su promesa de que fuéramos junto a él, mi compromiso con la expedición quedaría anulado aunque yo me comprometía con que otro compañero de mi íntima confianza ocuparía mi lugar y proseguiría con las actividades. Si al momento de producirse la salida de la expedición, yo aún me encontraba en territorio fuera de Cuba, marcharía junto a ellos.

Desde esos momentos comenzaron los entrenamientos militares. Semanalmente emprendimos largas caminatas por las montañas de Catskills en Nueva York, al igual que otras muchas prácticas militares.

Todas esas actividades se realizaban en medio del mayor secreto, con grandes sacrificios, pues sabíamos que eramos vigilados por los cuerpos de seguridad, y además temíamos que los que formaban el Comité del Exilio, si llegaban a conocer de esta situación, pudieran denunciarnos. Precisamente, en varias ocasiones fuimos "invitados" a las oficinas de diferentes cuerpos policíacos para ser interrogados. A finales del mes de Agosto de 1958, un pequeño grupo de personas, entre ellas mi hermano Santiago, y mi más íntimo amigo de luchas revolucionarias, Francisco García, fueron detenidos acusados de transportar armas y material de guerra. Esa misma madrugada, miembros de la policía neoyorkina y agentes de otros cuerpos de seguridad o vigilancia procedieron a mi arresto, acusándome de complicidad en las armas ocupadas. Una vez más, fui enviado a la prisión de la ciudad de Nueva York, "las Tumbas", como se le llamaba a ese lugar. Desde luego, no pudieron probarme que estaba actuando fuera de la ley y, después de un juicio en la Corte Superior del Condado de Brooklyn, fuimos declarados no culpables. Una de las cosas que estaban a mi favor, era que durante todo el proceso revolucionario, siempre me mantuve trabajando para sostener a mi familia. Si hasta con la expedición prácticamente lista para partir —ya que la fecha aproximada estaba fijada entre el 10 y el 15 de Enero de 1959—, me mantuve trabajando en el hotel hasta el 31 de diciembre de 1958, en cuya fecha había presentado mi renuncia al trabajo alegando que esa labor había afectado mi salud.

El Comité del Exilio, conociendo que yo estaba envuelto en otras actividades sin tener aprobación del Comité Central del Movimiento 26 de Julio, acordó destituirme como delegado oficial del Movimiento en el mes de septiembre de 1958. Ese cargo, que hasta aquel momento había mantenido, me había sido conferido por el propio Fidel Castro, y ahora sus testaferros —cumpliendo sus deseos luego, me destituían del mismo, considerándome como un afiliado del movimiento. José Llanuza, aprovechó la oportunidad para nombrar a uno de sus amigos llamado Heriberto González; no tengo idea qué ubicación pueda tener en el presente.

En cuanto a las relaciones que mantenía el Comité del Exilio con el Dr. Urrutia, las mismas eran completamente inexistentes, desconociéndosele en todas las actuaciones. No se le consultaba ni para los más insignificantes asuntos.

Los factores revolucionarios que representaban varias organizaciones, ciertamente esperaban que Urrutia nunca llegara en definitiva a ocupar la Presidencia de la República de Cuba. Cada día que pasaba, José Llanuza era más ofensivo con el doctor, y mientras el futuro presidente vivía con toda modestia con los recursos económicos que le producía su pensión como retirado del Poder Judicial y que mensualmente le llegaba desde la Cuba de su enemigo Batista, Llanuza, el futuro Alcalde de La Habana, nombrado precisamente por Urrutia, disfrutaba con amplitud y holgura de los dineros allegados para la revolución, viajando innecesariamente y por todas partes.

El proceso de eliminación que Llanuza realizaba en el exilio, pretendió llevarlo hasta la filial que existía en Nueva York del Movimiento de Resistencia Cívica de Cuba, enfrentándose a sus dirigentes, especialmente al que tenía la mayor responsabilidad Víctor de Yurre, el cual más tarde, nominado por el Presidente Urrutia, compartiría la responsabilidad con él como Comisionado de la Alcaldía de La Habana. Desde luego, el cargo de Víctor de Yurre fue de corta duración, como todos los que concedía el Presidente Urrutia, pues a los pocos meses fue eliminado, quedándose solamente Llanuza de Alcalde o Comisionado de La Habana.

A principios del mes de noviembre de 1958, se recibió la orden de trasladar al Dr. Urrutia para la Sierra Maestra. Nosotros estábamos confiados en que éste cumpliría su formal promesa de dejarme acompañarlo en el viaje, pero uno de esos tantos días, en forma misteriosa, el doctor se trasladó a Venezuela, acompañado de su esposa y su hijo menor Jorge, con quienes en definitiva hizo el viaje a la Sierra, no pudiendo yo acompañarle por disposición del propio Castro y sus testaferros en el exilio, José Llanuza y Luis Bush.

Los vetados de la Sierra fuimos muchos, pues a todos aquellos que no tuvieron bien probada su incondicional sometimiento a Fidel Castro, se les hacía imposible el viaje, habiendo sido muy pocos los que lograron romper la consigna exclusivista.

Los que sí tuvieron libre acceso al escondrijo de Castro fueron los comunistas, logrando llegar y pactar, en forma secreta y de espaldas a los demás dirigentes y combatientes de la revolución, la entrega de la revolución cubana al comunismo internacional.

Precisamente, fue el Dr. Carlos Rafael Rodríguez, el personero de la tramitación incalificable, quien más de dos veces escaló la Sierra Maestra, bajando luego con los acuerdos logrados para hacerlos llegar a su Presidente en Cuba, Fulgencio Batista y a sus amos en el extranjero. Después el coronel Cantillo, asumiría el papel de negociador, pero para aquella época, ya Batista tenía los conocimientos necesarios recibidos de su edecán Ministro sin Cartera, Carlos Rafael Rodríguez que como su fiel servidor, amigo y compañero de muchos años, le había proporcionado.

Sin embargo, Fidel Castro estuvo manteniendo su pantomima anti-comunista por largo tiempo. Todos recordarán su cadena de oro pendiente de su cuello con la sagrada imagen de la Virgen de la Caridad del Cobre, al recorrer triunfante la isla de Cuba, desde Santiago de Cuba hasta la ciudad de La Habana, junto a sus "barbudos" que también llevaban relucientes rosarios con inmensos crucifijos. Unos, quizás serían fervientes creyentes; otros, con toda seguridad falsos religiosos.

Al Movimiento Revolucionario 26 de Julio, se le trató desde los primeros momentos de vestir con una mística religiosa, empezando por el Padre Sardiñas con el beneplácito de la Iglesia Católica y la bendición Papal de los organismos eclesiásticos, que inclusive después de todos los crímenes de la revolución, nunca expulsaron del clero al famoso padre Sardiñas. Creemos que es necesario señalar, que gran parte de la Iglesia Católica, con sus organismos oficiales y oficiantes, cooperaron con dinero y hasta ocultando armas, al derrocamiento de la dictadura, al igual que otros sinceros religiosos, como los protestantes.

De la misma forma, los masones también contribuyeron a pecho descubierto, al triunfo de la revolución.

No hubo nadie que regateara su concurso desinteresado, en la mayoría de los casos, desde mucho antes del primero de enero de 1959, a la resistencia de la opresión que representaba la dictadura. Después de esa fecha, no quedó un cubano que públicamente se atreviera a disentir: todos aplaudieron, o por lo menos esperaron confiadamente a que sucediera lo mejor. Desde los albores de ese día, Fidel Castro, que había pactado con el coronel Cantillo la forma de entrega del poder, comenzó a sacar las redes que ya tenía tendidas para monopolizar todo el mando a su favor. Ordenó en forma demagógica y teatral —como todo lo suyo—, que el aventurero argentino Che Guevara avanzara sobre la fortaleza de La Cabaña y que Camilo Cienfuegos tomara la guarnición militar de la ciudad militar de Columbia.

Bien sabían Castro y sus teatrales "comandantes de avanzada" que no habría pelea ni resistencia; que ya Batista se había ido y se encontraba en la República Dominicana y los oficiales que quedaban ya Cantillo los había instruido sobre la entrega de los mandos. Más tarde, Fidel Castro, con su característico estilo de demagogia y su clásico desagradecimiento, enjuició a Cantillo, acusándolo de traición por haber dejado escapar al dictador Batista y lo encarceló condenándolo a presidio. El terror, desde los primeros momentos imperó tanto en Cuba, que el coronel Cantillo no reveló la verdad, que indiscutiblemente tenía que conocer, y que era que la huida de Batista había sido negociada por Carlos Rafael Rodríguez en sus relaciones con Fidel Castro durante sus viajes a la Sierra Maestra.

El Directorio Revolucionario se había adelantado en su avance sobre La Habana y tenía sentado su Cuartel General en el Palacio Presidencial, del cual se erigió en jefe supremo el Comandante Rolando Cubelas. La intención era mantenerse en el mismo como fuerza de ocupación, hasta que llegaran a la capital Fidel Castro y sus huestes, con el que pensaban discutir sobre la selección del Dr. Urrutia para Presidente Provisional y también sobre las fuertes discrepancias que se habían mantenido en todo el proceso revolucionario entre ambas organizaciones, especialmente cuando el Directorio Revolucionario, con sobradas razones aducía que el triunfo definitivo de la revolución lo habían logrado los combatientes de la Sierra de Escambray.

Se decía que la ocupación del famoso tren blindado que Batista había mandado a Santa Clara, había sido la carta de triunfo y el motivo principal de la huida de Batista, habiendo sido el Directorio y el Segundo Frente Nacional del Escambray, los autores del hecho, por lo cual acusaban al Che Guevara de aprovechado y farsante, al extremo que aún antes de suceder la toma del tren blindado, miembros del Segundo Frente Nacional del Escambray habían querido detener y hasta fusilar al argentino Guevara, que luego, ya posesionado de la fortaleza militar de La Cabaña, enfiló todo su poderío militar sobre el Palacio Presidencial, amenazando bombardearlo si los miembros del Directorio Revolucionario no lo abandonaban. Lo que no creemos que los dirigentes del Directorio Revolucionario llegaron a conocer, era que tanto la huida de Batista, como la entrega del gobierno por parte de Cantillo a Fidel Castro era algo que, como dije, se había pactado desde el propio Palacio Presidencial con la anuencia de Batista y la insistencia de Carlos Rafael Rodríguez.

Desde temprano una consigna se abría paso, que los comunistas habían comenzado a rodar: **"toda La Habana para Fidel"**. Los ómnibus fueron pintados con los amplios letreros que proclamaban la siguiente reclamación: **"Urrutia, Presidente"**.

Lo que el pueblo no comprendía y empezaba a sufrir, era la huelga general que Castro había ordenado decretar, como primer paso funesto de la revolución, sin necesidad, puesto que Batista se había ido y la revolución estaba en el poder. Fue algo que desentonó en un pueblo que se sentía feliz y contento al derrocar al dictador; y con dinero y los almacenes abarrotados de mercancías, permanecían cerrados, con la vigilancia de los "primeros activistas voluntarios", más tarde, convertidos en los "Comités de Defensa de la Revolución", que aparecieron cuidando los establecimientos de víveres y de toda clase, para que no se hicieran ventas al pueblo de la mercancía necesitada. El final, no podía ser otro que el que aún tenemos para desgracia del pueblo cubano.

Mientras tanto, el avión que conducía al Dr. Urrutia desde Santiago de Cuba, aterrizaba en el campamento de la ciudad militar de Columbia, entre el aplauso de la soldadesca de Batista. Urrutia, al ser notificado de la situación que existía con los miembros del Directorio, le mandó recado al comandante Cubelas de que no abandonaría el avión hasta tanto el Directorio Revolucionario no se dispusiera a abandonar el Palacio Presidencial.

A mi llegada a Cuba, ese mismo día primero de enero, encontré los problemas que ya comenzaban y se presentía una guerra de grupos o de organizaciones. El viaje lo había podido realizar por motivo de encontrarme en la Florida para organizar los últimos detalles de la expedición que saldría en la segunda semana de enero. Cuando dejé la ciudad de Miami, Sanjenís, que era el otro dirigente de la expedición se quedó como responsable.

Lo primero que decidí fue dirigirme al Palacio Presidencial, toda vez que mis relaciones con los miembros del Directorio Revolucionario siempre habían sido cordiales y honestas como compañeros revolucionarios, y juntos habíamos colaborado en planes de trabajo. Allí estaba el comandante Cubelas, que tenía el brazo derecho herido, junto a los demás dirigentes del Directorio. Hablé con Luis Blanca, Ramón Guín y otros buenos compañeros de lucha. Pude comprobar que la intención de los miembros del Directorio no era lo que Castro trataba de insinuar, sino simplemente el tratar de asegurar, que un nuevo tirano, con más poder que el anterior, se apoderara de la nación. Ellos eran combatientes de primera línea y habían demostrado en sus esfuerzos revolucionarios, el derecho que tenían para participar en el esfuerzo de la reconstrucción nacional. Otros muchos se acercaron también al Palacio y finalmente se acordó la entrega de la Mansión Presidencial al Presidente Urrutia, el cual inmediatamente al conocer la disposición de los dirigentes del directorio se dirigió a la Mansión Ejecutiva.

Al llegar del Dr. Urrutia al Palacio Presidencial se produjo una amplia y detallada conversación y en franca camaradería se compartieron ideas y planes futuros de reconstrucción nacional en el cual todos los dirigentes revolucionarios participarían. Nadie en ese momento podía pensar en tragedias futuras, sino en una Cuba próspera y feliz. Los nombres de Gutiérrez Menoyo, Menelao Mora, José Antonio Echeverría no podían ser ignorados en la mansión palatina, ya que esos hombres, al derramar su sangre dejaron impregnado en la historia del recinto presidencial la voluntad del pueblo cubano de ser libre e independiente.

En definitiva, el comandante Cubelas, junto a los demás miembros del Directorio Revolucionario abandonaron el Palacio Presidencial, dirigiéndose a la Colina Universitaria, su Alma Máter, lugar escogido como centro principal de las huestes del Directorio Revolucionario.

Pasado el tiempo, el líder principal del Directorio Revolucionario, Faure Chomón, incomprensiblemente, aceptó el cargo de Embajador de Cuba en la Rusia Roja, pasando más tarde a Ministro de Comunicaciones y otros cargos similares, en los cuales Castro lo designaba como si Chomón fuera su sirviente personal. Alberto Mora, olvidando que su padre había ofrendado su vida por la libertad, fué nombrado Ministro de Comercio Exterior y años después se sumó a la larga lista de suicidas que el régimen ha producido. En cuanto a Luis Blanca lohicieron más tarde Ministro de Comunicaciones, y a otros cuantos dirigentes del Directorio Revolucionario, los designaron en cargos de menor importancia, ignorando que en definitiva Castro los iría destruyendo a todos en forma paulatina. El propio Cubelas, años más tarde fue condenado a muerte por conspiración y en forma verdaderamente inexplicable, Fidel Castro lo perdonó enviándolo a prisión y más tarde permitiéndole salir para el extranjero, y hoy reside en tierras libres de América y Europa. Como algo extraño y posiblemente maquinado por la mente paranoica de Fidel Castro, a su lado se encuentran muy pocos de los dirigentes del Movimiento 26 de Julio. Muchos de esos hombres han sido fusilados; otros guardan prisión o no les permiten salir de Cuba y un gran número se encuentra en el exilio. En cambio, a su lado se encuentran muchos de los dirigentes del Directorio Revolucionario, que siempre lo habían combatido y acusado de farsante.

En los comienzos del año nuevo de 1959, el pueblo alegre y confiado, pensando haber encontrado al fin su camino hacia la paz y la felicidad nacional, la justicia social, la prosperidad y el bien de todos los cubanos, celebra el aconteci-miento. Con entusiasmo sin par toda la nación se preparaba para recibir al "**Héroe Nacional**", aquel joven vibrante que todos conocían por las "fotos de estudio" publicadas en los periódicos cuando se efectuó el juicio por los sucesos del Cuartel Moncada y más tarde cuando desembarcó del Yate Granma... Y de la Sierra Maestra bajó un Fidel Castro con barbas y patillas, con las garras preparadas para la traición.

Santiago de Cuba, todo Oriente, Camagüey, Las Villas, Matanzas y "**toda la Habana para Fidel**", fue el resultado de su paso de vencedor. Atravesaba toda la Isla, como un nuevo emperador romano, entre la admiración popular de toda la nación, sin que siquiera el más violento batistiano de la víspera se atreviera a mirarlo seriamente. Posiblemente, ellos también pensaron que Castro sería la paz, la misma que proclamara Batista: la paz de los cementerios.

Todo el poderío que Batista siempre estaba "remendando" con coaliciones y toda clase de compromisos, que luego cumplía más o menos a su manera, Fidel Castro lo miraba de cerca con el pensamiento y posiblemente pensara en Batista, pues él jugaba con la república entera sin trabas ni compromisos de ninguna clase, ni siquiera de tipo internacional, apareciendo completamente solo en la televisión o el radio desde el primer día.

Fidel Castro, había comenzado su conquista, que se extendería a diferentes confines de la tierra, llevando a sus soldados a morir a lejanas regiones, desde las tierras de África, hasta los campos de América y la Siberia Rusa.

La realidad es que el cruento calvario de Cuba, si no tiene una definitiva terminación y que de nuevo resplandezca la libertad y la democracia, ha de convertirse en la total destrucción del Hemisferio Occidental, de la democracia, y lo llorarán más que nadie los norteamericanos, pero inútilmente, como catástrofe y como vergüenza.

Capítulo III

El nuevo inquilino del Palacio Presidencial: Dr. Manuel Urrutia

En las primeras horas del anochecer del día 5 de enero de 1959, el Dr. Manuel Urrutia hacía su entrada en el Palacio Presidencial a tomar posesión del cargo de Presidente de la República, para el que meses antes lo había escogido en forma unipersonal Fidel Castro.

El pueblo, en esta oportunidad de la toma de posesión del Primer Magistrado de la Nación, colmaba los pasillos y salones de la mansión ejecutiva, rompiendo el protocolo y las costumbres establecidas. En este acto de la toma de posesión del nuevo Presidente, no había representación de gobiernos extranjeros. No se veía ningún personaje ni embajador enfundado en su librea diplomática. En esos momentos, solamente estaba el pueblo cubano celebrando el comienzo de una nueva era.

En aquella época, y hasta mucho tiempo después, se pensaba que iba a ser un verdadero Gobierno Revolucionario. La alegría desbordante cundía por doquier y los hombres y mujeres se abrazaban como hermanos sin siquiera conocerse. A los que habíamos tenido la oportunidad de participar en lo que se llamó **"la Jornada Gloriosa del primero de Junio"**, veinticinco años anteriores, cuando el triunfo arrollador del Dr. Ramón Grau San Martín y el Partido Revolucionario Cubano (Auténtico), los momentos que se estaban viviendo, recordaban en muchas cosas, el presente estado de euforia y alegría. La diferencia, desde luego, era que las esperanzas de los gobiernos auténticos coronaron los ideales del pueblo cubano en su mayoría, produciendo los dos gobiernos mejores en la historia de la patria cubana. Ese día terminaba oficialmente, el rejuego político y dictatorial a que Fulgencio Batista tenía acostumbrado al pueblo cubano, cuando disponía el cambio de presidentes a su libre antojo. En esta ocasión, al menos esto se creía, la época de las dictaduras y gobiernos de fuerza terminaban oficialmente y se convertía en algo de un pasado que se creyó no se repetiría jamás.

Cuba surgía fuerte, poderosa, joven y llena de entusiasmo e ideales. Se pensó que comenzaba el período definitivo de su reconstrucción nacional, libre y democrática. El hombre que se hacía cargo del poder había prometido que gobernaría provisionalmente, solamente por un período de 18 meses y que en ese término y producto de unas elecciones generales, honestas y libres, vendría a sustituirlo aquel cubano que el pueblo escogiera por medio del sufragio popular. Precisamente, eso se había estipulado y enfatizado en la Sierra Maestra en el llamado **"Manifiesto del Movimiento 26 de Julio"** firmado por Raúl Chibas, Felipe Pazos y Fidel Castro, en el mes de julio de 1957. En dicho "Manifiesto" se estatuía que **"las elecciones generales serían libres, democráticas e imparciales para todos los cargos del Estado, las Provincias y los Municipios y se celebrarían en un término de 18 meses después del triunfo de la revolución, bajo las normas de la Constitución de 1940 y el Código Electoral de 1943."** Desde luego esa promesa de elecciones libres en un período de 18 meses, luego se pensó que sería probablemente de dos años. El Presidente Urrutia accedió a posponer el período provisional y mantenerse en el cargo de Presidente por los dos años. El motivo de la extensión del período presidencial se debió que al comprobarse que Fidel Castro no cumpliría los 35 años de edad, demandado por la constitución de 1940 para ser postulado para Presidente de la Nación, se hacía necesario extender la provisionalidad del gobierno del Dr. Urrutia. Honestamente, el gobierno de Urrutia pensaba y así mantuvo su forma de creer, inclusive hasta prácticamente, el día de su destitución meses más tarde, que esto era lo lógico, para que Castro tuviera la oportunidad igualitaria de cualquier cubano de aspirar al cargo de Presidente de la República de Cuba.

Lo que Urrutia y la gran mayoría de todo el pueblo de Cuba desconocía, era que Castro había determinado mantenerse en el poder indefinidamente. Es posible que el hecho y la realidad de aliarse finalmente con el comunismo internacional, partió de esa idea, es decir, como única forma de mantenerse en el poder como hacía José Stalin en la Rusia Soviética. Posiblemente, si la revolución cubana se hubiera realizado años antes, cuando todo el poder en Europa estaba en las manos de Adolfo Hitler, Castro habría abrazado la doctrina nazi exclamando que desde que había leído el libro "Mi lucha", él secretamente se había adherido a esa forma de pensamiento y acción. Para Castro, comunismo, nazismo o cualquier otra forma de gobierno que lo mantuviera indefinidamente en el poder, era siempre la mejor. Lo que Fidel Castro no quería, era aparecer como otro "General de Golpes de Estado", sino más bien como un nuevo "Mesías" que venía a redimir al pueblo cubano con una nueva doctrina, cualquiera que esta fuera.

La incertidumbre de los primeros días también había pasado al aceptar los dirigentes del Directorio Revolucionario de deponer la actitud que habían tomado de permanecer en el Palacio Presidencial, con el propósito de discutir con el propio Fidel Castro y la alta dirigencia del "Movimiento 26 de Julio", las condiciones y formas de la nueva etapa que comenzaba y que señalaran cuáles serían las responsabilidades de los dirigentes de cada una de las organizaciones dentro del funcionamiento del Gobierno Revolucionario. La sospecha de muchos, al pensar en una posible "guerra de grupos", cáncer político que en el pasado se había sufrido y que precisamente Castro en aquella época había sido un activo miembro de los llamados **"hombres del gatillo alegre"**, aparecía cosa olvidada ante la presencia del nuevo Presidente, rodeado precisamente por aquellos que se oponían con fuerza a su toma de posesión y en esos momentos, en franca camaradería conversaban sobre el presente y el futuro, sin mencionar temas que en el pasado habían constituido serias divergencias. Parecía que la oposición a Urrutia por parte del "Directorio Revolucionario", quedaba terminada con este acto de la entrega de la Mansión Ejecutiva. La idea original de discutir con Castro la posibilidad de designar a otra persona para dirigir los destinos nacionales en el cargo de Presidente, se convertía en algo lejano, sin importancia en los momentos actuales.

Desde los primeros días de la designación del Dr. Urrutia por parte de Castro, para la Presidencia de la República, los miembros del "Directorio Revolucionario" basaron su oposición en forma continua y tenaz, basándose en que el Dr. Manuel Urrutia había jurado los negativamente famosos "Estatutos Constitucionales", reemplazando a la Constitución de la República de 1940, que Fulgencio Batista había creado desde los primeros instantes de su nefasto Golpe de Estado, el **"Madrugonazo del 10 de Marzo de 1952"**. Los que formaran filas en los cuadros del Directorio revolucionario, en su gran mayoría, eran o habían sido miembros de la gloriosa Federación Estudiantil Universitaria y precisamente algunos de ellos habían tomado parte en al acto de la **"Jura a la Constitución"**, que los estudiantes habían efectuado en las escalinatas de la Universidad de la Habana, como desafío y frente al gesto traidor de Batista de suplantar la carta Magna de la Nación, por unos llamados "Estatutos Constitucionales" escritos por sus testaferros. Todos los magistrados, jueces, funcionarios o empleados de cualquier dependencia oficial del gobierno que se negaran a firmar obediencia y respeto a ese engendro Batistiano que anulaba la Constitución de la República, eran inmediatamente separados de sus respectivos cargos. Esto se llevó a cabo hasta con los que habían sido electos en diferentes posiciones, incluyendo desde los concejales municipales , hasta las más importantes posiciones en todos los niveles, tanto municipal, provincial o nacional. Fueron muchos los cubanos que prefirieron escoger la lealtad a la Constitución de 1940 y perder sus respectivos cargos, bien fueran estos en el poder Legislativo, Judicial o de cualquier índole, que firmar lealtad a ese nuevo aborto batistiano.

La realidad histórica había sido que el Dr. Urrutia, en aquel tiempo, había determinado firmar los "Estatutos" implantados por Batista, y precisamente, era eso lo que los dirigentes del "Directorio Revolucionario" señalaban como evaluación negativa que hacían del hombre que había sido designado por Castro para dirigir a la Nación en un período altamente difícil y revolucionario.

Previamente a la llegada del Presidente Urrutia al Palacio Presidencial, yo había estado en la Mansión Ejecutiva conversando con los dirigentes del Directorio con los cuales teníamos más afinidad y habíamos desarrollado juntos trabajos y responsabilidades revolucionarias. Principalmente Rolando Cubelas y Faure Chomón, insistían en mantener la posición de fuerza para lograr un mejor arreglo con Castro. Discutimos varias alternativas de posible solución, pero por motivo de que yo no era miembro del Directo Revolucionario comprendí que la decisión tenían ellos que tomarla sin que nadie interviniera.

Nuestras relaciones con esos compañeros de luchas y sueños habían sido siempre extremadamente honestas y en muchas de las empresas que ellos realizaron, siempre pudieron contar con mi esfuerzo y presencia. Desde luego, honestamente no pensamos que mi presencia en la mansión palatina constituyó un importante paso en la entrega del edificio, pero creo honradamente la forma franca y de sentido común con la que expuse mis ideas de la realidad que nos enfrentamos posiblemente representó un eslabón en la forma pacífica de lograr un acuerdo final.

... Nosotros regresamos al Palacio Presidencial ya bien entrada la noche, después de las festividades de la toma de posesión de Urrutia, con la idea de saludar al Presidente, a quien dos mese antes le habíamos dicho hasta luego en la ciudad de Nueva York. En aquella ocasión, cuando nos separamos pensando que sería solo por unos días —Urrutia nos había garantizado que junto a él haríamos el viaje a la Sierra Maestra— nunca pensamos que en tan corto tiempo pudiéramos vernos nuevamente y en circunstancias tan distintas. Tuvimos la esperanza de vivir la experiencia de la Sierra Maestra, como colofón a tantos años de luchas revolucionarias, primero en Cuba y más tarde en el exilio en diferentes países del continente.

Al llegar al segundo piso, donde se encuentra el Salón del Consejo de Ministros y el despacho del presidente, encontramos a muchos amigos que dejamos de ver por algún tiempo y a otras muchas caras que nunca antes habíamos conocido. Urrutia se encontraba rodeado por los máximos dirigentes del Directorio Revolucionario, a quienes, a pesar de la euforia, se les notaba el cansancio y la tensión de los últimos días vividos.

Alguien le dijo a Urrutia que yo me encontraba en el segundo piso con algunos amigos conversando y el Presidente, en un gesto que agradecí, se apartó de todos y vino a darme un efusivo abrazo. En esos momentos de sana alegría, que el Presidente quería compartir con todos, recordé que muy poco tiempo atrás, cuando el porvenir era incierto, no precisamente el de la revolución, que veíamos el futuro inmediato, sino la posibilidad que Urrutia pudiera llegar a tomar posesión de su cargo. Recordé entonces que su casa siempre estaba vacía de amigos; la forma en que los dirigentes del Comité del Exilio del Movimiento 26 de Julio lo desconocían y realizaban todo lo posible para crearle problemas y dificultades; la conspiración constante para derrocarlo, sin haber llegado siquiera a ser Presidente, aspiración que el Dr. Mario Llerena había mantenido con toda fuerza cuando vino a vivir a Nueva York a presidir el Comité del Exilio. Desde luego habían otros que también se disputaban , —los llamados íntimos de Castro—, el "sacrificio" de convertirse en Presidente de Cuba.

En aquellos momentos una inmensa cantidad de recuerdos vinieron a mi mente. Recorrí en minutos, tiempos de luchas y problemas por la causa de la revolución cubana. Inclusive, ante la presencia de algunos miembros del Comité del Exilio y viendo la "guataquería rampante" con el recién estrenado Presidente, recordamos cuando muy pocos meses atrás fui detenido en la ciudad de Nueva York, acusado de comprar y transportar armas con destino a la revolución cubana, el

Comité, capitaneado por Llanuza, se negó rotundamente a prestar ningún tipo de ayuda a pesar del requerimiento del que ahora era Presidente, alegando estos señores que por motivo de mis largos años de actividades revolucionarias, estaba muy "quemado" y que ya no sería mucho lo que podría hacer por la causa del Movimiento 26 de Julio.

La afinidad que había mantenido con Urrutia y mi postura vertical en la defensa del futuro Presidente, que mantuvimos hasta los momentos en los cuales fue depuesto por Castro meses más tarde, fueron una de las causas de los problemas que enfrenté con posterioridad a la destitución del Presidente; con Castro y los dirigentes del Movimiento 26 de Julio. A pesar de todos estos hechos que eran relativamente recientes, no lo utilizábamos para evaluar lo que sería el futuro en el Palacio Presidencial. Como cubanos, —hombres de poca memoria— debíamos haber hecho algo con todas esas actuaciones del pasado, pero eran momentos de alegría nacional y todo se disipaba con el triunfo del pueblo cubano. Los miembros del Comité del Exilio estaban allí, en primera línea. Con el triunfo, se habían convertido estos tres siniestros personajes en los más humildes y leales del nuevo Presidente. Era la "guataquería" rampante y descarnada de todos los tiempos. Luis Bush que fue el último Presidente del comité y el que en definitiva acompañó al Presidente a la Sierra Maestra por órdenes de Castro según me manifestó el propio Urrutia, no había querido aceptar ninguna otra posición que no fuera la de Ministro de la Presidencia y Secretario del Consejo de Ministros, a pesar de que Urrutia le ofreció la cartera de Defensa y también la de Justicia, o cualquier otra que él escogiera. José Llanuza había visto su sueño de convertirse en Alcalde de La Habana hecho realidad, aspiración que había mantenido y manifestado a algunos personajes influyentes, ya desde el exilio. Haydé Santamaría había sido nombrada Ministro de Educación, bajo el nombre de su dúctil esposo Armando Hart. Allí estaban los tres, como en la fábula, ocultando las uñas y los largos dientes de lobos feroces, prestos a traicionar y destruir.

Si el anhelo de vivir felices en una Cuba libre, como había sido la patria durante los gobiernos llamados auténticos, presididos por los Doctores Ramón Grau San Martí y Carlos Prío Socarrás, no hubiera sido tan intenso; si la fe que teníamos en la revolución, no hubiera sido tan profunda; si la confianza que deposité en el Dr. Urrutia no hubiera sido tan esencialmente pura, en esos mismos momentos, desilusionados y asqueados por el espectáculo que desde los primeros momentos se presentaba con ribetes de hipocresía y maldad, hubiéramos virado las espaldas, marchándonos a la casa, sin involucrarnos en el proceso de gobierno. Y todo esto ocurría en la noche del 5 de enero de 1959...

Pero el Dr. Urrutia, dejando a un lado el gentío, que de la misma forma que a Castro lo quería convertir en un "Mesías", me llevó a la privacidad de su recién estrenado despacho. Allí me habló, sin que yo jamás le hubiera sugerido algo al respecto, de la imposibilidad que tuvo de incluírme en su Consejo de Ministros, en el cargo que desde el exilio me había señalado.

Ese día, le repetí, lo mismo que hube de manifestarle en su hogar del exilio neoyorquino, cuando nos hizo el señalamiento. Yo había estado enrolado en el proceso revolucionario casi desde que era niño y con la excepción de los ocho años de los gobiernos constitucionales de los Doctores Grau de San Martín y Prío Socarrás, había sido siempre un combatiente sincero por una Cuba mejor, sin participar ni aspirar a cargo alguno dentro de los gobiernos auténticos, a los cuales había cooperado con todos mis esfuerzos a fin de lograr su triunfo e instauración. Le manifesté que no tenía que preocuparse al no haber podido incluírme en su Consejo de Ministros, ni, aún más importante, el que no hubiera podido cumplir su palabra de acompañarlo a la Sierra Maestra.

Esa noche, el Dr. Urrutia nos pidió en forma enfática e insistente que aceptáramos el cargo de Director General, Mayordomo-Pagador del Palacio Presidencial y de esa manera seguir laborando estrechamente a su lado; que él nos necesitaba como la persona que más confianza le pudiera ofrecer en los difíciles momentos que atravesaba la nación. Ante nuestras dudas de participar en la gestión oficial del Gobierno, Urrutia nos señaló que también tenía el deber de seguir ayudando y sirviendo a la revolución en el lugar que ésta, por medio de su persona, nos señalara.

En aquellos momentos pensé insistir en la no aceptación de la posición que me ofrecía, pero tal vez pensando que mi gesto pudiera interpretarse en otra forma negativa, accedimos a responsabilizarnos con dicho trabajo y junto al Presidente, cooperar con todos nuestros esfuerzos y mejores intenciones, al restablecimiento de una Cuba democrática, humanista, feliz y cordial, como se había anunciado.

Al salir del despacho del Presidente Urrutia, ya formaba parte del Gobierno de la Revolución, lo que empecé a lamentar muy pronto, viendo como las cosas no se ajustaban, en la forma ni en el fondo, a cuanto yo había soñado como revolucionario y como cubano.

Allí, en el Palacio Presidencial había "guatacas", a los que siempre había despreciado; había "intrigantes" y espías, aprovechados de última hora y también parientes, conocidos y desconocidos... En fin, estaba de lleno toda la fauna que prolifera en esos lares palaciegos, cuando el bienestar del pueblo está ausente.

Y nosotros, los revolucionarios, habíamos pensado que, a la huida de Batista, esa gran desgracia terminaría en Cuba.

Un día y otro, tuve que ir transigiendo, discutiendo, obviando dificultades propias y otras del Presidente Urrutia, que no comprendía a plenitud las peripecias que había que sortear, entre un Luis Bush, Ministro de la Presidencia, que blasonaba de mandar más que Urrutia; un personal de plantilla de Palacio, que llevaba a veces más de quince y veinte años en el cargo.

Algunos revolucionarios querían eliminarlos, hasta físicamente, pero yo prefería continuar trabajando con todos aquellos que habían permanecido en sus respectivos puestos o cargos después del triunfo de la revolución. Si alguno de ellos tenía que ser cesanteado, tenían que probarme que la persona había cometido faltas graves o delitos para que la destitución o cesantía se efectuara. Así entendía yo el

176

proceso revolucionario. si había depuración, esta tenía que ser justa, humana, cubana, como se había proclamado que sería la revolución en el poder.

Por otra parte, empezaron los uniformes a imponerse de nuevo. Los cambios de la guardia en Palacio, llovían unos sobre otros; todos querían automóvil y gasolina y comidas y gajes palaciegos, para ellos y sus familiares o allegados, sin tasa ni medida. Además de estos problemas, había tres grandes males que se debatían en la lucha por el poder en la Mansión Palatina. Uno, desde luego, lo constituía Luis Bush, que utilizaba su influencia personal con los hermanos Castro, como informante de cualquier incidente que ocurriera, por pequeño e ínfimo que este fuera. También estaba presente el famoso Tribunal de Cuentas de la Nación, instaurado por el gobierno del Dr. Prío Socarrás como medida de garantizar la honestidad administrativa. Los miembros de este Tribunal de Cuentas, que en forma de "broma cubana" se le llamaba de "Traba-cuentas", eran amables para cualquier disposición que Castro o Bush, o también cualquier militar de alto rango dispusiera, aconsejando y "legalizando" toda clase de artimañas o ilegalidades, pero en cambio, cuando surgía una situación especial y difícil que había que resolver, especialmente si era algo de interés del Presidente Urrutia, este mismo tribunal, solamente escuchaba la voz del Ministro de la Presidencia, y entorpecía la labor del ejecutivo. Finalmente, el tercer eslabón de esta cadena, lo constituía el llamado Servicio Secreto del Palacio Presidencial, del cual trataremos en la parte correspondiente de este libro. El Servicio Secreto del Palacio fue el precursor del funesto G-2, compuesto en su inmensa mayoría por alabarderos del Presidente Urrutia, casi todos semi-analfabetos, que sólo buscaban puestos, prebendas, gajes de toda clase, lo mismo que en "los buenos tiempos de Batista". Y Urrutia le daba prerrogativas, "salmos", confiando en sus delaciones, en sus zancadillas, llevados siempre de la mano por el Ministro de la Presidencia Luis Bush, en quien también el Presidente confiaba a ojos ciegos, como se suele decir.

Todo eso me resultaba desagradable, asfixiante, pero proseguíamos la marcha, pensando que pronto cesarían esas complicaciones, que achacábamos a la desorganización de los primeros tiempos del gobierno. Entonces, hay que hacerlo notar, no existía el gran problema comunista y pecaríamos de insinceros, sino dijéramos que ya aquello era una verdadera calamidad, que empezaba dentro del Palacio Presidencial, para luego revertirse en toda la nación.

Lástima que para instaurar en el Palacio Presidencial a su nuevo inquilino, después de la huida de Fulgencio Batista, tuvieron que pasar seis años y nueve meses de dolor, sufrimiento y angustias para el pueblo cubano, si se pensaba en lo que parecía estar comenzando.

Se hace necesario que el lector tenga un conocimiento sobre la personalidad del Dr. Manuel Urrutia. Como Magistrado de la Audiencia de Oriente se había distinguido por sus "votos particulares". Rara vez coincidía con sus compañeros de estrado y un "voto particular" venía tras el otro en cada juicio. Así llegaron causas famosas como la de Jesús Menéndez, líder azucarero comunista, asesinado en Manzanillo por el capitán Casillas, que luego fue defendido por el Dr. José Miró

Cardona, quien trataba de llevar esa causa por la Jurisdicción Militar, a lo que el Dr. Manuel Urrutia, que actuaba como ponente, se opuso en forma radical, con uno de sus votos particulares.

Después, en los sucesos del asalto al Cuartel Moncada, en la ciudad de Santiago de Cuba, intervino como Juez de Instrucción del lugar donde ocurrieron los hechos y dispuso investigaciones y otras acciones legales, que le ganaron la enemistad del régimen. Luego, al ocurrir el levantamiento del 30 de noviembre de 1956, en que fue tomada por breves horas la ciudad de Santiago de Cuba, en el que fueron principales figuras los inolvidables jóvenes Frank País, Pepito Tey, Tony Alomá, Jorge Sotú y otros, concordante con el desembarco del yate Granma, el 2 de diciembre del propio año, el magistrado Urrutia emitió un nuevo "Voto Particular" en el proceso a que dieron lugar los acontecimientos, reconociendo la vigencia del Artículo 40, Título IV, de la Constitución Cubana de 1940, que establece el derecho a la rebeldía, cuando los poderes del Estado no son legítimos. Desde luego, Batista y sus seguidores alegaron, quizás con alguna razón para ello, que el Dr. Urrutia había jurado los "Estatutos" anulando la Constitución cubana de 1940, que Batista y su Consejo de Ministros y Consultores habían redactado y por lo tanto el Dr. Urrutia no podía ni tenía derecho a mencionar la Constitución Cubana de 1940, que él mismo había aceptado anular, al firmar los llamados "Estatutos Constitucionales". Esa actitud, precisamente, fue lo que le valió en elevado grado años después, el ocupar la Presidencia de la República.

El primero de enero de 1959, pareció alumbrar nuevos senderos. Había ocurrido lo imprevisible: Batista, "el hombre" como le llamaban sus "guatacas" y alabarderos había huido cobardemente y dejado, entregados a su suerte, a "sus amigos", cuando todavía en La Habana no se había disparado un tiro contra el Campamento Militar de Columbia ni la Fortaleza de la Cabaña, que se suponía lucharían hasta el último tiro, para defender a Batista en el poder. Y ya, en último trance, se había esperado que el llamado "Mayor General", Fulgencio Batista, cumpliera su formal promesa de disparar contra sí mismo "la bala que tenía en el directo de su pistola antes de abandonar la Presidencia de la República".

En el avión que salió de la propia ciudad de Columbia, el día menos pensado, un fin de año, huyó Batista con su familia y algunos de sus principales allegados, siendo seguido por un par de aviones colmados de fugitivos, mientras los otros sostenedores del régimen, celebraban alborozados la llegada del nuevo año, sin información de lo que pasaba.

El día primero de enero de 1959, ya el pueblo de Cuba comenzaba a fabricarse un nuevo amo. Había nacido el mito de Fidel Castro como un nuevo César. No llegó a La Habana hasta el día 8 de enero, una semana después de la huida de Batista, ya que demoró atravezando triunfalmente toda la Isla, de modo calculado, de la misma forma que dos años antes había atrasado dos días la travesía del yate Granma desde México a Cuba, para arribar después de anunciar que llegaría el 30 de noviembre.

Desde la mañana del día primero de enero, se leían los letreros en todas partes y se repetía por radio y televisión:**"Gracias, Fidel"** significando el agradecimiento

178

de todo el pueblo, por haberlo librado de la opresión de Batista. Desde luego, eso dio lugar a que se desconocieran todos los sacrificios, en vidas perdidas y cruentas luchas, de los hombres y mujeres, y hasta niños, que habían ofrecido todo por la redención de la Patria.

Pero siguieron los letreros y las consignas y ya éstas eran más significativas:"**Esta es tu casa, Fidel**" y otras por el estilo. Las comparecencias ante la televisión y la radio, interminables, acaparaban la atención popular, y el mito iba creciendo como un nuevo Frankestein. La prensa se dejaba llevar del contagio, que venía de todas las esferas, tanto de las políticas, como las económicas, las religiosas, las revolucionarias, las sociales, etc.

Fidel Castro se había convertido en el ídolo, el Libertador; más todavía "**era un dios**"...porque el cubano, para alcanzar la libertad parecía que únicamente confiaba en la existencia de Dios. Y en eso llegó Fidel, y encarnó al Mesías, prometiendo las mejores bienandanzas. Inclusive, la popular revista "Bohemia", en una de sus ediciones, que orgullosamente proclamaba haber impreso un millón de ejemplares, en forma que resultó bastante chocante, lo pintó con ribetes de Cristo en una gran postal, del tamaño de una página, para que los nuevos "guatacas" y otros muchos que firmemente adoraban a Castro, la pusieran en un marco como si fuera un salvador.

La "guataquería", el servilismo abyecto, fueron poniendo la mejor montura al pueblo en general, para que aplaudieran las incautaciones, los fusilamientos, ¡cuanto se le antojara ordenar a Fidel Castro!, que empezó con unos y siguió con otros, vorazmente, insaciable de poder y de gloria.

Fidel Castro, como Adolfo Hitler y José Stalin, pertenece a esa categoría que pudiera catalogarse de esquizofrénicos paranoicos, que por la peligrosidad que cada uno ha representado, debe ser eliminado por completo, de manera que ni su nombre propio figure en las páginas de la historia de Cuba. Solamente se debe mencionar como un déspota que tiranizó al pueblo cubano, sumiéndolo en la miseria, el dolor, la tortura y el crimen.

La realidad histórica ha sido que los llamados "guatacas" crearon el monstruo de Fidel. No fueron los revolucionarios. Estos si acaso, fueron sus primeras víctimas.

De los que organizamos el Movimiento 26 de Julio desde sus primeros días recordamos cuando Fidel Castro, en sus periódicas, pero cortas visitas al Dr. Urrutia en la Mansión Ejecutiva, le recomendaba enfáticamente que no nombrara en cargos de importancia a los participantes del Movimiento 26 de Julio, "**porque estos no habían hecho revolución para buscar puestos**". Pero en cambio, sí sabía discutir posiciones para simpatizantes del Partido Comunista, con la idea de "**asegurar la unidad revolucionaria**", como si los comunistas hubieran sido parte de ese proceso. Los eternos "compañeros de viaje" comenzaron a infiltrarse en las filas gubernamentales. los revolucionarios que protestaban de esos hechos, eran acusados de "**utilizar el fantasma de la infiltración comunista, para cubrir sus propias ambiciones personales**". Al menos eso es lo que manifestaba Castro, añadiendo que había que tener mucha cautela con los miembros del Partido Comunista toda vez que ellos tenían "cuadros bien organizados y podrían crearle graves problemas a la revolución".

Lo que nunca se hizo público, ni siquiera se mencionó, fue el pacto suscrito entre los comunistas y Fidel Castro, que tuvo efecto en la Sierra Maestra, con la anuencia de Fulgencio Batista y que posiblemente incluía la participación de los comunistas en el nuevo gobierno. Es posible también que Castro firmó eses pacto con la idea de traicionarlo, ya que muchos de los que conocemos a Castro, sabemos que el comunismo de Castro de estos años, bien pudiera haber sido la representación del Nazismo, si Hitler hubiera triunfado en su guerra de agresión.

Lo que se rumoró más tarde, fue que el periodista José Pardo Llada, que escaló la Sierra Maestra cuando se acercaba el final del proceso insurreccional, sirvió en ocasiones de mediador entre Carlos Rafael Rodríguez, a nombre de Batista, y él a nombre de Fidel Castro. El autor de este libro no puede atestiguar personalmente esta versión ofrecida por compañeros responsables de aquellos tiempos, pero el comportamiento de Pardo Llada después del triunfo de la revolución, e inclusive la famosa fotografía, abrazando efusivamente a Nikita Kruschev, luce como un fuerte aporte a esta versión. No hay que olvidar que la trayectoria de José Pardo Llada, ha sido siempre cambiante, por haber militado y distinguido como "socialista", "auténtico", "ortodoxo", "fidelista", "comunista", "exiliado", —poco antes de la invasión por Playa Girón—, "político colombiano", de cuyo país es actualmente ciudadano y lamentando, al igual que insinuando, que la Constitución de Colombia exija el ser ciudadano nativo para llegar a Presidente de la República, ya que de otra forma, él cree que "pudiera conducir a Colombia por destinos de progreso y libertad".

Pero lo único importante para toda la nación, lo constituía el hecho de la llegada a la ciudad de La Habana de Fidel Castro. La caravana que acompañaba al "líder indiscutible de la revolución", según toda la prensa escrita y radial y honestamente el pueblo de Cuba, se acercaba al Palacio Presidencial, donde lo esperaba perfectamente instalado el Dr. Manuel Urrutia. La puerta principal de la Mansión Ejecutiva, que se abría únicamente en ocasiones especiales cuando un Embajador extranjero presentaba credenciales o se organizaba una recepción oficial, desde la cual se observa el monumento al Generalísimo Máximo Gómez y toda la Avenida del Puerto, era la que había escogido para hacer su entrada triunfal Fidel Castro. Ya se encontraba el séquito a pocos metros de la entrada y la llave para abrir la enorme puerta de hierro, que seis meses y diecisiete días más tarde se abriría para escapar el Presidente Urrutia, no aparecía por ninguna parte, no siendo pocos los que la buscaban. Cuando le sugerimos al Presidente Urrutia que Castro entrara por la puerta que está frente al parque Alfredo Zayas, éste nos recriminó diciéndome que si era necesario que se derribara dicha puerta, así se haría, "pues el legítimo líder del pueblo cubano tenía que hacer su entrada triunfal por la puerta principal del Palacio Presidencial." Por este incidente se puede comprender lo que sucedía en relación a cuestiones de mando, de jerarquía, de ética de Gobierno y muchas otras cosas más. Cuando se disponían a tratar de derribar esa enorme puerta de hierro, entre el nerviosismo que dominaba la escena, la llave fue traída por uno de los ujieres que se mantenía en el cargo.

Fidel Castro entró y el abrazo con el Dr. Urrutia era inexcusable. Subieron al segundo piso y después al tercero, conversando cosas, no sólo inexpresivas, sino también articuladas en forma anormal. Verdad que nadie esperaba en aquellos momentos nada que pudiera semejarse a un "protocolo oficial", pero los pocos que estuvimos allí, sentimos como si ninguno de los dos confiara en el otro. Desde luego nunca en el trato del futuro Primer Ministro con el designado Presidente, se vio sinceridad, espontaneidad, ni afecto, al menos por parte de Fidel Castro. Se notaba como un "tiqui-miquis" de Corte, algo que no podía explicarse, que pesaba sobre los circundantes, cualquiera fuera la categoría, como una loza de piedra.

La verdad era que en aquel juego de ajedrez, que a la postre Cuba pagaría en todos sus aspectos, los dos llevaban como en un juego de barajas vulgar, las cartas marcadas. El Dr. Urrutia no sabía como lidiar con "el líder", a pesar de admirarlo más allá de todos los límites; en cambio Castro trataba al Presidente como un "ciudadano" más, pues pensaba que después de todo, solamente "él había hecho la revolución". Urrutia, nombrado Presidente en forma tan unilateral, trataba de tomar en serio su papel, pensando que de esta manera aligeraría a Castro de muchas de sus responsabilidades y cumpliría sus funciones de Presidente de la República. El choque entre estos dos dirigentes tenía que producirse. Castro no quería una forma de gobierno democrático y que se enfilara un proceso electoral; Urrutia pensaba que Castro lo que más deseaba era precisamente conducir al país a unas futuras elecciones generales para elegir un nuevo mandatario a la Mansión Ejecutiva, constituir el Congreso Legislativo de la Nación y que de nuevo el Poder Judicial cumpliera sus funciones dentro de la ley.

Como se ha mencionado, antes de la llegada de Urrutia al Palacio Presidencial, los dirigentes del Directorio Revolucionario se habían apoderado de la Mansión Ejecutiva, estando responsabilizado de la misma el comandante Rolando Cubelas. Ahora bien, cuando el autor de este libro se hizo cargo de la Pagaduría del Ejecutivo, al abrir una de las cajas de caudales que se encontraba en el despacho que teníamos en el primer piso, encontramos una nota firmada por el Comandante Cubelas, que manifestaba que la suma de **Doce mil pesos ($12,000)**, que había en la caja de caudales en efectivo, él se había apoderado de la misma, al igual que otros valores abandonados por Batista. Cuando le fueron reclamados los pesos y demás pertenencias, tomados ante testigos, dijo que **"los había gastado en dar de comer a sus tropas"**, cosa esta completamente extraña, pues todos ellos vivían y comían en la Mansión Ejecutiva hasta el día que la entregaron.

Aún más, las habitaciones que ocupé en el tercer piso, fueron prácticamente saqueadas, quedando simplemente un par de vestidos que según nos informaron pertenecieron a la Sra. Martha Fernández de Batista al igual que una piel de zorra y unas cuantas docenas de pares de zapatos, que mandamos fueran enviados al departamento correspondiente de "Recuperación de Bienes". También nos informaron que numerosos trajes y zapatos que habían pertenecido al dictador

Batista habían sido tomados por los que entraron en el Palacio el día primero de enero. Es decir, la historia se repetía. El desprecio por las ideas que habían logrado una revolución, se comenzaban a desvanecer ante la realidad que se presentaba, al permitir disfrutar de bienes que no les pertenecían, pero de los que se apropiaban sin misericordia. Así sucedió con las mansiones de los que habían sido miembros del gobierno de Batista, que fueron ocupadas por " revolucionarios", al igual que los automóviles, así como las demás pertenencias de los derrocados gobernantes. Desde luego, en aquellos tiempos se decía que sólo era como un "préstamo" hasta que los revolucionarios encontraran vivienda adecuada.

Fidel Castro, desde los primeros momentos entendió que tenía que destruir totalmente a las fuerzas que representaba el Directorio Revolucionario. Era necesario poner en la picota pública a los dirigentes de esa organización. En una gran concentración ordenada por él, entonó el himno de **"Armas, ¿para qué?"**. Castro utilizó ese slogan cuando algunos miembros del "Directorio Revolucionario", se apropiaron de armas y municiones de la Base Militar de San Antonio de los Baños, siendo el Teniente Chinea, del Movimiento 26 de Julio, el responsable de la custodia de las mismas. Castro, en un programa televisado, acusó al Teniente Chinea sin misericordia, dando lugar a que al otro día, éste se hiciera un disparo de arma de fuego con ánimo suicida. A Faure Chomón, Secretario General del Directorio y a toda la organización la acusó también con ribetes de tragedia, diciendo, ridículamente, que **"las madres cubanas irían a pedirles la entrega de esas armas, porque eran destinadas a traer la guerra entre los revolucionarios"**, y otras bajezas por el estilo. Faure Chomón compareció ante otro programa, también televisado y trató de explicar el suceso, pero el Monstruo de Castro ya estaba creado y el pueblo le daba toda la razón y repetía histéricamente **"Armas, ¿para qué?"**.

Después de desarmados prácticamente los miembros del Directorio, en una procesión ridícula de entrega de las armas al Presidente Urrutia en el Palacio Presidencial, Castro se hizo completamente amo de la situación. Poco tiempo después de la consigna de **"Armas, ¿para qué?"** este slogan se convertía en **"Dinero para armas y aviones para defendernos de la contrarrevolución que las huestes de Batista preparan desde el extranjero."** Una vez más los que siempre se distinguían por adular y simplemente "guataquear" se hicieron eco de la nueva consigna y repetían incesantemente **"Dinero para armas y aviones"**. El pueblo, como siempre, después de programado para aceptar las orientaciones del nuevo líder, se dio a la tarea de buscar y recaudarlos fondos necesarios para cumplir con la nueva meta señalada. Sucedía algo similar a lo que posteriormente se presenció, cuando con motivo de la llamada "Reforma Agraria", se pidio la contribución de maquinarias y todo lo necesario para **"liberar al guajiro cubano de su terrible labor"**, lo cual resultó en otra farsa trágica.

Lo que siempre había distinguido a Castro era el perfecto uso que hacía de todos los canales de la propaganda, con cualquier motivo o sin motivo alguno, pero siempre con la idea fija de destacarse en todos los momentos, como el único con derechos para hablar de Cuba, de los cubanos y del futuro que él crearía para el pueblo. Semanalmente hacía sus comparecencias televisadas y por largas horas ocupaba todos los canales de televisión y todas las plantas radioemisoras, que se ponían gratuitamente en cadena nacional para transmitir el "mensaje del líder".

Escogiendo como motivo las críticas que se estaban realizando contra el régimen revolucionario en los Estados Unidos, por causa de los "juicios de paredón", como se le denominaban, contra las personas acusadas de crímenes durante el régimen de Batista, Castro inventó la llamada **"Operación Verdad"**, montando un verdadero espectáculo que constituiría un sueño en la mente de cualquier empresario. La **Operación Verdad** se realizaba oficialmente para que el mundo conociera lo que comenzó llamándose **"Justicia Revolucionaria"** y terminaría con **"Operación Paredón"**, ejecutando indiscriminadamente a todo aquel que ofreciera cualquier tipo de resistencia contra el régimen o cualquier ciudadano que fuera delatado y acusado como "traidor a la revolución".

Este gran "show" o espectáculo montado por Fidel Castro, le costó a la República cerca de dos millones de dólares, que inicialmente, en parte, fueron pagados con los fondos que aún tenía el Movimiento 26 de Julio bajo la tesorería del Dr. Raúl Chibás. Precisamente, esa llamada **Operación Verdad**, creó un problema mayor cuando se pretendió que del presupuesto del Palacio Presidencial fueran costeados todos los gastos, que tanto visitantes, como los miembros de la revolución, habían efectuado.

Precisamente, el tribunal de Cuentas, cuando se trataba de resolver un problema grave y urgente, se convertía en "tribunal de traba-cuentas", en esa oportunidad, varios de sus miembros visitaron mis oficinas en la Pagaduría del Palacio, al negarme a pagar las cuentas que nos presentaban como gastos de la **Operación Verdad.** Estos señores me señalaron que era necesario obviar ciertos trámites, toda vez que no existían recibos ni cuentas de lo gastado y como únicos comprobantes de pago estaban las copias fotostáticas de los cheques firmados y entregados por el Dr. Raúl Chibás, muchos de ellos a empresas de transporte y centros de acomodamiento, como Hoteles, etc. También había otros muchos cheques, que a nombre de personas determinadas se habían entregado, como fue el caso de Carlos Franqui, donde aparecían dos cheques por un total de **CIENTO DIEZ MIL DOLARES ($110,000.00).** De la misma manera cuando fuimos a investigar las inmensas cuentas que habían presentado los hoteles pudimos comprobar los increíbles gastos que se habían efectuado en grandes fiestas, algunas de ellas verdaderas orgías. Inclusive, algunos hoteles demandaban un pago por reparaciones, pues en esas fiestas se consumían grandes cantidades de los mejores licores alcohólicos y terminaban completamente borrachos los participantes, destruyendo el inmueble del hotel. Algunos de los gerentes de esos hoteles nos enseñaron las que habían sido las mejores "suites" en las cuales las huellas de destrucción se encontraban presentes más allá de la imaginación de cualquier ser humano. Estas "suites", generalmente fueron ocupadas por los comandantes rebeldes, que según dijeron más tarde se "estaban desquitando de los malos tiempos".

Como Pagador del Palacio Presidencial nos negamos categóricamente a realizar dichos pagos, a pesar de los reiterados consejos de los miembros del Tribunal de Cuentas, que señalaban que era "una cosa de Fidel" y que por lo tanto había que resolverlo. La gran mayoría de estos señores, más tarde buscaron las playas del exilio y posiblemente cuando lean estas líneas, al igual que Chibás, recordarán el incidente y la terrible equivocación que tuvieron al participar de lo que a todas luces constituía una malversación de los fondos públicos.

Poco tiempo después, cuando renuncié al cargo de Pagador y Director General del Palacio Presidencial, el total de la cantidad fue reembolsado a Chibás, el cual más tarde, por orden expresa de Fidel Castro, hubo de entregarle esos fondos del Movimiento 26 de Julio, al capitán Emilio Aragonés, que había sido nombrado Coordinador Nacional de la Organización y después jefe nacional de las Milicias Cubanas.

Precisamente, con esos dineros, donados por los millonarios cubanos en la postrimería de la revolución, banqueros, hacendados, colonos y grandes comerciantes, se abrieron las primeras cuentas bancarias en Suiza. En una ocasión, cuando el rumor se hacía eco público, y se decía que las cuentas bancarias en Suiza sumaban millones de dólares y que estaban a nombre de Raúl y Fidel Castro, en la forma numérica con que ese país garantiza los dineros de los grandes ladrones universales, nos acercamos a Fidel Castro, en una de esas pocas ocasiones en que se retiraba a descansar en las habitaciones que tenía en el Palacio Presidencial y que estaban localizadas en el tercer piso, próximas a las que yo ocupaba.

Cuando en forma de conversación, que generalmente Castro iniciaba, solicitando información de los problemas que sucedían en el Palacio y los cuales conocía en detalle por las referencias que el Dr. Bush le proporcionaba, le mencioné el rumor persistente que se escuchaba sobre el mantenimiento de grandes sumas de dinero en cuentas bancarias en Suiza, Castro, de un tirón se levantó de la cama en la cual estaba recostado con botas y ropa de campaña como era su costumbre, haciéndome una y mil preguntas. Quería saber quién me informaba de esos problemas y qué es lo que sabía sobre las mencionadas cuentas bancarias.

Honestamente le dijimos que escuchábamos como un persistente rumor, el hecho de que grandes sumas de dinero se estaban destinando para el extranjero y que solamente Raúl y Fidel, eran los que podían tener acceso a esas cuentas. Castro encolerizado al máximo, dijo una y mil cosas. Acusó a la contrarrevolución de esos rumores y acusó a todos los que nos hacíamos eco de los mismos. Después de más de una hora de lo que lucía una interminable perorata y creo que no deseábamos continuar, e incluso sospechando que no le escuchaba ya, dirigiéndose en forma muy personal a mí, poniéndome uno de sus brazos sobre mis hombros (práctica ésta que acostumbraba cuando pretendía comprometer a alguien con lo que decía o hacía), me explicó en forma muy convencida que si eso sucedía, refiriéndose a las cuentas bancarias en Suiza, no era algo que pudiera catalogarse como contrario a los ideales revolucionarios. Por el contrario, sería una medida de seguridad para el futuro de la revolución cubana. Queriéndome envolver en sus propias ideas, me dijo que debiéramos recordar cuando desde los mismos inicios de la organización del Movimiento 26 de Julio, había sido yo uno de los que más había luchado por lograr una economía que le permitiera al movimiento proseguir con los planes trazados en aquellos tiempos. Me recordó cuando visitando algunos otros países, fuí recabando la ayuda económica y de todo tipo y que únicamente en los primeros años fueron solamente los hombres y mujeres más humildes del exilio y la emigración los que abrieron generosamente sus bolsas, para entregar sus dineros al 26 de Julio, agregando que si en definitiva los rumores fueran ciertos, lo cual no quiso negar ni afirmar, solamente este proceso se efectuaría para asegurar la vida de la revolución, pues si las fuerzas de los representantes de Batista se unían y con el respaldo de potencias extranjeras regresaran de nuevo a tomar el poder, la revolución no tendría de nuevo que "mendigar" para obtener los dineros necesarios para de nuevo emprender la ruta de un nuevo proceso de guerra.

Esta era la segunda ocasión que me sentí obligado a confrontar a Castro sobre problemas que se presentaban. Después de retirarme a mis habitaciones, recordaba la forma desproporcionada y violenta en su forma de expresarse cada vez que cualquier persona mostraba estar en desacuerdo con algo de lo que él pensara, dijera o hiciera.

Por esos meses, ya Fidel Castro, que al comienzo del triunfo de la revolución había dicho que no deseaba tomar parte directa en el Gobierno, se había apoderado del cargo de Primer ministro, que desempeñara en los comienzos de esa etapa, por espacio de seis semanas aproximadamente, el Dr. José Miró Cardona, que se vio precisado a renunciar por la dualidad de funciones que existían. Mientras el Consejo de Ministros se reunía para deliberar y acordar leyes, Castro, desde cualquier tribuna que estimara conveniente, **"hacía oposición y leyes sin consulta previa"** sin que el Consejo de Ministros ni el Presidente de la República conocieran nada de lo que él manifestaba en público.

En aquella primera ocasión de confrontación, se debió a que Castro, en una de las tantas concentraciones que realizó después del triunfo de la revolución, declaró enfáticamente que la revolución la había hecho únicamente con los hombres de la Sierra Maestra y que para conseguir las armas y pertrechos de guerra, tenían que quitársela a los miembros del ejército de Batista y con ellas entonces iniciar nuevas batallas.

Esta declaración era una de las tantas infamias que el gran mentiroso le ofrecería a la prensa mundial. Recuerdo que después de celebrada esa concentración, se retiró a descansar en las habitaciones que tenía en el tercer piso de la Mansión Ejecutiva.

Allí pude reunirme con él, pues generalmente se hizo costumbre que cuando Castro subiera a sus habitaciones, solamente los hombres de más confianza de su escolta personal, podían subir junto con él y mantenerse en las puertas de la habitación mientras Castro descansaba. Por motivo de la proximidad de nuestros aposentos y por motivo de que Castro siempre buscaba información, pues a veces creíamos que dudaba de las que le suministraba el Ministro de la Presidencia Luis Bush, me pedía que lo acompañarnos por un rato "para conversar".

En aquellos momentos me sentía extremadamente molesto ante las declaraciones de Castro de negar la ayuda que se le había prestado y sin cuya ayuda nunca hubiera tenido ni la más mínima oportunidad de convertirse en el "líder único de la revolución cubana". Me sentía no solamente frustrado, sino también preocupado, debido a que muchas sumas de dinero pasaron por mis manos para realizar la labor de suministro a la Sierra Maestra y gran parte de la clandestinidad. Castro conoció perfectamente del incidente que aconteció en relación a un artículo aparecido en la revista Bohemia, años más tarde, firmada por el expedicionario del Granma, Pablo Díaz González, titulado, **"Las armas que salvaron al Che Guevara"**, y que éste se atribuía el hecho. Guevara, en respuesta al artículo publicado con la firma de Díaz Gonzáles, le envió una carta que luego la hizo pública, apareciendo en el libro publicado en el año 1968, la versión en idioma inglés, titulado "Reminiscences of the Cuban Revolutionary War". En la sección de "veintiséis cartas del Che", en la página 270, aparece dicha carta, en la cual Guevara amonesta a Díaz González diciéndole que "lo primero que tenía que ser un revolucionario era ser honesto" y agregándole que leyera bien el artículo "eliminándole todo lo que no fuera verdad". Guevara supo bien de dónde procedían esas armas y cómo llegaron hasta la costa Sur de Cuba y desde allí trasladadas hasta los confines de la Sierra del Escambray. Fidel Castro, también conoció de esta operación en todos los detalles.

Recuerdo que cuando le manifesté a Castro esta preocupación por la poca veracidad de sus informaciones y la posición que tanto yo, como otros muchos, incluyendo a su ayudante militar capitán Llanes Pelletier, —más tarde condenado a prisión y aún impedido de salir de Cuba—, nos situaba, no demoró ni unos segundos, en prácticamente "brincar" de la cama donde se había recostado para replicarme en forma violenta y "sermonearme" por más de dos horas los motivos y la necesidad de realizar dichas declaraciones, enfatizando que lo "importante es la Sierra Maestra y el mantenimiento de la mística sobre los hombres del Ejército Rebelde", agregando que por esas mismas razones de mantener la "mística del combatiente" había prohibido a los miembros del Ejército Rebelde que se afeitaran o se pelaran, diciendo: **"esos son los nuevos apóstoles de Cuba"**. Allí me encontraba frente al "adorado líder del pueblo", dando zancazos inmensos dentro de las habitaciones del Palacio Presidencial. En medio de este tremendo "sermoneó", me espetó que si lo que yo y otros que como yo habíamos realizado diferentes acciones durante años, lo que buscábamos era un pasquín político para ocupar futuras posiciones. Para Castro, nadie tenía méritos personales en la revolución. Había que prescindir de que pudieran constituir pasajes históricos, si estos no estaban de acuerdo a los planes que él había trazado en el porvenir revolucionario de Cuba. Allí comenzó "la amenaza del regreso de Batista" y la necesidad de que en toda Cuba, no se aceptara nada más que a los hombres de las barbas y el pelo largo, pues los revolucionarios verdaderos, decía Castro, no tenían necesidad de demostrar o enseñar lo que eran. Él mismo, en forma bastante descompuesta, me refirió que nosotros bien sabíamos que lo único que podían ofrecer la gran mayoría de los llamados "barbudos", eran sus barbas y melenas, pues no otra cosa podían hacer ya que sus conocimientos o experiencias eran completamente limitadas y sería muy poca la contribución que pusieran brindar en los planes de reconstrucción nacional. Esto fue simplemente una escaramuza verbal. En aquella ocasión le manifesté que él bien sabía que yo había aceptado el cargo en el Palacio Presidencial por solicitud expresa del Dr. Urrutia y que posteriormente el mismo "movimiento" consideró la conveniencia de mi permanencia en la Mansión Ejecutiva, por motivo de que tanto Urrutia como Bush, eran prácticamente ajenos al Movimiento 26 de Julio.

Finalmente, Castro, en una de sus cotidianas comedias, cambiando el tono en forma amigable me dijo que "yo se bien que tú comprenderás estas razones. Cuando Márquez me habló de ti, supe tu manera de actuar y así has procedido en situaciones difíciles. Pero recuerda siempre la necesidad de que se mantenga siempre la **mística de los barbudos de la Sierra** como garantía para la revolución en el poder."

Como dato histórico, según se va desenvolviendo en el presente libro. **La historia íntima de la revolución cubana,** se presentaron algunas copias fotostáticas de entregas de dineros, armas y material de guerra, que esperamos puedan ser útiles para revisar en un futuro, con toda veracidad, la historia de la revolución cubana. Se desea señalar que en algunos casos se excluyeron nombres y lugares de los hechos realizados para evitar situaciones difíciles a los que en aquellos tiempos nos encontrábamos envueltos en posiciones que pudieran ser comprometedoras y que muchas de esas personas residen en los Estados Unidos de Norte América. Los documentos originales, que desde luego han estado a la disposición de los editores del libro para su total y completa veracidad, por años han sido depositados en cajas de seguridad y en un futuro, que esperamos será pronto, se llevarán a Cuba para incorporarlos al Archivo Nacional de Cuba.

Todos esos recursos y efectivos de guerra, desde los primeros momentos y durante todo el proceso revolucionario, partieron en su gran mayoría de tierras lejanas. El sacrificio que realizaban los cubanos en los Estados Unidos, laborando en trabajos humildes y entregando gran parte de sus sueldos al Movimiento 26 de Julio, constituía algo no solamente histórico, sino que hablaba muy alto del sentimiento patriótico de esos hombres y mujeres. También se presentaron copias fotostáticas, en la sección correspondiente, de algunos de los cablegramas enviando dinero a México, que en medida de emergencia se solicitaba para algún problema específico, tanto durante la estancia de Castro en ese país, como con posterioridad. Desde luego, esto se realizaba solamente en casos de emergencia, ya que las órdenes de Castro siempre fueron que las entregas de dinero se realizaran en efectivo y entregadas exclusivamente a los mensajeros enviados al efecto. Para conseguir las armas, el parque y el material de guerra, en muchas ocasiones había que viajar a lugares remotos. Unas veces había que ir hasta el Canadá en busca de cooperación y ayuda, al igual que algunos países de Centro y Sur América, incluyendo desde luego varios cayos e islas en Las Bahamas y otras que rodean a Cuba. Lo mismo sucedía cuando se inició el reclutamiento de cubanos para comenzar el entrenamiento militar que ofrecía el coronel Bayo, lo cual no solamente representaba grandes esfuerzos de movimientos estratégicos, sino también gruesas sumas de dinero que había que distribuir "generosamente" en muchas autoridades, especialmente en la ciudad de México, para no ser molestados. En cuanto al cumplimiento de las tres operaciones, es decir, obtener el suficiente dinero de la emigración y el exilio; buscar el lugar y la forma dónde adquirir armas y material de guerra y finalmente al trasladarlas a esa nación, primero y más tarde llevarlas hasta diferentes puntos en la Isla de Cuba, era algo extremadamente difícil y costoso.

... Y aquella tarde, Fidel Castro, sin sombra de pudor y con una desfachatez incalificable, declaraba que **"las armas que poseía el ejército rebelde era exclusivamente producto de las valientes acciones de los hombres de la Sierra Maestra, que en desigual combate se las arrebataban a los soldados batistianos"**.

En esos tiempos, ya Castro, que al comienzo del triunfo de la revolución había dicho que no deseaba tomar parte directa en el gobierno, se había apoderado del cargo de Primer Ministro, que desempeñara en los comienzos de esa época el Dr. José Miró Cardona.

Creo que ya para aquellos tiempos él estaba seguro, que la posición de independencia y libertad de pensar y actuar que había mantenido durante el proceso revolucionario, la seguiría manteniendo. Posiblemente, ese fue otro de los factores que unieron estrechamente a Luis Bush con Castro, toda vez que era un imperativo necesario contar con una persona que estuviera dispuesta a servirlo ciegamente sometiéndose a cuantas intrigas y traiciones fueran necesarios en servicio de Fidel Castro. En este trabajo de socavar, destruir y ridiculizar la autoridad del Consejo de Ministros y del Presidente de la República, Bush resultó el agente ideal. Este hombre, que era de la total y absoluta confianza del Presidente Urrutia, se prestó para jugar el papel que le habían asignado. Con Urrutia, a veces hasta llegaba a criticar a Castro, con la idea de conocer el pensamiento del Presidente y al mismo tiempo se le presentaba como su más leal consejero y amigo.

Precisamente, uno de los errores mayores cometidos por el Presidente Urrutia, lo constituyó la confianza sin límite depositada en su Ministro de la Presidencia a pesar de que en repetidas ocasiones, le puse en conocimiento del triste papel que éste representaba, sin querer Urrutia escuchar mis consejos al respecto y en cambio ratificándole su confianza en todas las oportunidades. Usando y abusando de esa confianza, Bush se erigió en la figura más prominente del régimen y junto al Dr. Carlos Olivares, que había sido nombrado por el Presidente su Abogado Consultor y que en realidad era simplemente el informante de Raúl Castro de todo lo que acontecía en la Mansión Ejecutiva. Precisamente, había sido recomendado a Bush, aunque este también lo conocía, por ser ambos orientales y abogados. la presencia de Olivares en el Palacio Presidencial se hizo más difícil, al llegar a mi conocimiento que este individuo, utilizando el cargo de Abogado Consultor del Presidente Urrutia y la influencia que tenía con Bush, "molestaba" con sus requerimientos a muchos jóvenes empleados en relación a sus preferencias sexuales.

Fidel Castro había requerido sus habitaciones privadas en el mismo tercer piso, de la mansión Ejecutiva, conforme se ha señalado previamente, quedando, —al igual que las habitaciones que yo ocupaba—, al lado opuesto a las destinadas al Presidente y su familia. Castro había enfatizado que él odiaba los palacios y que nunca viviría en ninguno, lo cual significaba una crítica a Urrutia, el cual desde el primer día se instaló en la Mansión Ejecutiva con su familia compuesta de su señora esposa, sus dos hijos, Jorge y Alejandro; la señora suegra del Presidente y la hija menor de un año de edad, nacida en la ciudad de Nueva York, poco antes de partir Urrutia para la·Sierra Maestra. La decisión de Castro de pernoctar en el Palacio Presidencial en algunas ocasiones, era con el simple propósito de demostrarle a Urrutia que él podía situarse en el lugar que deseara en cualquier momento.

Bush pasaba largas horas recibiendo instrucciones e informándole de todas las acciones y omisiones que realizara el Presidente. Era un caso que pudiera calificarse de único en la historia. El Primer Ministro, junto al Ministro de la Presidencia conspiraban contra todo lo que representara autoridad del Ejecutivo de la Nación, en el mismo Palacio Presidencial, que constituía oficialmente, la residencia privada del Presidente de la República y su familia, el muy célebre "Tercer Piso".

En definitiva, el "Tercer Piso" de la Mansión Ejecutiva, que en el pasado se había hecho famoso, por constituir un "centro de operaciones mercantiles y económicas de tipo ilegal según señalaba el índice popular, estaba dividido en la forma siguiente: toda la sección comprendida de las calles Colón hasta Refugio y localizada en la Avenida de Bélgica (Monserrate), estaba ocupada por el Presidente Urrutia y su familia; la parte del edificio frente a la calle Colón con la vista al Parque Alfredo Zayas, estaba situada la habitación de la enfermera que cuidaba a la menor hija de la familia presidencial, la barbería del presidente y un cuarto y una habitación privada utilizada para la recreación o "cuarto de juego" para la hija del matrimonio Urrutia. Seguidamente había un amplio comedor para aproximadamente treinta o cuarenta personas seguido por un *pantry* que formaba la esquina con la Avenida Ignacio Agramonte (Zulueta). En este lado de la Mansión Ejecutiva, después del pantry, se encontraban las habitaciones que ocupaba Fidel Castro, compuestas de un amplio dormitorio, un cuarto de vestir y un cuarto de baño. Al lado de esas habitaciones, se encontraba un comedor privado para aproximadamente 20 personas y que generalmente la familia presidencial lo usaba únicamente cuando tenía invitados, ya que generalmente almorzaban y cenaban en sus habitaciones privadas. Al lado de ese comedor se encontraban mis habitaciones, que al igual que las de Castro, constaban de un amplio dormitorio, un cuarto de vestir y un cuarto de baño y en las cuales residí junto a mi esposa, durante los siete meses y diecisiete días que estuve trabajando a las órdenes directas del Presidente Urrutia. Todas estas habitaciones estaban localizadas frente a la Avenida Ignacio Agramonte (Zulueta). Haciendo esquina con la Avenida Emilio Núñez (Refugio) estaba localizado el cine privado de la familia presidencial, en el cual pudieran estar cómodamente sentadas aproximadamente 30 personas. El cine era una de las preferencias del Dr. Urrutia, que diariamente, después de la cena, noche a noche, exhibía películas, en su gran mayoría del cine europeo, pues hasta cuando uno de sus hijos quería ver una película americana tenían que exhibirla de día, ya que el presidente era un gran admirador del cine francés e italiano. Después del local que ocupaba el cine, estaba la Capilla Religiosa del Palacio Presidencial, que raramente era visitada, a pesar de la gran cantidad de personas que en varias ocasiones merodeaba en el tercer piso. En aquellos tiempos se veía como "algo revolucionario" el no participar en servicios religiosos, a pesar de las grandes cruces y medallas que muchos de los 'barbudos' tenían pendiente en sus cuellos.

Siguiendo el orden de la distribución, estaba localizado un gran salón de recibo que generalmente estaba desierto, pues la familia presidencial acostumbraba a atender a sus amistades y familiares en otro salón, algo más pequeño llamado el "Salón de Música" en el que había un gran piano y en ocasiones artistas invitados deleitaban a la familia Urrutia con sus presentaciones. También el hijo mayor del Presidente, Alejandro, tocaba el piano, y hasta componía canciones cubanas. Todas estas habitaciones y salones eran los que estaban localizados frente a la Avenida de las Misiones, es decir, en la Calle Emilio Núñez (Refugio), que precisamente en el primer piso estaba la entrada principal del Palacio Presidencial, que usada exclusivamente cuando había recepciones, o la entrega de credenciales de un Embajador.

Desde luego, deseo aclarar, que pudiera existir un pequeño error en la distribución que hemos señalado, pero sería mínima. La puerta principal que mencionamos, es la misma por la que Fidel Castro hizo su "entrada triunfal" el día 8 de Enero de 1959.

Esa misma puerta, siete meses y diecisiete días, después del triunfo de la revolución, es la que yo utilizaría para que la familia presidencial pudiera salir a buscar refugio, después de la destitución efectuada por Fidel Castro el 17 de julio de 1959.

Seguidamente se presenta el plano del tercer piso del Palacio Presidencial como un dato histórico, por entender que ese recinto ha sido cambiado en su interior de acuerdo con las disposiciones de Fidel Castro.

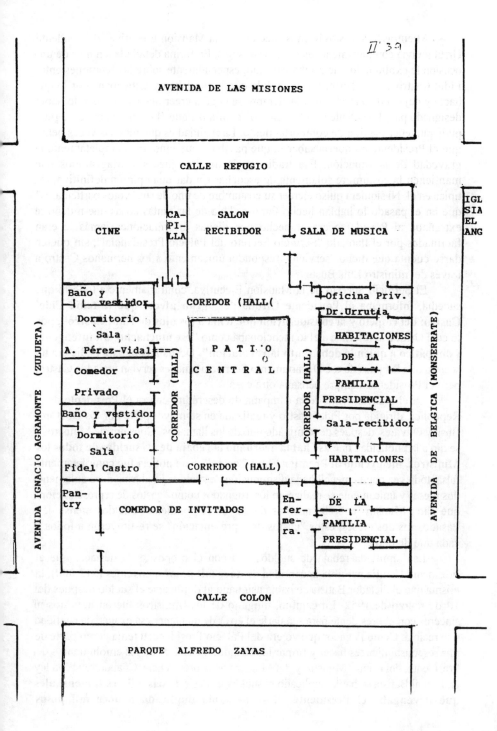

AVENIDA DE LAS MISIONES

CALLE REFUGIO

AVENIDA IGNACIO AGRAMONTE (ZULUETA)

CINE

CA-
PI-
LLA

SALON
RECIBIDOR

SALA DE MUSICA

IGL
SIA
EL
ANG

Baño y
vestidor

Dormitorio
Sala
A. Pérez-Vidal

Comedor

Privado

Baño y vestidor
Dormitorio
Sala
Fidel Castro

Pan-
try

COREDOR (HALL(

CORREDOR (HALL)

PATIO
CENTRAL

CORREDOR (HALL)

CORREDOR (HALL)

Oficina Priv.
Dr. Urrutia

HABITACIONES
DE LA
FAMILIA
PRESIDENCIAL

Sala-recibidor

HABITACIONES

AVENIDA DE BELGICA (MONSERRATE)

COMEDOR DE INVITADOS

En-
fer-
me-
ra.

DE LA
FAMILIA
PRESIDENCIAL

CALLE COLON

PARQUE ALFREDO ZAYAS

191

Mientras todos estos hechos sucedían en la Mansión Ejecutiva, el Presidente Urrutia vivía completamente ajeno a los mismos. En forma detallada, en más de una ocasión le expliqué lo que estaba pasando, especialmente sobre las reuniones entre Fidel Castro y Luis Bush, informándole que lo vigilaban y criticaban "por lo que hacía y dejaba de hacer". Urrutia siempre se negó a creer que Castro, que lo había designado para Presidente y su Ministro de confianza que él mismo había escogido, pudieran tener ese tipo de comportamiento. La realidad es que muchas veces pensé que él Presidente no quería saber lo que pasaba y que ignoraba completamente la gravedad de la situación. Esa tradición de muchos jueces y Magistrados que mantienen la costumbre solamente de escuchar sin dar una opinión definitiva, era típica en él. Ni siquiera quiso ejercer su costumbre de uno de sus "votos particulares" que en el pasado lo habían hecho famoso. Una de las tantas cosas que mucho le extrañaba al Presidente era el hecho que dichas informaciones jamás le eran facilitadas por el llamado "Servicio Secreto del Palacio Presidencial", sin querer darse cuenta que dicho "servicio" respondía únicamente a los hermanos Castro a través del ministro Luis Bush.

El Servicio Secreto de la Mansión Ejecutiva, contrariamente a todo lo que sucedía, informaba al Presidente Urrutia del **"gran afecto que le tenía Fidel Castro; del respeto y la consideración que tenía a los ojos de Raúl Castro"**, por lo cual Urrutia al referirse a él lo mencionaba como **"ese muchacho tan inteligente y simpático a quien le debe tanto la revolución"**. Desde luego, para nadie era un secreto que los jefes de ese Departamento Secreto a quienes servían era a los Castro, pero el Presidente siempre pensaba otra cosa...

En el planeamiento de la campaña de descrédito contra el Presidente de la República, dirigida por Fidel Castro y realizada en su mayor parte por los Doctores Bush y Olivares, después de terminado uno de los llamados "Consejos de Ministros", se dio a la publicidad que **"se había acordado la rebaja de los sueldos de todos los Ministros, incluyendo al Premier Fidel Castro"**. Esta noticia fue completamente falsa, toda vez que la mencionada disminución de sueldos y salarios duró solamente dos meses y únicamente se realizó en los asignados como "gastos de representación" que cada Ministro cobraba además de sus correspondientes sueldos mensuales. Pasados los dos meses, estos "gastos de representación" se restituyeron a todos y cada uno de ellos.

Esa simulada rebaja de sueldos, era con el propósito de destacar que el Presidente Urrutia percibía la cantidad de **doce mil pesos mensuales ($12,000)**, la misma que el dictador Batista se había asignado al duplicarse el sueldo después del 10 de marzo de 1952. En cambio, ninguno de los Ministros fueron honestos ni sinceros con el Presidente para señalarle el error de mantener esa exagerada cantidad que recibía. Como Pagador que yo era del Palacio Presidencial tenía como parte de mis responsabilidades hacer y firmar los cheques mensuales de los emolumentos del Presidente, del Primer Ministro y del Ministro de la presidencia. Cuando revisé la ley en la cual Batista se había duplicado el sueldo, es decir de **seis mil pesos mensuales que devengaba el Presidente**, él se lo había duplicado a **doce mil pesos**

192

mensuales, me dirigí al Dr. Urrutia y le participé mi preocupación, aconsejándole que renunciara a la mitad de su asignación, volviendo al sueldo original que tenía el Presidente de la República, es decir, a la cantidad de seis mil pesos mensuales. La realidad histórica fue que el Presidente Urrutia se negó enfáticamente a escucharme y aceptar lo que le señalaba, alegando que si **"Castro y el Consejo de Ministros pensaban de esa manera, Bush se lo hubiera informado"**. Ante las explicaciones ofrecidas por el Presidente Urrutia, yo le expliqué que mis asignaciones por las diferentes funciones que ejercía en la Mansión Ejecutiva, el total señalado en el presupuesto palatino que me correspondía se elevaba a **tres mil quinientos pesos mensuales** pero yo había dispuesto rebajarme mis asignaciones a la cantidad de trescientos cinco pesos mensuales, a lo que Urrutia me respondió que esa era una prerrogativa que yo tenía, dando por terminado el asunto.

Al aproximarse el 13 de marzo de 1959, las cosas marchaban de mal en peor. La tirantez y la pésima comunicación que existía entre todos los que teníamos alguna responsabilidad, era algo increíble. En ese primer aniversario del ataque efectuado al Palacio Presidencial por el Directorio Revolucionario que se efectuaba después del triunfo revolucionario , se preparó un acto en la Mansión Ejecutiva. Los problemas que se mantenían entre los miembros del Directorio Revolucionario y Fidel Castro eran patentes y trataban de ser destacados durante esos primeros meses del período revolucionario, a pesar de haber logrado Castro imponerse desde el primer día en todos los órdenes. La ausencia de Menelao Mora, Gutiérrez Menoyo y José Antonio Echeverría, y de otros combatientes asesinados en esa acción se notaba en todos y cada uno de los momentos, al igual que se notaba el vacío producido por Juan Manuel Márquez, Frank País y otros muchos que murieron luchando contra la dictadura de Batista. La realidad es que habían sido numerosos los hombres y mujeres que dieron sus vidas por la causa de la libertad de Cuba, mientras los hermanos Castro terminaban la guerra sin sufrir el más leve arañazo ninguno de los dos. **Los verdaderos héroes habían muerto como mártires. ¡Los Castro los habían asesinado!**

En aquel aniversario del 13 de marzo, se prepararon dos actos en el Palacio Presidencial. Los que formaban filas bajo la bandera de combate del Directorio Revolucionario, no querían que el pueblo cubano se olvidara de ellos, mucho menos de sus héroes. En horas tempranas, se inició el primer acto de recordación, el cual se hizo en forma íntima, en el segundo piso del Palacio Presidencial, presidido por el Dr. Urrutia, haciendo uso de la palabra Faure Chomón. La impresión general consistió que no era solamente el propósito de colocar un placa de bronce que recordara el histórico hecho, sino también, demostrar la inconformidad por el tratamiento recibido por parte de los hermanos Castro.

En horas de la tarde tuvo efecto el acto público, frente a la misma entrada del Palacio Presidencial por la cual habían penetrado años antes los combatientes con el propósito de ejecutar al Batista, frente al Parque Alfredo Zayas en la Calle Colón.

Los primeros en llegar a la tribuna presidencial que se había construído, fueron los Doctores Carlos Rafael Rodríguez y Salvador García Agüero, connotados líderes comunistas, que sin que se les hubiera invitado se presentaron con la desfachatez que siempre los ha caracterizado. Penetrando en la tribuna presidencial, se sentaron exactamente detrás de las sillas que estaban reservadas para el Presidente de la República, el primer Ministro Fidel Castro y Faure Chomón como Secretario General del Directorio Revolucionario y superviviente del ataque al Palacio. Ellos que sabían de sobra que los revolucionarios no lo perdonarían nunca, hacían todos los esfuerzos por mantenerse vigentes y aparentar sumisión y acatamiento al régimen revolucionario, lo mismo que habían hecho con Fulgencio Batista a través de la historia.

Por motivo de los cargos que ocupaba como Director General y Pagador del Palacio Presidencial, tenía la responsabilidad de la total organización del acto, precisamente por el lugar en que se estaba efectuando. Cuando noté la presencia de los doctores Rodríguez y García Agüero, me acerqué a ellos y les pedí cortésmente que se retiraran del lugar que habían ocupado, ya que no habían sido invitados, a lo cual en principio se negaron, aceptando lo que les solicitaba cuando les informé que de no hacerlo inmediatamente serían ellos los responsables de verse desalojados de la tribuna por la Guarnición Militar del Palacio Presidencial. Ante esa situación, decidieron abandonar la tribuna, dirigiéndose al que ostentaba el grado de comandante, Alberto Mora, quejándose del mal trato recibido. El comandante Mora se me acercó, pidiéndome que permitiera la presencia de Carlos Rafael Rodríguez y de Salvador García Agüero, aduciendo que ellos estaban prestando **"una gran ayuda espontánea y desinteresada al gobierno"**. Ante mi total negativa, me expresó su disgusto y prometió establecer la queja correspondiente al no verse complacido en su solicitud.

El comandante Mora, que no había ganado los galones precisamente por su arrojo en acciones de guerra, pensaba que esos dos personajes podrían crearle una situación difícil al Gobierno, que nadie creía, ni era comunista en aquel entonces.

La capacidad política e intelectual del que llegó a Ministro de Comercio Exterior, comandante Mora, no era lo suficientemente amplia para facilitar la infiltración comunista en las esferas oficiales. Prueba de ello, es que Mora se puso incondicionalmente al servicio del comunismo nacional e internacional, ya que precisamente, de los resentidos y acomplejados, es de lo que se nutre el comunismo en su mayor parte. En definitiva, el llamado comandante Mora, fue uno de los tantos miembros del gobierno que buscó años después la salida de la posición en que él mismo se había colocado, por la vía del suicidio, cosa que se ha popularizado en la Cuba de los hermanos Castro.

La tensión y los problemas en el Palacio Presidencial se mantenían y aumentaban por días. La influencia de Bush, tanto con el Presidente Urrutia como con Fidel Castro, era algo incomprensible para los que trabajaban y visitaban la Mansión Ejecutiva, ya que la forma de actuar del Ministro de la Presidencia, creaba situaciones difíciles para el Presidente y para el Gobierno. Muchos se preguntaban la razón del poder sin límites del Dr. Bush, ya que su historial revolucionario era poco, corto y malo.

Abundaban los que conocían Bush desde la época de Batista, en sus constantes trajines políticos y económicos en el Ministerio de Comercio. Todos recordaban los jugosos negocios que había realizado en la compra de artículos de consumo de primera necesidad y el florecimiento de la bolsa negra en el pasado, debido en gran parte a su habilidad de "comerciante". En cuanto a su historial revolucionario, no llegaba al año escaso antes de la huida de Batista, pues Bush se había enriquecido en turbias actividades y representaba los más espurios intereses en la Provincia de Oriente. Era un çaso similar al del comandante Augusto Martínez Sánchez, que llegó a ser Ministro de Defensa, y que en su Provincia natal de Oriente, siempre había estado al servicio de los más sucios intereses del lugar, y en pocas ocasiones, había recibido "suculentos aguinaldos", sin ser siquiera Navidad, de muchos de los principales jefes de la United Fruit Company, por lo que era conocido por el sobrenombre de "Papito Yunai". El Dr. Martínez Sánchez, pensó que la "huelga general, convocada para el 9 de abril de 1958, que se perdió porque fue saboteada por los comunistas, sería el fin de la dictadura y perseguido por las enormes deudas que tenía por sus vicios seculares del juego y la bebida, que minaban su existencia, la Sierra era su mejor opción. El que llegó a comandante por virtud de Raúl Castro, llevaba una vida libertina, presumiendo, como él mismo se ufanaba en proclamar en cada una de sus cotidianas borracheras **"que en cada pueblo que pasó dejó una mujer preñada"**. Estas fueron las motivaciones del comandante Martínez Sánchez para incorporarse al ejército rebelde en la Sierra Cristal en la cual se había refugiado, para más tarde bajar con el título de "combatiente" y "comandante" del Segundo Frente oriental Frank País, que era el nombre que Raúl Castro le había dado a su territorio.

Una vez más, al evaluar estos casos de los siniestros personajes que llegaron a Ministros y Comandantes, quedaba demostrado que los verdaderos apátridas de hoy, unidos a los apátridas de siempre, han surgido de la cantera del vicio, del odio, del resentimiento y de las más bajas pasiones. Luis Bush, Augusto Martínez Sánchez Carlos Olivares, junto a los Castro y otros muchos pro-cónsules, estudiando sus vidas, sus acciones y omisiones representan la mejor muestra de lo que son los perfectos comunistas, bien sean miembros inscritos o no en el partido de la hoz y el martillo.

En más de una ocasión sucedían en el Palacio Presidencial, hechos que pudieran haber sido trágicos y que tal vez hubieran contribuido a despertar con mayor rapidez el letargo revolucionario en que vivían los cubanos. Muchos verdaderos combatientes, tanto los de las sierras, como los de la clandestinidad, se veían diariamente preteridos y hasta vejados por el Ministerio de la Presidencia. En más de una oportunidad las pistolas salieron a relucir en las oficinas del segundo piso de la Mansión Ejecutiva, y no precisamente como siempre había sucedido en el pasado, por discusiones motivadas por posiciones o prebendas, sino por la actuación grosera, tortuosa y politiquera de Luis Bush, que pensó que rodeándose de sus "antiguos colaboradores" y "amigos íntimos", podía repetir sus hazañas del pasado de pesos y centavos.

Se ha dicho que el destino de los traidores está marcado y no se puede huir del mismo jamás. La traición de Luis Bush, al Presidente Urrutia, motivada por la ambición desmedida de sustituirlo en el poder, para aumentar sus "ahorros", lo condujo únicamente a reunir miserias morales y económicas, convirtiéndose en lo que hoy posiblemente siga siendo, si es que aún está vivo: un comunista de número al servicio de los Castro y de los intereses del imperialismo soviético. Al ser destituido como Ministro de la Presidencia, se convirtió en un "adoctrinador" en su provincia natal de Oriente, como miembro del "Tribunal del Pueblo" y teniendo que aceptar cambios constantes de lugar y posición según se lo ordenan. Incluso, cuando años más tarde, el Dr. Urrutia logró salir de la Embajada extranjera en la cual se había asilado y llegar a los Estados Unidos, el Dr. Bush le envió varios mensajes al destituido Presidente pidiendole que le ayudara a exilarse, queriendo asegurar de antemano que lo recibirían los norteamericanos y los exilados cubanos, incluyendo aquellos a los cuales él les había hecho tanto daño.

En realidad las cosas que sucedían en el Palacio Presidencial eran inconcebibles. En una oportunidad, el comandante Camilo Cienfuegos, que al igual que los otros muchos comandantes, había tomado a la República como juguete propio, se "entretenía" en volar en un helicóptero sobre la ciudad de La Habana. Al pasar sobre el Palacio Presidencial, como resultado de la intranquilidad que se vivía, especialmente en ese lugar, fueron desenfundadas las ametralladoras que estaban emplazadas en la azotea, pensándose que sería "otra cosa", según luego explicaron los miembros del Ejército Rebelde que se encontraban en esas posiciones, Camilo Cienfuegos, "ni corto, ni perezoso", aterrizó en la Avenida de Las Misiones, como si fuera su patio particular, y dirigiéndose al Palacio, llenó de improperios e insultos, a quienes únicamente trataban de cumplir con las órdenes dadas por él mismo.

Aquel incidente sirvió a Bush para solicitar del comandante Cienfuegos, el cambio de algunas unidades del Ejército Rebelde que se encontraban destacadas en el Palacio Presidencial y estaban ofreciendo resistencia en todos los sentidos a la actuación del Ministro. También en esta misma oportunidad, le planteó al comandante Cienfuegos la necesidad de que yo fuera removido de mi posición dentro del Gobierno como Pagador y Director General de la Mansión Ejecutiva alegando que le estaba causando grandes dificultades y problemas, negándonos a trabajar de acuerdo a lo que Bush interpretaba era la revolución. En aquella ocasión no pudo ver logrados sus deseos, aunque con posterioridad, con motivo de la forma como se desenvolvieron los acontecimientos, obtuvo el resultado apetecido, no solamente de ver sus deseos realizados por mi renuncia a la posición que mantenía, sino también lograr, junto al silencio cómplice de los miembros del Consejo de Ministros, la destitución del Presidente de la República Dr. Manuel Urrutia Lleó, aunque Castro quería hacer ver como si fuera la renuncia que el Presidente hacía de su alto cargo.

Según avanzaban los días y los meses, muchos eran los Ministros del Gobierno Revolucionario que conversaban discretamente acerca de los desafueros de Fidel Castro, aunque en esa época le llamaban no pocos de ellos, en forma "guataqueril" y como medio de justificar su crítica que todo **"era debido al intenso** trabajo y la excesiva preocupación por todos los problemas de Cuba, que obligaban a Castro a resolver todas las cuestiones sin consulta previa con los Ministros del Gabinete".

Uno de los principales incidentes que se produjeron, se debió a lo que se dio en llamar la "Ley de la Reforma Agraria". El comandante Humberto Sorí Marín, fusilado más tarde por Castro, había confeccionado como Ministro de Agricultura, la ley que establecía la Reforma Agraria. Fidel Castro, sin preocuparse lo más mínimo, ni estudiar lo positivo o negativo de dicha ley, hizo o dijo que él había confeccionado su suya propia, actuando como dueño y señor de la nación y de sus habitantes, incluyendo desde luego a los Ministros de su Gabinete. En una de sus habituales comparecencias televisadas, manifestó que la ley de la Reforma Agraria había sido terminada y que se firmaría en la Sierra Maestra, a la cual se trasladaría el Consejo de Ministros presidido por el Presidente Manuel Urrutia, para que allí mismo la sancionara. Era el impacto demagógico de siempre y el deseo interior de ridiculizar a sus "compañeros Ministros" y al mismo tiempo patentizar públicamente el servilismo y vasallaje de todos a su egregia persona.

La realidad había sido que Castro con esta jugada, detenía todo lo que pudiera relacionarse con una reforma agraria verdadera, justa y equitativa, pues él no creía que ninguno de los que funcionaban como dirigentes del gobierno tenía capacidad para comprender el total alcance de lo que más tarde él se proponía. La firma de la Ley de la Reforma Agraria en la Sierra Maestra, sería solamente, una forma de decirles a todos los que habían intervenido en cualquiera de los problemas del agro cubano, que no se inmiscuyeran en ese proceso y que tendrían que esperar hasta que él determinara lo que se haría en ese campo.

En honor a la verdad y como dato histórico, el Dr. Sorí Marín fue el único de los Ministros del Gobierno que se negó a participar en esa "comparsa campestre" organizada con motivo de la llamada Ley de la Reforma Agraria. Tanto el Presidente Urrutia, como los Ministros, se vieron obligados a trasladarse a la ciudad de Manzanillo, en la costa sur de la Provincia de Oriente, para dirigirse en Jeeps y automóviles hasta el central Estrada Palma y desde ese lugar, el comandante Pedro Luis Díaz Lanz, los trasladaría en pequeños grupos, en un helicóptero, hasta el lugar escogido por Castro para la firma de la ley, denominado "la Plata", que había representado su escondrijo preferido y seguro durante el proceso revolucionario, por lo difícil que constituía llegar hasta el mismo, representando una seguridad total para su persona.

Después del viaje hasta el Central Estrada Palma, el comandante Díaz Lanz informó que por motivo de las lluvias y el mal tiempo que había, él solamente trasladaría en helicóptero al Dr. Urrutia y su esposa; a la Doctora Elena Mederos y alguna que otra excepción que por motivo de salud manifiesta no pudiera realizar el viaje a través de la intrincada selva y las dificultades naturales del terreno. El resto de la comitiva, según órdenes de Fidel Castro, haría el viaje caminando escalando desde la montaña hasta llegar a "la Plata", a través de los abruptos caminos de la Sierra Maestra.

En esos momentos le comuniqué a Urrutia que yo no estaba dispuesto a participar en ese "carnaval de alpinistas" y que si durante más de dos años me vetaron el derecho que tenía de ir a la Sierra Maestra como combatiente, no iba a escalar ahora las montañas orientales para participar en el sucio juego de Castro. Creo que fui el único que se opuso a dicho viaje y me mantuve firme en mi negativa, informandole al Presidente que yo regresaba a la ciudad de Manzanillo y que allí en el hotel, lo esperaría, hasta que él y su señora regresaran del viaje para partir de nuevo hacia La Habana en el avión presidencial que me había traído junto a él desde La Habana.

En realidad, el espectáculo que montó Fidel Castro, era deprimente y bochornoso, muy digno de él. Sin sentido común, ni razón alguna, trasladaba al Gobierno en pleno, hasta un bohío en uno de los picos mas altos de la Sierra Maestra, haciéndolos dormir en la tierra y dándole por todo alimento, durante las 24 horas de permanencia en el lugar, puñados de azúcar turbinada, con hormigas y todo, que previamente él había mandado a colocar en dicho bohío para sus "comensales". Aquello no tenía explicación alguna. Era tan sólo un sadismo más de Fidel Castro. Incluso recordamos a la entonces Ministro de Bienestar Social, la doctora Elena Mederos, aristocrática dama del Liceo de La Habana, vestida de reluciente "girl-scout" con cantimplora y todos los "yerros" como se decía en aquella época, participando de la excursión. La doctora Mederos, junto a la señora Urrutia fueron las dos únicas mujeres que llegaron hasta "la Plata", sin tener consideración Fidel Castro de estas dos señoras cubanas, que no estaban acostumbradas a esa forma de comportamiento. En cuanto a los Ministros, todos concurrieron a la "comparsa de la firma de la Ley de la Reforma Agraria, con pantalón y camisa verde olivo y con boina negra de incipientes milicianos por única vestimenta, desde el Presidente Urrutia, hasta el más débil o enfermo de los Ministros. Lo más triste y trágico de toda esta comedia, lo constituyó la realidad de que no había tal Ley de Reforma Agraria que firmar. Solamente para las fotografías, en unas hojas de papel de envases, de los populares "cartuchos", aparecieron firmando todos los miembros del Gabinete, como si en realidad hubieran conocido, visto o firmado una nueva ley para la República.

Ahora bien, si todos los participantes en la firma de la mencionada ley, hubieran estado de acuerdo con la idea de la excursión a la Sierra Maestra, teniendo en cuenta sus reumas y taquicardias, y hubiéramos creído sinceramente que era un acto patriótico el efectuarlo, no tuviera ninguna crítica que hacer, aunque tampoco comprendiera el sentido de la idea. Pero lo peor de todo ese hecho lamentable, era la actitud contraria por completo de la mayoría de los firmantes a la ley que no existía.

En los momentos de regreso a La Habana desde la ciudad de Manzanillo en el avión Sierra Maestra, después que varios Ministros me rogaron que los incluyera en el viaje como pasajeros, fui testigo excepcional de las conversaciones entre los Ministros y el Presidente. Algunos de estos Ministros se encuentran en el exilio y podrán atestiguar esta historia. En el grupo que el Dr. Urrutia me autorizó para incluir en el viaje de regreso, se encontraba el comandante Luis Orlando Rodríguez, recientemente fallecido, el cual era Ministro de Gobernación; Manuel Fernández, Ministro de Trabajo, hoy reside en el exilio de la ciudad de Miami; Alfredo Yabur, Ministro de Justicia; el Dr. Osvaldo Dorticós, Ministro de Leyes Revolucionarias y algún que otro Ministro que no recuerdo exactamente.

Todos se quejaban de lo que llamaban el "disparate de Fidel", lo terrible que había sido el "hacerlos ir hasta la Sierra Maestra a firmar una Ley que no existía" y otra serie de acusaciones como la vejación que había representado lo sucedido a sus personas.

Recordamos, y hay algunos de los Ministros hoy residiendo en el exilio que pueden atestiguar con más exactitud las expresiones airadas del que más tarde sustituyera al Presidente Urrutia, Osvaldo Dorticós. En el avión, durante el viaje de regreso a la ciudad de La Habana, Dorticós manifestó que "su salud no le permitía seguir trabajando en esa forma, pues su columna vertebral estaba resentida y simplemente por los caprichos de Castro él no se iba a exponer a tener que estar postrado en una cama". Dorticós se mantuvo sumiso a las órdenes de Castro, llegando a Presidente de la República, pero el resultado de todas sus traiciones y claudicaciones lo llevaron al final típico de los dirigentes del Gobierno de Castro, es decir, a sumarse a la larga lista de los ciudadanos que buscaron el suicidio como forma de escape a la terrible vida que ellos mismos habían escogido.

Desde luego, la forma que se expresó Dorticós, constituía la manera típica de hablar de la mayoría de los Ministros y otros miembros del Gobierno, es decir, a media voz. Con el silencio cómplice, contribuían a la formación y "endiosamiento" del verdadero monstruo que Castro siempre ha sido.

Este tipo de comportamiento, por parte de Ministros, militares, organizaciones revolucionarias, políticas, económicas, religiosas, sociales, en definitiva de todo tipo, representó la sumisión total y absoluta de cuantos valores existían en la sociedad cubana. Frente a las arbitrariedades de Fidel Castro, el susurro tenue, el comentario discreto, la queja pronunciada a bajo tono, la excusa inmoral a un comportamiento incivil. Fidel Castro, se convertía en un líder omnipotente, que con su palabra podía crear o destruir a cualquier figura.

La famosa frase **"Gracias, Fidel"** ha representado el pecado original de una revolución que se hizo para dar fin a todas las arbitrariedades en la nación.

Es una realidad que los pueblos tienen la tendencia a engañarse a sí mismos, en su búsqueda infinita de los "super-hombres", los cuales podrán servir para ilusionar a los niños en historias infantiles, pero para los seres humanos y las naciones, los super-héroes, sólo han servido para tiranizar a sus pueblos; deshumanizar a la historia y hacer regresar a la humanidad a la época de la barbarie. ¡El "super-hombre" Fidel Castro, está logrando alcanzar todos esos objetivos trágicos!

Capítulo IV

Desde el Palacio Presidencial hasta la etapa final de la Revolución Cubana

El trabajar en el Palacio Presidencial, era en definitiva bastante desagradable. Esta situación se hacía aún peor, por motivo de tener uno que residir en esa Mansión Ejecutiva, permaneciendo las 24 horas del día en constante bregar con situaciones que en muchas ocasiones, me encontraba imposibilitado de resolver.

Con la excepción de cuando salía a resolver funciones de mi cargo, o a cumplimentar alguna orden dada por el Presidente Urrutia, o cuando junto a él tenía que viajar a cualquier parte de la Isla, o en la misma ciudad de la Habana, o en muy limitadas ocasiones de asuntos personales, prácticamente, en los seis meses y diez y siete días que permanecí en el cargo para el cual había sido designado por el Presidente, nunca salía del Palacio Presidencial. Eran días de intenso trabajo.

En todo ese tiempo, no recordamos un sólo instante de solaz esparcimiento, de individualismo, que pudiéramos dedicar a la familia, a los amigos, a los compañeros revolucionarios, a nuestro propio espíritu. Aquello resultó desde un principio, sin aún existir la ruinosa hoz y el martillo, sin que nadie se diera cuenta, algo estrictamente comunal, donde la persona no se pertenecía a sí misma, sino a algo externo, ambiental, ajeno a su propio deseo, conveniencia o sentimiento, porque en medio de tanto trabajo y responsabilidades, peticiones, argumentos, decisiones y sobre todo en la constante lucha de poder que existía, comprobábamos cada noche, al retirarnos por breves horas al aposento, que prácticamente no había podido resolver la mayoría de los problemas presentados; que la mayor parte del día y de la noche, la había perdido miserablemente, en la lucha interna de los intereses creados, dentro del propio Palacio Presidencial, por la nefasta acción del Ministro de la Presidencia Luis Bush y el control que ejercía Fidel Castro para dirigir al Presidente Urrutia, sin que éste ni siquiera pudiera darse cuenta.

Además de Luis Bush y su mancomunado Carlos Olivares, el otro testaferro de los Castro, nombrado también por el Dr. Urrutia, la otra plaga dañina eran la mayoría de los miembros del llamado Servicio Secreto de Palacio, más de cien hombres que deambulaban por los pasillos y salones palaciegos, entrometiéndose en todo, "jugando a los policías", sin saber la inmensa mayoría de ellos ni dónde tenían la mano derecha. Sus flamantes jefes, Rodovaldo Pineda, conocido como "el cojo Rolo" y Eduardo Aulet, se hacían la guerra entre sí, ya que para complicar más las cosas, se crearon dos Servicios Secretos. Uno, se decía que estaba dedicado a la protección del Presidente, —el dirigido por el "cojo Rolo"—, y el otro, a las investigaciones de posibles conspiraciones, ya fueran nacionales o extranjeras. Al menos, esos eran los fines para los cuales estaban insertados en una bien nutrida nómina medio fantasma, toda vez que el Presupuesto del Palacio Presidencial, no existían capítulos para pagar esos servicios. Para cubrir las necesidades económicas de ambos Servicios Secretos, había que utilizar los presupuestos de la Dirección de Publicidad e Información del Palacio Presidencial y de otras direcciones dentro de la administración del Ministerio de Hacienda, a lo que el Ministro del ramo el Dr. Rufo López Fresquet, generosamente contribuía con gran parte del presupuesto. Los enormes gastos que inferían estos señores "agentes secretos" como les gustaba llamarse, en forma de sueldos, compensaciones, gastos de viajes, misceláneas, etc. completamente innecesarios, les permitía a todos estos incipientes miembros del futuro G-2, futura policía secreta del estado comunista, vivir holgadamente.

Las funciones que realizaban eran todas utópicas, ya que la protección de la vida del Presidente Urrutia y su familia, era responsabilidad de su escolta personal, formada entonces por cerca de treinta hombres del Ejército Rebelde, que acompañaron al Dr. Urrutia desde la Provincia de Oriente. La representación oficial, en los actos en los cuales Urrutia no deseaba asistir o se veía imposibilitado de hacerlo, recaía siempre en uno de los ocho oficiales, con grados de capitán, de los distintos cuerpos de las Fuerzas Armadas, que el Presidente había nombrado como sus Ayudantes Militares.

Donde más se distinguían los miembros del Servicio Secreto, era cuando el Urrutia asistía a una función de teatro; a un banquete; a una recepción bailable, o a uno de los viajes a cualquier pueblo o ciudad de la República. En esas oportunidades, los miembros del Servicio Secreto, discutían una silla en el Palco Presidencial; o una pieza bailable; o un "acomodo" en el avión o el yate Presidencial, que había sido conocido como "Martha II". Ellos decían que "tenían que estar cerca del Presidente de la República, para protegerle la vida", cuando en realidad lo que hacían era disfrutar lo mejor de la vida. Esto quedó comprobado, cuando en la noche del 17 de Julio de 1959, Urrutia fue destituido de la Presidencia de Cuba, la gran mayoría de los miembros del Servicio Secreto se mantuvieron a las órdenes de Raúl Castro y esa gran mayoría de los "agentes secretos del presidente", estuvo lista para realizar cualquier acción de fuerza si el Presidente Urrutia ofreciera resistencia a las demandas de Fidel Castro.

Desde luego, precisamente porque no hay reglas sin excepción por lo tanto es justo reconocerlo, entre ellos había algunas personas decentes, que disentían de lo negativo que en lo general era ese cuerpo policíaco. Esos pocos nunca se sumaron a la línea comunista, permaneciendo fieles a los verdaderos principios y fines defendidos por la legítima revolución cubana. Algunos de ellos llegaron a sufrir largas condenas en el presidio político de Castro, como fue el caso de Domingo

Machín, sentenciado a treinta años de prisión en la Isla de Pinos; José Perdomo, fusilado por la tiranía castro-comunista y otros pocos que lograron exiliarse y residen en los Estados Unidos de Norteamérica. Quizás hay algunos otros nombres que escapan a nuestra memoria o no tenemos conocimiento del lugar donde se encuentran.

Pero la realidad era que aduciendo, o más bien inventando atentados a la vida del Presidente Urrutia, la mayoría de los que componían esos grupos represivos, acusaban de alguna forma a cuantos desarrollaban sus labores en la Mansión Ejecutiva, desde los que tenían responsabilidades administrativas, hasta los cocineros sirvientes, camareros, choferes, etc., es decir, a todo aquel que ocupara una posición que alguno de ellos pensara que pudiera servirle para un familiar o amigo. Se dio el caso en que el "cojo Rolo", logró del Presidente Urrutia el nombramiento de su padre, como Jefe de Construcción y Mantenimiento del Palacio Presidencial, quien ni siquiera había logrado ser un buen peón de albañil, luego de despedir con sus "informaciones" a la persona que tenía ese puesto. Empleados de más de veinte o treinta años, que habían trabajado honestamente en la Mansión Ejecutiva, con todos los gobiernos, aparecían como "grandes conspiradores" y eran perseguidos para que abandonaran la posición que ocuparan. Precisamente, uno de los tantos problemas que tuve que confrontar, fue que me negué rotundamente a despedir a ningún empleado, si previamente no se le probaban delitos cometidos. Inclusive, la persona que tenía el cargo de sub-pagadora del Palacio y que me sustituía en mis funciones de Pagador cuando yo estaba ausente, era una empleada que estaba en esa posición por largos años y tenía la capacidad para desempeñar la función, sin que nadie pudiera señalarla como responsable de delito o falta. Cuando el Dr. Bush, me pidió que la cesanteara, por "tener conocimiento de que era una persona amiga de Batista", le respondí que únicamente si me presentaba alguna prueba de delito que había cometido la persona, no solamente tendría que renunciar sino también tendría que enfrentarse ante los tribunales por los delitos que hubiera cometido. Esa persona, se mantuvo en el cargo y pocas semanas después de mi renuncia, también renunció a su cargo.

En cuanto al Servicio Secreto responsable de las "investigaciones de conspiraciones nacionales y extranjeras", tampoco rindió ningún trabajo útil. Además de constituir algo risible. La gran mayoría de sus miembros eran prácticamente analfabetos, que difícilmente firmaban sus nombres para cobrar sus compensaciones. De vez en cuando, alguno de ellos, decía tener que viajar a la ciudad de Miami para observar como se estaban "organizando los batistianos" para invadir de nuevo a Cuba, especialmente el Jefe Aulet y su segundo Martínez. Todo este andamiaje ridículo era algo que Castro permitía como instrumento para probar la falta de conocimiento político del Presidente Urrutia y especialmente fue utilizado para conspirar o ser cómplices en la destitución del Presidente Urrutia, que no fue otra cosa que un nuevo golpe de Estado efectuado por Fidel Castro. Todos estos hombres, es decir, su gran mayoría en ambos cuerpos represivos, fueron formando los llamados "cuadros del partido", continuando sus labores de delatores, y hoy, después de treinta y ocho años, la gran mayoría permanece en Cuba sirviendo a la tiranía comunista.

Mientras tanto, el Presidente Urrutia cada día participaba menos en las actividades del gobierno revolucionario. Generalmente salía de sus habitaciones después de la una de la tarde, bajando a su despacho del segundo piso por un par de horas, para recibir a cualquier persona que bajo previa cita, venía a conversar con el Presidente. De nuevo Urrutia regresaba a sus habitaciones privadas en el tercer piso y después de cenar, se dirigía con su familia al cine del Palacio Presidencial, donde permanecía disfrutando de las películas europeas hasta bien entrada la noche. Para planear cualquier actividad o establecer un patrón de organización en relación con sus propias obligaciones del cargo, generalmente teníamos que esperar hasta las horas tempranas de la tarde, antes de que bajara al Segundo Piso, en su pequeño Despacho del Tercer Piso, para conversar y conocer sus planes o disposiciones sobre cualquier asunto o situación pendiente, en las que él participaría o me enviaría junto a uno de sus ayudantes militares para representarlo, lo cual sucedía frecuentemente.

En medio de todos estos problemas y dificultades, el Presidente Urrutia, me había señalado, a petición expresa de Fidel Castro, para acompañar al Primer Ministro en el viaje que tenía proyectado a los Estados Unidos y otros países de Centro y Sur América. Cuando estábamos haciendo todos los preparativos del viaje, Urrutia expresó su deseo de que su menor hija, llamada Victoria Esperanza, nacida en la ciudad de Nueva York el día 3 de agosto de 1958 fuera bautizada, toda vez que desde el mismo día de su nacimiento, los esposos Urrutia habían decidido que la niña fuera bautizada por Fidel Castro en su función de padrino. Después de múltiples esfuerzos, se logró concertar el día para realizar el sacramento del bautizo. Fidel Castro finalmente aceptó el día 7 de abril de 1959 como el adecuado para la celebración. En horas tempranas, en la Iglesia "El Ángel", el Obispo Monseñor Martín Villaverde impartía las aguas bautismales a la niña Victoria Esperanza Lydia, hija del Presidente Manuel Urrutia y su esposa Esperanza Llaguno. El padrino de la ceremonia Fidel Castro, llegó minutos antes y la comitiva, simplemente, cruzando la calle que separaba el Palacio Presidencial de la Iglesia "El Ángel" penetró en el recinto religioso, en el cual desde hacía algún tiempo el Obispo Villaverde esperaba impaciente la llegada de la familia presidencial y del Primer Ministro. Se presenta la copia fotostática del "recuerdo bautismal", costumbre establecida en Cuba.

Victoria Esperanza Lydia

1958

Victoria Esperanza Lydia

Nació en New York, el día 3 de Agosto de 1958.

Padres:
Dr. Manuel Urrutia Lleó
Esperanza Llaguno Aguirre

Padrinos:
Comandante Dr. Fidel Castro Ruz
Graciela Francés Castañé

Fué bautizada en la Iglesia de El Angel por el Obispo Monseñor Martin Villaverde, en ciudad de La Habana, el día 7 de Abril de 1959.

Fidel Castro, sabía representar cualquier imagen o papel en un momento dado que pudiera ser positivo para su proyección política. El viaje a la ciudad de Nueva York y otros estados norteamericanos estaba programado para comenzar en pocos días y las preguntas sobre la infiltración comunista en su gobierno, sería un tema que estaría en todas las entrevistas y confrontaciones. Castro, participando como padrino en la ceremonia bautismal, aparecía como un ferviente católico y podría utilizar esas fotografías como uno de sus actos religiosos.

El motivo oficial del viaje de Fidel Castro a Estados Unidos, era en respuesta a una invitación de la "Sociedad Norteamericana de Editores de Periódicos". Una semana antes de su partida de Cuba, salí hacia la ciudad de Nueva York en compañía de Víctor de Yurre, señalado por el Presidente Urrutia para unirse a la comitiva. Nosotros teníamos como responsabilidad principal preparar todos los actos que se realizarían allí. Antes de emprender el viaje para los Estados Unidos, Castro después de explicarnos las actividades que se proponía realizar, nos indicó que nos reuniéramos con Celia Sánchez, que era su secretaria y posiblemente la persona de su mayor confianza. Celia Sánchez disponía, sin consultar siquiera con Castro lo que en cada situación estimara conveniente. Sus solicitudes constituían órdenes, hasta para los Ministros del Gobierno. Acompañados de Víctor de Yure y del capitán Llánez Pelletier, que viajaría junto a Castro como su ayudante militar, nos reunimos con Celia Sánchez. En aquella ocasión, Celia Sánchez me entregó una nota escrita de su puño y letra en una pequeña hoja de papel, en la cual le informaba al Ministro de Hacienda, Dr. Rufo López Fresquet, que me entregara la cantidad de DIEZ MIL DOLARES ($10,000) y que le diera la misma cantidad a Llánez Pelletier. Para nuestra sorpresa, al presentarnos al Ministro López Fresquet la orden dada por Celia Sánchez fue cumplimentada de inmediato, entregándonos en efectivo y en moneda norteamericana la cantidad solicitada. Sin necesidad de firmar comprobantes ni llenar requisitos oficiales. Del Tesoro Nacional de Cuba, salían sin comprobante de ninguna clase veinte mil dólares para los gastos que pudieran presentarse de emergencia. En la visita que hicimos a Celia Sánchez, ella me informó que también viajaría con Castro y que cualquier problema o situación que se presentara, la resolviéramos directamente con ella. En esos momentos y durante el viaje, pudimos comprobar que la diminuta mujer que era Celia Sánchez, —en cuanto a su aspecto físico—, era en realidad la fuerza que decidía, teniendo poder de determinar cualquier problema o circunstancia, sin tomar en consideración el cargo o la representación de cualquier miembro del Gobierno. Cuando Celia Sánchez hablaba, era igual que si Fidel Castro estuviera dando órdenes personalmente.

Nosotros, es decir, Víctor de Yurre y yo, viajamos a la ciudad de Nueva York. Celia Sánchez y Yánez Pelletier saldrían una semana más tarde con destino a Washington, D.C. También algunos agentes de la guardia de seguridad de Fidel Castro habían salido hacia Washington, a ponerse en contacto con los cuerpos de protección y seguridad norteamericanos para establecer las medidas que ofrecieran completa y total seguridad para el Primer Ministro cubano.

En los Estados Unidos, la expectación y la ansiedad por ver y escuchar al "Líder de la Revolución Cubana" no tuvieron paralelo. Las invitaciones se multiplicaban y todos, Instituciones, Universidades, Círculos Económicos y Comerciales, contando los mas exclusivos centros sociales, se disputan el "honor" de recibirlo y agasajarlo.

A la llegada de Fidel Castro a Washington, junto a Víctor de Yurre, viajé a dicha ciudad, después que habíamos realizado los preparativos en relación a las actividades que se desarrollarían en la ciudad de Nueva York, especialmente la preparación del acto que se realizaría como punto final de la visita de Castro. Apenas arribamos a la ciudad de Washington, nos dirigimos a la Embajada de Cuba en esa ciudad, en la cual Castro nos había comunicado por teléfono que nos estaría esperando. Después de hacerle una minuciosa explicación dándole a conocer las actividades realizadas, así como las medidas tomadas por los diferentes Cuerpos de Seguridad de la ciudad y del Estado, con los cuales prácticamente nos reuníamos todos los días, le señalamos que se había decidido que el Hotel donde se alojaría Fidel Castro y su comitiva sería el que se encuentra situado frente a la Estación de trenes llamada Estación Terminal Pennsylvania. Le explicamos que el escoger este hotel se tomó en consideración que por motivo que Castro quería llegar por tren y ser recibido en medio de la ciudad por los que ansiosamente deseaban conocerlo, la situación del hotel era perfecta. El público se podría congregar en los amplios salones de la Estación de Ferrocarril Pennsylvania y después que saludaran a Castro, éste se pudiera llevar hasta el mismo hotel por los túneles que estaba conectado por razón del tren subterráneo de la ciudad y evitar cualquier posible contratiempo o peligro.

En el Hotel Pennsylvania, nosotros habíamos reservado prácticamente el piso 17 en su totalidad, además de varios suites, dos de los cuales estaban localizados en el piso 16 y eran para ser utilizados en entrevistas personales de Castro, o cualquier otra actividad que él quisiera realizar, y otros dos suites estaban situados en el piso cuarto del Hotel, los que nos servirían a De Yurre y a mí, para organizar el trabajo y lidiar con periodistas, instituciones y personas que tuvieran interés especial de entrevistarse con el líder de la revolución. Precisamente Celia Sánchez nos enfatizó que deseaba tener en su poder previamente, es decir el día antes, la lista de las personas que Castro recibiría en el piso 16, ya que ella permanecería con él en el piso 17, junto a los miembros del Cuerpo de Seguridad que le acompañaban. Esto constituyó un serio problema, pues nos dijo, que antes de entregarle la lista de las personas con las cuales él se iba a reunir, que se la enseñáramos previamente para entonces determinar cuales nombres aparecerían en la lista dada a Celia Sánchez. Esto desde luego, probablemente sólo representaba los problemas de tipo personal de la vida íntima de Castro y Celia Sánchez y nosotros, tanto Víctor de Yurre como yo, nos veíamos envueltos en situaciones muy especiales, pues la realidad era que todos los días, en varias ocasiones, había una de esas jóvenes norteamericanas, que representaban un reinado de cualquier cosa, que iba desde "la reina de las naranjas hasta la reina de las piernas mejor formadas del mundo" y expresaban su "intenso deseo de conocer personalmente al líder Castro". Estas jóvenes, creo que nunca comprendieron que Castro no era un artista de Hollywood, aunque en ocasiones actuaba como tal, ni mucho menos éramos nosotros agentes publicitarios.

Ese día, en el salón privado de la Embajada de Cuba en la capital norteamericana de Washington, encontramos a un Fidel Castro eufórico y sonriente. Hacía mucho tiempo que yo no veía a Castro en tan buena disposición, sintiéndose más importante que el entonces Vice-Presidente Richard Nixon, con el cual había acabado de tener una reunión. Estaba deseoso de compartir, al menos parte de la conversación que había tenido con Nixon y comenzó relatándonos los pormenores de dicha reunión. Como la persona que ha cometido una gran travesura o una gran maldad, como había sido en su caso, nos relató que Nixon, le dijo durante la entrevista, y trataba de demostrarnos que recordaba las palabras textuales de Nixon, cosa esta posible debido a la memoria que tiene, "que ellos, como norteamericanos, habían cometido graves errores brindando ayuda de carácter militar a la dictadura de Batista, y que precisamente habían sido los exilados cubanos, los que lograron que ellos se dieran cuenta del error que estaban cometiendo y por lo tanto cancelaron el tratado de ayuda y cooperación al gobierno de Batista y con ello el envío de armas y material de guerra". Nixon agregó, según seguía relatando Castro, "que ellos aprendían de los errores y por lo tanto, querían reparar los cometidos contra el pueblo de Cuba al ofrecerle la cooperación al gobierno de Batista. En estos momentos lo que deseamos conocer son las necesidades que tiene Cuba, y le aseguró que sin ataduras ni condiciones previas serían resueltas, pues el Presidente Eisenhower, junto a los líderes del Congreso habían discutido la situación y estaban de común acuerdo para prestar la ayuda necesaria para que Cuba pudiera en corto plazo recobrarse después de la cruenta guerra civil que había sufrido".

En esos momentos, Fidel Castro, como si fuera un actor en medio del escenario, cuando la obra está en la parte mas dramática, hizo un pequeño silencio, preguntándonos seguidamente en esos momentos, lo que pensábamos de cómo se había desenvuelto la entrevista, sin siquiera darnos a conocer lo que había sucedido con posteridad a las palabras del señor Nixon.

Le contestamos que pensábamos honestamente que sería una gran oportunidad para Cuba aceptar la ayuda y colaboración que ofrecían sin ataduras ni condiciones previas y por lo tanto él pudiera establecer una comisión de expertos en problemas económicos que determinara las prioridades de las necesidades cubanas. Aunque no hubiera tomado notas, como acostumbraba, al cabo de más de treinta y ocho años, creo recordar expresamente sus palabras. Levantándose de su butaca y dando grandes pasos en la habitación como era su costumbre, cuando quiere expresar una opinión sin ser interrumpido, nos explicó una serie de razones para rechazar la generosa oferta que hacía el gobierno norteamericano a través de Richard Nixon. Recuerdo que en medio de su perorata me dijo que no comprendía que yo que había vivido en Norteamérica no conociera a los norteamericanos. Castro nos informó que la respuesta dada a Nixon fue breve y clara : "yo lo único que he venido a buscar a los Estados Unidos es la amistad y la buena voluntad del pueblo norteamericano, ya que

Cuba no presentaba grandes problemas económicos que su Gobierno no pueda resolver". Posiblemente, frente a nuestras expresiones de asombro que supongo se reflejaban en los rostros, como forma de esclarecer las razones de su propio comportamiento nos explicó que "los gobernantes norteamericanos lucen muy generosos al ofrecer recursos económicos a los países extranjeros, aduciendo que los ofrecen sin requisitos previos ni condiciones abusivas, pero cuando se le acepta la ayuda necesaria, la necesidad se vuelve cicatería y de lo solicitado entregan la cuarta parte y agregan una serie de condiciones que hipotecan a cualquier nación por tiempo indefinido." Seguidamente, Como un muchacho travieso o en su caso, con un mercantilismo ladino e hipócrita nos agregó: "ya verán como vienen los americanos a rogarnos de nuevo para que aceptemos su ayuda y sólo entonces seríamos nosotros los que pondríamos las condiciones y ellos humildemente tendrían que aceptarlas."

Es decir, Castro pretendía cambiar las reglas del juego, pretendiendo que el que ofrecía los bienes y recursos, se sintiera obligado, por motivo que el país que recibía esos bienes, demostraba generosidad al aceptarlos.

Honestamente tengo que aceptar que me quedé bastante confundido ante su dialéctica. Cuando le preguntamos si él había consultado con los hombres responsabilizados con el problema económico de Cuba y que estaban llegando para unirse a la caravana, como eran Felipe Pazos, Justo Carrillo, López Fresquet y otros más, me respondió que lo que estaba era dando órdenes a todos ellos de regresar a Cuba, pues no permitiría que ninguna otra persona se relacionara con los problemas económicos que en definitiva él planeaba para el futuro de Cuba.

Después de su perorata que duró algo más de una hora, se sentó de nuevo cómodamente y nos pidió que le relatáramos con todos los detalles sobre lo que se había planeado en relación a su presentación en la ciudad de Nueva York. Junto a Víctor de Yurre, le hice un pormenorizado recuento, informándole de todas las actividades en las cuales él estaría envuelto. Desde luego, la actividad principal sería su discurso durante la comida que en su honor le brindaban los Editores de Periódicos de los Estados Unidos, que había sido el motivo del viaje. Sin darle mucha importancia a ese banquete que se le ofrecía, nos dijo que esa parte de sus presentaciones era problema de ellos, refiriéndose a los que organizaban el acto, pero que lo que a él le interesaba era la concentración que se daría en la ciudad para todos los que quisieran participar.

Queriendo conocer los más mínimos detalles de la concentración planeada, nos preguntó cómo eran la forma y condiciones en que se realizaría dicha concentración. Inmediatamente, abrió un mapa que tenía de la ciudad de Nueva York y de esta manera quiso conocer todos los detalles de la ruta y la organización que facilitara al público llegar a tiempo al lugar de la cita. Desde luego, Castro además del mapa que tenía en sus manos, conocía relativamente bien la ciudad, no solamente por haber estado en ella en varias ocasiones, sino porque él estudia detalladamente en los mapas la situación de todo lo que pueda interesarle, conforme había hecho antes de emprender el viaje a la Sierra Maestra, lo cual le ayudó a conocer todos los rincones donde cobijarse sin correr peligro.

Le informamos que después de algunos inconvenientes, logramos obtener el arriendo del parque de pelota conocido como *Polo Grounds,* gracias a las facilidades que algunos nos brindaron, pues la persona responsabilizada con el famoso parque de pelota, que era el "hogar del equipo de los *Gigantes del Bronx*", se encontraba en California lográndonos comunicar y que éste accediera a alquilar ese estadio que existía en aquellos tiempos.

A sugerencia de diferentes organizaciones, tanto cubanas como de otras nacionalidades, se iba a señalar en la propaganda del acto, que todo aquel que asistiera al mismo donara como contribución, cualquier apero de labranza para el campesino cubano, desde el típico machete mambí, hasta tractores, trilladoras, etc. ya que muchas de esas organizaciones, y algunos individualmente, habían adquirido una gran cantidad de maquinarias agrícolas, con el propósito de ayudar al desarrollo del agro cubano.

Castro se mostró altamente satisfecho del trabajo realizado, cosa ésta rara en él, toda vez que siempre mantiene la opinión que lo que se haga no es suficiente y que él hubiera realizado algo que produjera mayores resultados. Tal vez, debido al estado eufórico y de triunfo que sentía, aplaudió las tareas realizadas, diciéndonos que quería compartir todos los detalles y comunicarle al Dr. Luis Conte Agüero, que también había viajado a Washington como periodista, de los planes trazados, haciendo que este pasara a la habitación en la que estábamos reunidos.

Después de detallarle las futuras actividades, le pidió su opinión, a lo que el Conte Agüero le manifestó que todo lo encontraba muy bien, pero que tenía reservas sobre el lugar escogido para la concentración, ya que él opinaba que mejor sería un sitio público y abierto como era el Parque Central de Nueva York, donde era muy difícil calcular las personas que asistieran.

Fidel Castro tomó la idea, e inmediatamente nos pidió que efectuáramos el cambio de lugar. Tratamos de exponerle toda clase de razones por las cuales se hacía imposible la obtención de un permiso para celebrar un acto político en el Parque Central, por motivo que no estaba permitido esa clase de demostraciones en ese lugar y ni siquiera a organizaciones norteamericanas le permitirían semejante actuación. Al mismo tiempo le explicamos, que si haciendo una excepción la ciudad de Nueva York, decidía permitirle celebrar el acto en el Parque Central, la idea de las contribuciones que deseaban ofrecer para la Reforma Agraria, y que muchos ya la habían adquirido, no se podría llevar a efecto. Hicimos patente nuestro descontento por el motivo de que la opinión de Conte Agüero fuera suficiente para hacer cambiar un programa elaborado con tantos esfuerzos. Castro, como siempre se empeñaba en decir la última palabra. Manifestó que él no creía que nosotros tuviéramos muchas dificultades para lograr el permiso, si de veras nos proponíamos a hacerlo, agregando que tuviéramos en cuenta que "los americanos en definitiva acceden a peticiones insistentes sin darle la oportunidad a tener alternativas" lo que en cierto sentido lucía una amenaza o chantaje, agregando que "carecía de importancia si se perdían en esos momentos las contribuciones para el campesino cubano, pues lo principal era la trascendencia que se le pudiera imprimir a la concentración y la exposición de las ideas y proyectos que él haría durante la concentración." Posiblemente, como deseando suavizar el hecho del cambio de lugar por la indicación que hiciera Conte Agüero, nos señaló que "teníamos que tener en cuenta el gran olfato político de Luis, que era estupendo." Agregando que "Luis es uno de los cubanos que ve mas lejos y sabe utilizar mejor los acontecimientos futuros." Tales fueron las palabras de Fidel Castro en aquella noche. Desde luego, más tarde el tiempo vino a comprobar que la maldad de Fidel Castro era más grande que "el olfato político" de Luis, ya que con sus mentiras logró engañar a quien había alabado como "uno que él estimaba de más visión política en Cuba."

Al siguiente día regresamos a la ciudad de Nueva York, e inmediatamente nos dirigimos a solicitar una entrevista con el Alcalde de dicha ciudad, al objeto de que nos concediera el permiso para celebrar el acto en el Parque Central. Recordamos que en esos momentos estaba reunida la Comisión de Presupuesto, discutiendo la ley de gastos e ingresos de la ciudad. En uno de los recesos, el Presidente de dicho cuerpo, Mr. Hubert Jack, político de relevante nombre, que ocupaba ese responsable cargo por muchos años, nos recibió gentilmente. Al conocer nuestra petición, el señor Jack nos explicó cortésmente que las disposiciones y regulaciones no permitían ese tipo de acto, por considerarse político, en el Parque Central de Nueva York. Nos indicó una serie de lugares, y además nos preguntó las razones por las cuáles habíamos cambiado de parecer en cuanto a celebrar el acto en el estadio Polo Grounds, ya que él tenía conocimiento de los esfuerzos previos que se habían realizado por parte de autoridades municipales. En forma también muy cortés, le explicamos que el Dr. Castro deseaba realizarlo en el Parque Central para facilitar que el pueblo de la ciudad de Nueva York pudiera participar libremente. Deseando enfatizar nuestra solicitud, le manifestamos que como él conocía, el Polo Grounds se encontraba en el Condado del Bronx y que al estar el Parque Central en el mismo corazón de la isla de Manhattan, nervio central de todas las actividades, se hacía más conveniente la realización de la concentración en ese lugar.

Ante las explicaciones, que lucían definitivas del Presidente del Consejo Municipal y de la Comisión de Presupuesto de la ciudad, negándose el permiso solicitado, simplemente, en pocas palabras, le agradecimos el tiempo que nos había dedicado informándole que posiblemente el Primer Ministro Castro consideraría no celebrar ningún acto en la ciudad de Nueva York y únicamente estaría presente la noche del banquete que le ofrecían los editores de periódicos norteamericanos, retirándose de la ciudad inmediatamente y cancelando todas las otras actividades programadas, incluyendo el acto de la bienvenida oficial que el Alcalde de la ciudad tenía programada. Esta explicación, treinta y ocho años más tarde luce como si fuera una amenaza al señor Jack para que nos concediera el permiso solicitado. Pero hoy día, sigo creyendo, que ésta hubiera sido la actitud que Fidel Castro asumiría si no le concedían el Parque Central, pensando inclusive que esa situación crearía un estado muy desagradable, tanto para el pueblo y el gobierno norteamericano, como para las futuras relaciones de Cuba con la gran potencia del Norte.

Yo creo honestamente que el señor Jack pudo interpretar mi insistencia y posiblemente tenía conocimiento de la forma de actuar y de ser de Castro que seguramente los organismos oficiales norteamericanos le habían entregado un resume no solamente de las experiencias y presencia de Castro, sino también de las características personales y la forma de actuar del "líder cubano."

Finalmente el señor Jack nos pidió que esperáramos un corto tiempo para realizar consultas, rogándonos que permaneciéramos en su Despacho privado, brindándonos lo que deseáramos tomar. No habían transcurrido quince minutos cuando Hubert Jack, dándonos un fuerte apretón de manos, nos comunicó que "la ciudad de Nueva York, se sentía honrada con la presencia del Primer Ministro Cubano Dr. Fidel Castro y que el Parque Central se le cedía con grato placer, sin costo alguno, para que celebrara la concentración cívica."

Estas eran las condiciones y los problemas que todos los que trabajamos en el Gobierno cubano, teníamos que confrontar en cada momento. Después conocimos que en consulta urgente, incluyendo desde luego el Alcalde de la ciudad, hasta fuentes oficiales en Washington, D.C. participaron de esta decisión, que se tomó en el espacio de tiempo de quince minutos aproximadamente. Castro ganaba una tras otra, todas las pequeñas y grandes batallas que se proponía. Avanzaba como inmenso gigante, aplastando a su paso arrollador, jerarquías, prestigios, leyes, regulaciones y todo lo que no estuviera de acuerdo con sus planes. Aquella frase "Gracias, Fidel" y "Esta es su casa, Fidel" se extendía hasta la misma "Babel de Hierro" y las Cancillerías extranjeras y hasta se escuchaba en los más secretos y privados rincones de la Casa Blanca, en la ciudad de Washington.

Durante los días que precedieron a la concentración, junto a Castro fuimos huéspedes de cordiales invitaciones, llenas de halago y simpatía. La Universidad de Columbia, al igual que más tarde otros centros Académicos, abrió sus puertas para escuchar "la palabra del gran líder revolucionario Fidel Castro" según señalaba el reclamo de asistencia. El profesor Tannenbau, que se mantuvo como un gran admirador del "líder de la Sierra Maestra", —y que incluso años después de declararse oficialmente marxista-leninista,— mantuvo un inmenso cuadro con la fotografía autografiada de Fidel Castro; le dio la bienvenida, llenándolo de elogios, que no creo que el profesor Tannenbau los usó ni siquiera para los héroes y mártires de la gran epopeya libertadora de la nación norteamericana y que algunos de sus descendientes habían compartido esas mismas aulas universitarias que ahora rendían admiración y culto a Fidel Castro, como "el nuevo libertador americano."

Cuando las invitaciones rebasaron la copa, como pudiéramos exclamar, sucedió en los momentos que la Bolsa de Valores de Nueva York, el famoso Wall Street, que más tarde Castro llenaría de improperios, culpándolos de todos los males de la humanidad, "se honró" con la visita del barbudo Comandante. Los más conocidos e influyentes personajes de la economía mundial se dieron cita para en forma "extremadamente cariñosa" ofrecerle la admiración y el apoyo. Era, indiscutiblemente, un gran espectáculo de circo. Castro, burlándose de todos esos personajes y éstos, inocente y anodinamente, creyendo que estaban logrando conquistar a Castro para utilizarlo en sus contubernios y negocios. Aquí también todos jugaban con las cartas marcadas.

Pero cuando Castro se coronó campeón de la mentira y el cinismo, sucedió durante el banquete que le ofrecieron los Editores de Periódicos Norteamericanos, en el Hotel Astor, radicado en el corazón de la famosa Times Square, localizado en la Avenida de Broadway y la Calle 45 del oeste de la ciudad. Este hotel sería derribado años después para dar paso a nuevas y mayores construcciones.

El salón donde se realizaba el acto, se encontraba completamente repleto de notables y conocidos periodistas americanos. Inclusive muchas de las personas que asistieron, habían adquirido el cubierto al Banquete sin tener oportunidad ni de sentarse junto a una mesa y mucho menos cenar, pero todos querían conocer y estar presente en el homenaje que se le tributaba "al gran líder de la revolución cubana."

Recordamos que de todas partes del mundo, periodistas famosos, tanto de la América Hispana, como de Europa y algunos países africanos y asiáticos, diariamente nos visitaban en la suite del hotel Pennsylvania en solicitud y rogativa de entradas para el banquete, agregando que solamente querían estar presentes en el mismo salón cuando Fidel Castro dirigiera la palabra. Desde luego, esto pudiera comprenderse como que lo que hacían los periodistas era estar en busca de la noticia, pero nosotros que presenciamos y participamos de todo este andamiaje, podíamos observar el grado de admiración que rayaba en el fanatismo, de personas que ni siquiera conocían ni habían visto a Castro jamás en la vida. Si a Castro, lo estaban convirtiendo en un "nuevo dios o mesías" los "guatacas" cubanos, era algo incomprensible ver el mismo comportamiento en personas que se suponían estuvieran en contacto con personajes de la política mundial. Pero tal parece, que el ser humano, sin tener en consideración los patrones culturales en los cuales haya nacido, tiene algo de deseo de búsqueda incesante de lo milagroso o lo prohibido. De otra forma no pudiera explicarse la actitud de todos esos representantes de la noticia mundial y de otros muchos que sin ser periodistas luchaban denodadamente por lograr penetrar en los salones del Hotel Astor, en el cual se celebraba el banquete en honor de Fidel Castro. Las insinuaciones, que bien pudieran catalogarse de propuestas deshonestas para participar en la ceremonia convocada por los editores de periódicos, que nos formulaban tanto a Víctor de Yurre como a mí, pudieran haber sido suficientemente fuertes para encausar a muchos por tratar de sobornarnos a cambio de un lugar en el salón ceremonial.

Al hacer su entrada Fidel Castro y acercarse al puesto de honor en la mesa presidencial, un estruendoso aplauso y estridentes gritos de "Viva Fidel", hicieron que hasta las lágrimas de las inmensas lámparas de cristal que colgaban del techo, moviendo sus millares de diminutas piezas se hicieran escuchar como pequeñas campanas por la presencia de Castro. Desde luego, más tarde pensamos que esos efectos de tipo de Hollywood, probablemente fueron preparados de antemano y ventiladores colocados en posiciones especiales hicieran el efecto de que esas lágrimas de cristal tintinearan al compás de los aplausos.

En ese lugar, Fidel Castro con desfachatez sin paralelo, relató cómo había engañado al periodista Herbert Matthews cuando éste escaló la Sierra Maestra y más tarde, el 17 de febrero de 1957, apareció en la primera página del New York Times una entrevista, dándole a Castro la primera oportunidad de proyectarse mundialmente en forma pública.

Fidel Castro relató que en ese tiempo había en la Sierra Maestra un pequeño grupo de combatientes y al tener conocimiento del arribo de Matthews, preparó a sus hombres para que durante el tiempo de la entrevista, simulando diferentes actividades, en forma presurosa, pasaran frente al periodista o se hicieran notar del mismo, tratando de cambiar de ropa o disimular lo más posible para que éste no pudiera reconocerlos. El "engaño" surtió los efectos esperados y el señor Matthews con una aparente "candidez angelical", escribió de las "numerosas y bien pertrechadas tropas combatientes de la Sierra Maestra". En el mismo banquete se sintieron las estentóreas y punzantes carcajadas de todos los presentes, ante el ridículo inmenso que Castro le hacía pasar a Matthews con tal mala jugada. Pero es que él es así, cruel, hiriente, despiadado hasta con sus más destacados benefactores, como lo fue el periodista Matthews, único en el mundo que "no quiso darse por engañado por Castro". Acaso, porque siempre supo los sucios juegos que se traía entre manos. Inclusive hasta cuando hizo su primera visita a la Sierra Maestra, en que vio uno y contó mil.

En el discurso que pronunció esa noche, Castro enfatizó lo siguiente: "Respecto al comunismo, solo puedo decirles una cosa: no soy comunista ni los comunistas tienen fuerza para ser un factor determinante en mi país". El éxito de la "función" pudiera ser descrito por los cronistas de espectáculos, parodiando la propaganda del circo Ringling Brotherss, catalogándolo como "el Show más grande sobre la tierra". Y probablemente se hubieran quedado cortos, pues la realidad de aquellas horas en los grandes comedores del Hotel Astor, hicieron historia, indiscutiblemente, en los anales de la servidumbre mental de la gran mayoría de los que estaban en aquellos inmensos salones. No hubo un periodista que hiciera una pregunta que desentonara con la euforia colectiva que se respiraba.

Uno de los puntos más importantes para Castro, tal vez el principal lo constituía la concentración que se preparaba en el Parque Central de la ciudad de Nueva York. Los otros actos habían sido organizados por personas o instituciones norteamericanas y si el resultado de la concurrencia era pobre, no representaba esa situación un problema para Castro. Ahora bien, la concentración que al conjuro de su nombre se pretendía realizar, tenía que constituir un acto sin precedente en la historia de la ciudad. Los políticos norteamericanos, con excepción de las grandes convenciones o las invitaciones que pudieran recibir de centros educacionales o las federaciones obreras, realizaban sus campañas políticas en grupos pequeños de ciudadanos. No era extraño ver a un aspirante, aunque éste fuera a Gobernador del Estado, y en ocasiones hasta a Presidente, hablándole a una concurrencia que no llegara al centenar de personas. Un acto político de la magnitud que Castro pretendía realizar no se había hecho nunca, sobre todo si dicha concentración, rompiendo normas y regulaciones, se celebraba en el Parque Central de Nueva York.

A medida que se acercaba la fecha para la concentración, las actividades se multiplicaban extraordinariamente. Castro, generalmente, todas las noches bien entrada la madrugada me pedía información y detalles de cómo se estaba preparando el acto. En repetidas ocasiones, me dijo que cualquier cantidad de dinero que se necesitara se la pidiéramos a Celia Sánchez, que tomaba parte activa en todas estas reuniones. En aquella ocasión le dijimos que los 10.000 dólares que me entregó el Dr. López Fresquet, estaban prácticamente intactos, toda vez que en el hotel solamente se firmaban las cuentas, que luego el gobierno cubano pagaría.

Castro no quiso que escatimáramos recursos ni esfuerzos y personalmente supervisaba todo lo que se hacía. Si hasta una madrugada, acompañado de Celia Sánchez y un par de hombres de su guardia personal, fuimos hasta el lugar conocido como "La Concha" en el medio del Parque Central, que sería el sitio desde donde Castro pronunciaría su discurso. Allí estuvo parado en lo que sería su tribuna, mirando a todos los lados como queriendo divisar una multitud invisible en aquellos momentos como si fuera un general en medio de un campo de batalla, Castro fue circulando su vista a todos los rincones que alcanzaba ver, preguntando los lugares en los cuales estarían localizados los micrófonos y qué sitios ocuparían los reflectores que iluminarían el lugar.

Especialmente para esa ocasión, la generosidad de recursos para efectuar una propaganda masiva fueron extraordinarios, teniendo en cuenta los detalles más insignificantes, para facilitar que la gran mayoría de la concurrencia pudiera ver y escuchar a Castro. Por órdenes específicas suyas, contratamos los servicios de una compañía que se encargó a un costo de mil ochocientos $1.800 dólares de darle iluminación extraordinaria a una amplia zona del Parque Central unas horas, ya que él dispuso que se instalaran reflectores de alta potencia, para que mientras él estuviera hablando, estuvieran varios haces de luces oscilando sobre el público asistente. Castro, con su delirio de grandeza, me señaló que **"ese detalle entusiasmaría y crearía un gran efecto en las masas"**. Era algo parecido como durante la guerra, los reflectores buscaban aviones enemigos en la obscuridad de la noche. O más bien como la "catedral de luz" que Albert Speer le preparó con centeneras de reflectores a Hitler para un mitin que impactó al mundo entero.

Lo mismo sucedió en cuanto a la instalación de los micrófonos y alto-parlantes, por cuyo servicio se pagaron dos mil dólares y facilitaban que lo que se dijera en el acto fuera escuchado hasta por aquellas personas que se encontraban fuera del Parque Central. Esas cantidades, aunque elevadas para aquellos tiempos del año 1959, indiscutiblemente habían sido reducidas por el servicio que prestaron, prácticamente convirtiendo la noche en día en todo el contorno del Parque Central. Incluso tuvimos conocimiento con posteridad al acto, que más de una familia que vivía en los alrededores, llamó a la policía para quejarse de los alto-parlantes que estremecían gran parte de la ciudad, pero que dichas quejas fueron desoída, debido a que había que "complacer a cualquier precio y a toda costa al ilustre visitante".

Otro de los recursos que utilizó Castro, con la intención de producir impacto en la opinión pública lo constituyó algo que ni el pueblo de Nueva York y desde luego pienso que tampoco las autoridades imaginaban Este "mago de la propaganda", utilizando toda clase de artimañas, informó a las autoridades norteamericanas, incluyendo a los agentes del Buró Federal de Investigaciones que celosamente lo protegían, que había recibido una confidencia a través de fuentes de su entera confianza, que se estaba tramando un atentado contra su persona y que siete hombres de nacionalidad norteamericana habían salido de la ciudad de Chicago en dos automóviles hacia Nueva York para asesinarlo. Fue instruido por las autoridades de que guardara el mayor secreto para poder seguir la pista y realizar detenciones si las informaciones que le habían suministrado tenían carácter de seriedad. Pero él, que juega con todo y pone en ridículo a hombres e instituciones, convocó a una conferencia de prensa, informando lo que él llamó "una conspiración para asesinarlo". Entonces, presumiendo de una valentía que nunca ha poseído, se ufanó exclamando: "yo no le temo a la muerte y ésta sólo llegará cuando me llegue la hora". Estas palabras aparecieron en el periódico "the New York Times" en una edición de fecha 25 de abril de 1959, el día después del acto, destacando, junto a la información de la concentración, que la amenaza que se suponía pesaba sobre la vida del visitante, había sido una información incorrecta que la había facilitado el propio Castro. En dicha información periodística, también aparecía él dándole maní a los elefantes y a los monos, y hasta en un ridículo alarde, aparecía introduciendo una mano en la jaula de un tigre para acariciarlo, lamentándose de que la jaula tuviera la representación de una cárcel cruel, agregando la información que en sus lamentos por la "prisión" que sufrían los tigres repetía "yo también he estado en prisión, pero yo sabía por qué estaba prisionero; ellos no lo saben", refiriéndose a las fieras del parque zoológico.

Precisamente, por motivo de esas informaciones falsas que Castro hizo públicas, nos vimos obligados a participar junto a Víctor de Yurre en numerosas reuniones para discutir los pormenores de las presentaciones de Castro en la ciudad de Nueva York.

En definitiva, exclusivamente para el acto realizado en el Mall" del Parque Central la noche del 24 de abril de 1959, la ciudad destacó 500 policías uniformados; 33 de la policía montada, numerosos carros celulares de y del servicio secreto del Departamento de Estado y del Buró Federal de Investigaciones, además de 200 detectives, de los cuales 50 de ellos ocuparon el lugar frente a la tribuna en la cual Castro hizo uso de la palabra.

Fidel Castro estableció instrucciones precisas y detalladas de como se efectuaría la concentración. Me dijo que únicamente yo haría uso de la palabra, e incluyendo la presentación que haría de su persona, podía utilizar solamente cinco minutos aproximadamente. Castro después se extendería el tiempo que creyera necesario. En medio de gran conmoción de carros celulares y policía montada, llegó Castro a la "Concha" a las 8:25 de la noche, seguido de una gran escolta policíaca.

Poco antes de comenzar el acto, un nuevo incidente surgió. El señor Richard C. Patterson, Comisionado de Comercio y de Eventos Públicos de Nueva York, que le había entregado "la llave de la ciudad" y había afirmado que "el único objetivo de Castro es traer las bases verdaderas de la democracia a Cuba", se me acercó, informándome que deseaba utilizar los micrófonos unos minutos para dirigirse a la inmensa concurrencia que se esparcía en el césped de todo lo que alcanzaba a mi vista, para darle oficialmente el saludo de bienvenida y desearle el mayor éxito en su gestión de gobernante. Inmediatamente me dirigía Castro y le transmití el mensaje del Comisionado. Sin vacilar un segundo, me replicó, casi exactamente, lo que copié en mis notas de ese tiempo, "dile a ese tipo que si quiere obtener caudal político, que organice su propio mitin, pero que en este acto no se cambiará de ninguna manera el programa trazado", es decir, yo hablaría cinco minutos y él todo el tiempo que deseara.

Difícilmente le expliqué al señor Patterson que por motivo que el acto se estaba transmitiendo "en vivo" para Cuba y toda Hispanoamérica, Castro no quería cambiar el protocolo, pues el tiempo estaba especificado por minutos y segundos.

Estoy seguro, desde luego, que este señor no creyó lo que yo le explicaba, pero con la paciencia característica de los norteamericanos, nos replicó que comprendía la situación, permaneciendo sentado en la tribuna toda la noche, sin siquiera entender una palabra de lo que se estaba diciendo, por no tener el más mínimo conocimiento del idioma español.

La asistencia del público fue extraordinaria, no solamente de cubanos y latinoamericanos, sino también de norteamericanos, que a pesar de que muchos no entendían el idioma, entusiasmados, aplaudían delirantemente.

El discurso que Fidel Castro pronunció esa noche en el Parque Central de Nueva York, hizo renacer las mayores esperanzas, al proclamar como filosofía política de la revolución el "Humanismo", expresando lo que él entendía como tal, en las siguientes palabras copiadas literalmente:

"Humanismo quiere decir que para satisfacer las necesidades materiales del hombre no hay que sacrificar los anhelos más caros del hombre que son sus libertades y que las libertades más esenciales del hombre nada significan si no son satisfechas también las necesidades materiales de los hombres. Humanismo significa justicia social con libertad y derechos humanos, humanismo significa lo que por democracia se entiende pero no democracia teórica, sino democracia real, derechos humanos con la satisfacción de las necesidades del hombre, porque sólo con hambre y miseria se podrá erigir una oligarquía, pero jamás una verdadera democracia, sólo con el hambre y la miseria se podrá erigir una tiranía pero jamás una verdadera democracia. Somos demócratas en todo el sentido de la palabra, pero demócratas verdaderos, demócratas que procuran el derecho del hombre al trabajo, el derecho del hombre al pan; demócratas sinceros

porque la democracia que habla sólo de derechos teóricos y olvida las necesidades del hombre, no es una democracia sincera; no es una democracia verdadera, ni pan sin libertad, ni libertades sin pan; ni dictaduras del hombre ni dictaduras de clase ni dictaduras de grupos; ni dictaduras de casta, ni dictadura de clases, ni oligarquías de clase; Gobierno de pueblo sin dictaduras y sin oligarquías; libertad con pan, pan sin terror, eso es humanismo".

Estas palabras unidas al resto del discurso, que constituyó un himno a las buenas relaciones entre todas las naciones de América, —refiriéndose a los norteamericanos los llamó "nuestros hermanos de habla inglesa"—, fueron la mejor esperanza para una revolución en la que el pueblo cubano y los países democráticos del Continente, habían puesto su fe y su confianza. Cuba, en aquellos tiempos, la nación más joven del Continente, se convertía en faro de luz y esperanza para los sufridos pueblos de la América Hispana.

En definitiva, Castro habló por algo más de dos horas, siendo interrumpido constantemente por los aplausos que le tributaba la multitud. Al terminar la concentración, Castro regresó directamente al hotel, pidiéndome que me uniera a ellos inmediatamente. Al llegar al piso diez y siete, lo encontramos completamente eufórico y solamente repetía que se había logrado el mayor de los triunfos. Me dijo que pasara a la otra habitación en la cual se encontraba Celia Sánchez. En esos momentos me mencionó el largo itinerario que tenía planeado visitando diferentes ciudades de los Estados Unidos y que continuaría el viaje a la América Central y del Sur, terminando su trayectoria en la Argentina. Me dio instrucciones que hiciéramos un presupuesto inmediatamente y que pidiéramos todo el dinero que yo estimara necesario para realizar actos similares en algunos de los países que se proponía visitar, pues era necesario que yo continuara junto a la comitiva, y que él representaría "el despertar de un Continente a las nuevas esperanzas de pan con libertad".

Era prácticamente el amanecer del día 25 de abril, cuando aprovechando que Castro cenaba opíparamente en esos momentos, le manifesté que yo me encontraba impedido de continuar el viaje con él. Le expliqué que tenía que tomar el primer avión para La Habana, pues tenía el compromiso de estar presente en la boda de mi hermano menor Santiago, que se casaba ese día a las seis de la tarde, añadiendo que los problemas y las responsabilidades de mi trabajo en el Palacio Presidencial, exigían mi presencia en el mismo. Sin importarle mis responsabilidades oficiales, ni lo que el Presidente Urrutia pudiera decir o pensar, me replicó que fuera para La Habana en el primer avión de cualquier compañía que hiciera el viaje directo para que asistiera a la boda de mi hermano, pero que al siguiente día, me esperaba para continuar, junto a él y Celia Sánchez, el largo recorrido.

Desde luego, regresé a Cuba ese mismo día, pero no volví a la caravana que Fidel Castro paseaba victoriosamente por las principales capitales de América.

Durante el período de dos semanas que estuvimos en Nueva York, algunos hombres de negocios, industriales, comerciantes y banqueros, así como varias personalidades del mundo político y social en diferentes oportunidades conversaron conmigo, expresándome sus deseos de ayudar a la reconstrucción económica de Cuba por tener confianza que cualquier inversión que se hiciera con un gobierno honesto y demócrata como el que se estaba estableciendo, el inversionista decente tendría siempre su capital asegurado, además que las relaciones con los cubanos en el pasado, habían sido siempre cordiales y satisfactorias. A todos estos señores les indiqué que lo mejor que podían hacer era viajar a La Habana para conversar con los dirigentes responsables de la economía de Cuba, ya que eso no era parte de mis responsabilidades ni poseía los conocimientos necesarios para responsabilizarme con expresar opiniones al respecto.

Lo que en realidad preocupaba a estos señores, era la presencia de Raúl Castro y su posible inclinación hacia el sector comunista, pudiendo llegar en algún momento a afectar la orientación política que Fidel trazara a su gobierno.

Lo que estos señores nunca conocieron, —ya que jamás se hizo público el particular—, fue que durante la estancia de Castro en Nueva York, Washington, Boston y otras ciudades, así como en su gira por Hispanoamérica, su hermano Raúl, Ministro de las Fuerzas Armadas de Cuba, lo llamó telefónicamente para recriminarle varios de sus pronunciamientos recogidos por la prensa local y extranjera "que estaban haciendo mucho daño a la revolución". También Raúl Castro le dijo a su hermano que ya en Cuba "se estaba hablando que Fidel se había vendido a los americanos". Estas conversaciones, suponemos, que oportunamente fueron conocidas por las autoridades norteamericanas, ya que se efectuaban por teléfono de larga distancia internacional entre Cuba y los hoteles en los que Castro establecía su residencia temporal.

Al día siguiente de mi llegada a La Habana le informé al Presidente Urrutia de los resultados del viaje y de la acogida que los miembros de la comitiva habíamos recibido. También le detallé las conversaciones con diferentes personalidades de Norteamérica y el problema de la preocupación de los miembros en relación a las ideas políticas de Raúl Castro.

Urrutia, le relató este informe al Ministro de la Presidencia Luis Bush y éste, al regreso de Castro a La Habana, se lo contó de la forma y manera más conveniente para sus intereses. Una noche me encontraba trabajando en mi despacho de la planta baja del Palacio Presidencial cuando recibí una llamada de Luis Bush, diciéndome que subiera al segundo piso, que Fidel se encontraba en sus oficinas y deseaba hablar conmigo. Yo no lo había visto desde el regreso de su viaje a Sur América y presentía que tendría un serio problema por no haber regresado a unirme a la comitiva de su viaje. Dando grandes pasos por la oficina, me comunicó que era urgente que nos reuniéramos y sin esperar respuesta me citó esa misma noche para las dos de la mañana en el hotel Habana Hilton pues quería que yo compartiera con él las informaciones que le había dado el Presidente Urrutia y las razones de no haber proseguido en el viaje. Solamente le dije que hablaríamos en privado en la madrugada durante mi cita con él.

Cuando llegué al hotel poco antes de la hora indicada, ya Castro me estaba esperando. Comenzó por pedirme razones por mi comportamiento al no regresar a unirme con él a la caravana que recorrió varias ciudades norteamericanas y luego realizó un extenso recorrido por Centro y Sur América. Me dijo que mi obligación principal era el participar en todo el recorrido, no solamente como miembro que era del gobierno, sino también como uno de los fundadores del Movimiento 26 de Julio. Por largo rato estuvo enfatizando lo que él interpretaba la **"dedicación absoluta y total a los intereses de la revolución"**, señalando que era necesario que todos comprendieran que cuando él señalaba una situación o necesidad, era algo que había que cumplir por ser él no solamente el Primer Ministro del Gobierno, sino porque conocía todas las mínimas necesidades que la revolución tiene que cumplir y todos los que participamos en esa gestión nos debíamos enteramente a esa causa.

Ante la manera que Castro nos estaba increpando y especialmente señalando mi responsabilidad con el Movimiento 26 de Julio, le recordé que antes del triunfo de la revolución, el Comité del Exilio dirigido por Haydé Santamaría, Luis Bush y José Llanuza, me habían relegado de todas mis funciones y eliminado como dirigente del movimiento y, según ellos, actuaban por órdenes expresas de él. En ese momento Castro de nuevo tomó la palabra para una nueva "arenga" diciendo que precisamente por mi forma "irresponsable" de actuar, ignorando las directrices del movimiento se había producido el cambio al que me refería, agregando que prueba de ello había sido ignorar su decisión de que yo tenía que acompañarlo en todo el itinerario del viaje.

También le expliqué, que él bien sabía la lucha interna que existía entre todos los intereses que se movían en el Palacio Presidencial, especialmente los problemas que se presentaban entre el Presidente Urrutia y los Ministros del Gabinete, que algunas veces parecían ser los mas fieles colaboradores y en otras ocasiones se convertían en sus más connotados opositores, saboteando y deteniendo las actividades. Dirigiéndome directamente a él, le manifesté que precisamente casi todos los días él recibía y conversaba tanto con el Dr. Bush como con otros Ministros sobre los problemas internos de la Mansión Ejecutiva y del Presidente Urrutia. De la misma forma su hermano Raúl, trataba directamente con el comandante Cervantes, Jefe de la Casa Militar del Palacio, dándole órdenes directas que sólo le concernían darlas al Presidente. Para hacer más difícil la situación sobre los problemas que a diario se confrontaban en el Palacio Presidencial, no solamente estaban los naturales de lidiar con los procesos administrativos, sino precisamente, con todos los que no teniendo funciones específicas en la Mansión Ejecutiva, pretendían desde el hecho de convertirse en habituales comensales, hasta que se les proporcionara automóviles, gasolina y toda clase de conveniencias personales. La lucha de muchos de los jefes de las Fuerzas Armadas Revolucionarias, al igual que en el pasado, se estaban imponiendo y las solicitudes para ser complacidos en la obtención de posiciones y prebendas se hacía cada día más aguda.

Creo que lo que le manifesté a Castro fue honestamente lo que hacía mucho rato tenía deseo de hacer. Por segunda vez le notifiqué mis intenciones de renunciar a mi posición dentro del Gobierno Revolucionario, informándole que tenía el propósito de informárselo al Presidente dentro de unos días.

Fidel Castro pareció darse cuenta de lo que yo le estaba planteando mi posible salida del gobierno, cosa ésta que parecía que en aquellos momentos no estaba en sus planes. Esta conversación se estaba efectuando en el mes de mayo, lo que con posteridad me hizo pensar, que si él me había permitido expresarle mi forma de sentir sobre los acontecimientos, era debido a que ya él tenía en sus planes la destitución de Urrutia y pensaba que yo podría ser un factor importante en medio de la crisis que esa situación pudiera producir.

Estas conclusiones las basé en la realidad de que todos aquellos que han tenido alguna relación personal con Fidel Castro, conocen perfectamente que él no permite que lo contradigan ni mucho menos que lo critiquen, aunque sea en forma velada. Tratando de aliviar el tema de mi renuncia al Gobierno, es decir, a mi cargo dentro de la Mansión Ejecutiva, me expresó que la razón principal de pedirnos que viniéramos a verlo se basaba en la información que yo le había proporcionado al Presidente Urrutia sobre las dudas que algunas personas en los Estados Unidos tenían sobre la afiliación política de su hermano Raúl. Castro me dijo que Bush le había informado sobre mis conversaciones con inversionistas norteamericanos sobre temas estrictamente económicos, cosa ésta que "le había prohibido hasta a Felipe Pazos y a López Fresquet, haciéndolos a ambos regresar a Cuba cuando se presentaron en la ciudad de Washington".

Le expliqué detalladamente que nunca tuve relaciones con inversionistas, ni personas que tuvieran intereses económicos en el futuro de Cuba. Le dije que por motivo de mis funciones durante el viaje y la enorme agenda de responsabilidades, sostuve infinidad de reuniones y presentaciones con personas e instituciones con las cuales él se reunía y otras muchas que se nos acercaban para tratarnos innumerables asuntos, pero que como bien él sabía, en todos los momentos yo mantuve la separación entre mis funciones y las demandas que algunos trataban de introducir en mi agenda de trabajo.

Una vez más Castro comenzó una de sus "caminatas" a las cuales nos tenía acostumbrados cuando deseaba "sermonear" sin ser interrumpido. Me preguntó directamente quiénes habían sido los elementos "contrarrevolucionarios" con los cuales yo había hablado, que acusaban a Raúl Castro de comunista. De nuevo otra explicación, informándole que ningún elemento contrarrevolucionario se nos había acercado y que hasta los mas recalcitrantes conservadores de Norteamérica expresaban ideas favorables al proceso revolucionario cubano, aunque la realidad había sido que diferentes personas, de diferentes categorías económicas, políticas y sociales, expresaron alguna preocupación sobre las posibles ideas políticas de Raúl Castro, pensando que ellos estimaban que existía una inclinación política en Raúl de tipo "filocomunista". Simplemente escuché las opiniones, toda vez que mis funciones y responsabilidades en el viaje que había realizado, nada tenían que ver con actividades de tipo económico ni financiero y mucho menos en discutir sobre la forma de pensar de los que formaban el Gobierno Revolucionario.

La entrevista con Fidel Castro se prolongó hasta cerca del amanecer. Castro, al final de la conversación me expresó que mis ideas en relación con renuncias a mis funciones dentro del Gobierno, él no las consideraba como escuchadas toda vez que "**los revolucionarios tienen que mantenerse en el lugar que la revolución los sitúe, hasta tanto otra cosa se determine**". Es decir, Fidel Castro era la única persona que tenía derecho a mover a funcionarios o militares del Gobierno Revolucionario a su antojo y demanda, a nombre de una revolución, que únicamente él pretendía haber realizado. El mensaje que siempre ofrecía era "**que sin Fidel Castro no hay revolución y por lo tanto Fidel Castro es la revolución**" abrogándose la autoridad de disponer de todos los cubanos y de la República completa sin tener que dar cuenta por sus hechos y acciones a nadie en particular. Esa era la realidad y lo más trágico lo constituía que todos los que lo rodeaban, incluso los que ni siquiera lo habían visto en la vida, aceptaban como un hecho irrebatible esa postura que el gran tirano de Cuba mantuvo desde los primeros días del triunfo de la revolución.

He querido tratar de transcribir lo sucedido en esa entrevista con él, para que el lector pueda comprender las personales características de ese hombre, que logró engañar no solamente a su propio pueblo, sino a otras muchas naciones y seres humanos del mundo. El "**Fidel, esta es tu casa**", llegaba a los mas recónditos confines de nuestro planeta. ¡El monstruo estaba creado!

Cuando regresábamos a la Mansión Ejecutiva en las primeras horas de la mañana, recordábamos los incidentes que sucedieron durante mi viaje a la ciudad de Nueva York. Cuando llamaba por teléfono a La Habana, en la mayoría de las ocasiones casi siempre dirigí la llamada a la Dirección de Publicidad e Información del Palacio Presidencial, toda vez que el Director de la misma, Sr. Francisco Pérez Fernández, era persona vinculada estrechamente y de la mayor confianza del Presidente Urrutia, además de haber compartido conmigo tareas revolucionarias en el pasado. No fue poca nuestra sorpresa, al comunicárseme que el Director del Departamento había sido sustituido del cargo y que en esos momentos había sido nombrado en el mismo el capitán Jorge Enrique Mendoza, el cual saldría para Nueva York lo más rápidamente posible para unirse a la caravana de Castro.

No podíamos imaginar lo que había sucedido para motivar este cambio. La sustitución lucía algo fuera de todo sentido común, pues había sido empeño especial del Presidente Urrutia que esa posición la ocupara el periodista, que era altamente respetado por sus colegas en los periódicos, estaciones de radio y de televisión. Pero en aquella oportunidad, los militares se habían impuesto: el capitán Mendoza era un recomendado de Raúl Castro. En cuanto a Mendoza, Luis Bush lo embarcó inmediatamente para los Estados Unidos para que se uniera a la gran "Caravana de la Mentira" presidida por Fidel Castro. Mendoza acompañó a Castro por todas las ciudades de Hispanoamérica. Mendoza había sido locutor de la estación de radio que operaba en la Sierra Maestra y su voz gangosa se escuchaba leyendo las informaciones que generalmente elaboraba el argentino "Che" Guevara y más tarde Carlos Franqui.

Desde luego, el capitán Mendoza no duró mucho tiempo en el cargo. El alto mando militar, —pues los uniformes seguían mandando en Palacio, ahora más que cuando Batista—, se le ocurrió que el "flamante capitán Mendoza" debía marchar a tomar el mando de una de las "Divisiones del Instituto Nacional de Reforma Agraria" en la Provincia de Camagüey. Y para allá rápidamente marchó. Seguramente, ya se estaban presentando los problemas con el comandante Hubert Matos, pues cuando sucedió la destitución "renuncia", del mismo al mando militar de la Provincia de Camagüey, Mendoza jugó un importante papel en todo ese trasiego, y hay muchos que señalan a este siniestro personaje como uno de los cómplices del asesinato "desaparición" del comandante Camilo Cienfuegos. Cuando se tuvo conocimiento de esta noticia, estaba acompañando al Presidente Urrutia y su familia en uno de los viajes que le agradaba realizar en el yate "Martha II", que fuera del dictador Batista. Uno de los ayudantes, el teniente José Ferreiro, que disfrutaba del favor presidencial, se le acercó inmediatamente y le pidió que nombrara como Director de Publicidad al joven Miguel Brugueras, que según decía Ferreiro, "había luchado mucho en la clandestinidad".

De Miguel Brugueras se decía que era filocomunista. Jovenzuelo de espejuelos ahumados, introvertido, sagaz; se decía que estudiaba periodismo. El Presidente Urrutia no lo conocía. Nunca había oído ni siquiera hablar del mismo, pero se lo recomendaba el teniente Ferreiro, que era "hombre de su entera confianza", a quien por cierto ni siquiera conocía realmente. En cuanto regresó a La Habana de su viaje por mar, ordenó que Miguel Brugueras fuera nombrado, cosa ésta a la que Bush accedió prontamente, tomando posesión en un par de días.

El cuadro administrativo de cualquier dependencia del Gobierno Revoluciona-rio, no distaba mucho del mismo que tiene hoy, bajo la égida comunista, con la diferencia de que en aquellos tiempos aún existían reservas, de hombres y de todas las cosas materiales que pese a las distorsiones totalitarias de Fulgencio Batista, aún habían quedado de la época de los gobiernos democráticos "auténticos".

Había crisis de mando, caldo de cultivo de enemistades; desagrados, desencantos, pero todo eso era precisamente lo que convenía, porque por ese camino se llegaba mejor a un estado completamente tiránico y totalitario, que resultó, la mejor forma política que Fidel Castro encontró a mano. La degradación, la ignominia y el bochorno serían los instrumentos efectivos como forma de Gobierno.

La calle estaba ausente del sentimiento palaciego. Los sufrimientos que el pueblo había tenido, por las arbitrariedades y persecuciones de Batista y sus partidarios, no habían sido considerados ni tenidos en cuenta. La famosa revista "Bohemia", se había cansado de publicar la información relacionada con los "veinte mil muertos de la dictadura Batista" pero a ninguno de los deudos de esas víctimas, —cualesquiera que había sido el número, indudablemente altamente exagerado por "Bohemia",— a sus padres, a sus viudas, a sus hijos, se les llamó al Palacio Presidencial ni a ninguna otra parte, para conocer si se les podría ser útil en algo. Se gozaba de los frutos de "su martirologio", pero en cambio no se les daba un mísero cargo en el gobierno, ni una beca, ni una donación. Era la política de la miseria para los demás, pero no para los mayores dirigentes del gobierno, que bien sabían disfrutar de la revolución de sus frutos y de todo lo bueno que el poder podía proporcionarles.

En una ocasión, personalmente acudí al Presidente Urrutia para solicitar que la hermana del héroe muerto en combate en la Sierra Maestra, Juan Manuel Márquez, fuera designada para una posición para la cual estaba capacitada, pero este nombramiento nunca se efectúo. Lo mismo sucedió cuando se hizo algo semejante con un familiar del también sacrificado Frank País; la misma forma de proceder con relación a la posición que se había solicitado para el padre de José (Pepito) Tey, asesinado en los sucesos acaecidos el 30 de noviembre de 1956, en la ciudad de Santiago de Cuba, obedeciendo las órdenes de Fidel de producir un alzamiento durante un anuncio, que resultó falso, del arribo a las playas cubanas de los expedicionarios del yate "Granma".

El escarnio al abuso del poder en unas ocasiones y en otras "la falta de poder" hacían que se cometieran injusticias, un día y otro día. Ahí está donde se cobijaban las raíces de lo que representó la gran **"Traición a la Revolución Cubana"**.

El Dr. Manuel Urrutia Lleó no había vuelto a asistir a una reunión del Consejo de Ministros, desde el mismo momento que Fidel Castro tomó posesión del cargo de Primer Ministro, pues cuando en algunas oportunidades le sugerí lo conveniente que sería su participación directa en dichas reuniones, el Presidente me manifestó que de acuerdo con las leyes que regían el sistema semi-parlamentario, el Primer Ministro era el encargado de dirigir la política del Gobierno y el Presidente de la República, de estudiar y sancionar o vetar las leyes que aprobara el Consejo de Ministros.

Este proceder dio lugar a que Castro lo acusara, falsamente, de detener y obstaculizar las leyes de la revolución, ya que después de ser aprobadas dichas leyes, en muchas oportunidades no eran elevadas al Presidente, siendo engavetadas por el Dr. Luis Bush por días y semanas, sin que Urrutia tuviera conocimiento de que existían. Al mismo tiempo, la total falta de comunicación entre Fidel Castro y Urrutia, contribuía enormemente a esta situación.

La fe y total confianza que Urrutia mantenía en Fidel Castro eran algo increíble. Cuando comenzaron a exteriorizarse más agudamente los problemas en todo lo que se relacionara con la mejor marcha de la administración, Urrutia, que en el reciente pasado había mantenido una gran admiración por "la dedicación y sacrificio del joven Raúl Castro", comenzó a desconfiar del mismo, y precisamente el Ministro de la Presidencia Bush alimentaba esa forma de pensamiento.

El Presidente Urrutia pensó que se estaba formando una conjura contra el Primer Ministro, por motivo de la inmensa cantidad de problemas que se estaban creando constantemente. Bush, aduciendo que "quería compartir sus preocupaciones con el Presidente" le insinuaba sobre lo que él llamaba las "grandes y graves desavenencias que existían entre los hermanos Castro, por motivo de las inclinaciones políticas de Raúl hacia el campo socialista". Ante esta situación, el Presidente Urrutia decidió tomar una parte mas activa y directa en el problema, por lo que estimó, oficial y públicamente, situarse al lado de lo que el creyó que era "la línea

224

del pensamiento político de Fidel", es decir, si éste tenía problemas con Raúl, por razones de índole ideológica, era necesario comenzar a presentar un frente de tipo político contra el comunismo y de esta manera se podrían frenar los avances de Raúl en la línea política que deseaba entronizar en el Gobierno.

En una ocasión el Presidente me manifestó que cuando se encontraba comentando con Bush la situación política, éste le sugirió que hiciera una manifestación pública, agregando que como Ministro del Gabinete, sería mejor para él mantenerse al margen de la situación. Urrutia me indicó que me dirigiera al Dr. Luis Conte Agüero, que en aquellos tiempos mantenía una popular hora de televisión de asuntos políticos nacionales. Pocos días mas tarde me entrevisté con Conte Agüero y le expresé los deseos del Presidente Urrutia, pero le señalé que el Dr. Urrutia deseaba que las cámaras y los micrófonos de la televisión, fueran llevados al Palacio Presidencial, pues él quería que la entrevista se efectuara desde la misma Mansión Ejecutiva.

Conte Agüero, comprendiendo lo que esto significaba para su programa, accedió inmediatamente a la solicitud. Se hicieron los arreglos necesarios y en dos ocasiones el Presidente Urrutia, expresó el pensamiento político, de lo que él estimaba era la línea del Gobierno en general y lo que Fidel Castro necesitaba urgentemente como apoyo y cooperación.

Conte Agüero también aprovechó esas oportunidades para expresarle a Urrutia la idea de lo conveniente que sería la creación de un organismo de tipo internacional en forma de "Instituto de Estudios Políticos Humanistas", que pudiera efectuar su congreso de constitución en la ciudad de La Habana y que Urrutia podría ser elegido como su primer presidente, lo que representaría un medio seguro, para una vez terminado su mandato presidencial, pudiera continuar desarrollando la "filosofía humanista" que Castro había proclamado en el Parque Central de Nueva York. Al Presidente Urrutia le agradó extremadamente la idea y prometió estudiarla detenidamente.

La situación se agravaba por días y las relaciones entre Fidel y Urrutia eran ya prácticamente inexistentes. Para esa fecha el Presidente había presentado la renuncia de su alto cargo en dos oportunidades, aunque en ambas ocasiones, dicha postura presidencial no había tenido nada que ver con el problema comunista. La primera vez que Urrutia presentó su renuncia fue con motivo de la controversia sobre el mantenimiento de las licencias de juego en los centros nocturnos y los grandes hoteles. Él se oponía tenazmente a otorgar dichas licencias, pero muchos de los dirigentes del gobierno, entre ellos, desde luego, Bush y unos pocos Ministros, realizaban esfuerzos y trataban de poner presión en el obstinado Presidente. Queriendo detener de una vez y por todas ese enfrentamiento, llamando la atención de Castro al mismo tiempo, el Presidente Urrutia presentó su renuncia "frente a las controversias y problemas que se presentaban en relación con el mantenimiento de las licencias de juegos en hoteles y otros centros nocturnos".

La segunda ocasión, fue con motivo de la depuración del Poder Judicial, toda vez que el Presidente estimaba que la depuración no había sido todo lo extensa que se requería, ni realizada como era conveniente; algunos jueces y magistrados, que él estimaba corruptos y responsabilizados con la dictadura de Batista, se mantenían en sus cargos y algunos habían sido hasta ascendidos, por lo que solicitó reiteradamente se ampliara el plazo para efectuar dicha depuración, queriendo tomar mayores medidas personalmente para eliminar a muchos de los jueces y magistrados que se habían mantenido como miembros del Poder Judicial.

El Consejo de Ministros, que en definitiva recibía órdenes únicamente de Fidel Castro, negaba y dilataba todo lo relacionado con la promulgación de la ampliación del plazo para la depuración del Poder Judicial. Urrutia señaló, como ejemplo de la corrupción y desmanes de algunos miembros del Poder Judicial, el caso del Magistrado de la Audiencia en la Provincia de Oriente Dr. Cutié, exigiendo la depuración del mismo. Como forma de llegar a un acuerdo con el Presidente, se nombró una comisión de tres Ministros compuesta, si mal no recuerdo, por el Ministro de Obras Públicas Ing. Manuel Ray; la Ministro de Bienestar Social Dra. Raquel Pérez de Miret y la tercera figura creo que fue el Ministro de Trabajo Manuel Fernández.

Al regreso del viaje de los tres Ministros de la Provincia de Oriente, en forma oficial la comisión que formaban, dictaminó que no pudo encontrar suficientes pruebas o informaciones en relación con la "conducta delictiva" del magistrado Dr. Cutié. Esto dio lugar a la presentación de su segunda renuncia, como protesta por el dictamen de la comisión.

En ambas ocasiones en las que Urrutia presentó su renuncia, fuí testigo presencial de la llegada de Fidel Castro al tercer piso del Palacio Presidencial, para pedirle al Presidente que retirara la renuncia, cosa ésta, a la que desde luego, Urrutia accedió inmediatamente, sin darle mayor trascendencia. Recordamos que en esta segunda oportunidad me encontraba despachando con el Presidente cuando Castro llegó. Obviamente, se encontraba molesto. Comenzó su perorata sin aparentar darse cuenta de mi presencia en el pequeño despacho, como una queja directa a la conducta que asumía el Presidente: "Mire, doctor Urrutia, esta situación se hace muy difícil. Si usted presenta la renuncia cada vez que surje un inconveniente, me hace la tarea de gobernar y conducir el proceso revolucionario mucho más difícil. Yo le pido nuevamente que retire la renuncia, pues es imposible gobernar en estas condiciones".

En esos momentos yo prácticamente interrumpí a Castro, diciendo que me retiraba, y me dí cuenta que Urrutia agradeció mi gesto, para que no supiera lo que sucedía entre los dos principales personeros del Gobierno Revolucionario, es decir, entre el Primer Ministro y el Presidente de la República. Al retirarse Fidel del Palacio Presidencial, Urrutia me comunicó que decidió retirar la renuncia "accediendo a la solicitud de Fidel Castro". Este asunto, no se volvió a mencionar, hasta el día de la destitución presidencial.

Desde luego, creo que todo se debía al plan preconcebido de Castro para deshacerse de Urrutia, pero sin darle oportunidad de que éste apareciera como víctima y mucho menos que se viera como si se le hubiera obligado a renunciar por oponerse a situaciones que en realidad la revolución había establecido como forma de conducta en el pasado reciente.

El expediente que Castro comenzó a prepararle a Urrutia, se puede decir que fue desde las primeras semanas del triunfo revolucionario. Castro sabía que tenía que deshacerse del presidente, pero tenía que previamente fabricar un gran aparato de propaganda o delación, que pudiera presentarlo al pueblo de Cuba en forma que apareciera, que la víctima era Castro y el proceso revolucionario, y que todo se debía a la forma de actuar del Presidente de la República.

Como parte de ese proceso, recordamos que aproximadamente tres meses después de tomar posesión de su cargo el Dr. Urrutia, el Ministro de la Presidencia Dr. Bush, le propuso la compra de una magnífica residencia en el exclusivo reparto Biltmore Club, en la ciudad de Marianao. Bush dijo que él no podía adquirirla porque previamente había comprado otra más amplia y mejor en Miramar, cuyo costo se aproximaba a los cien mil dólares, con piscina y jardines circundantes, agregando que era una gran oportunidad para el Presidente adquirir dicha mansión, señalándole que él estimaba que valía el doble del precio de treinta y cinco mil pesos que pedían por la venta de la casa.

Urrutia en principio rehusó la oferta; algunos amigos, al igual que yo había hecho, le aconsejaron que no hiciera dicha operación de compra-venta. Es más, en una oportunidad en que me encontraba en su despacho tratando sobre algunos asuntos particulares de la familia con Urrutia, le abordé el tema, diciéndole lo negativo que representaría el hecho de que el Presidente hiciera la compra de una residencia, cuando aún la revolución y los revolucionarios no tenían estabilidad de ningún tipo. Esta fue la última vez que el Presidente conversó conmigo sobre la compra de la residencia que insistentemente le ofrecía Bush.

Una tarde, me encontraba trabajando en el Despacho de la Pagaduría del Palacio Presidencial, cuando recibí una llamada telefónica por la línea directa que tenía con las habitaciones del Presidente Urrutia. Era él mismo el que me hablaba y me instruía de que le llevara inmediatamente el balance completo del dinero en efectivo que poseía, toda vez que me había responsabilizado con la tarea de llevar su cuenta personal de gastos y entradas. Todos los meses, Urrutia, cuando le entregábamos el cheque correspondiente a sus honorarios como Presidente de la República, que alcanzaba la cantidad de doce mil pesos mensuales, simplemente lo firmaba y me daba instrucciones que después de cambiarlo, mantuviera el efectivo en la caja fuerte principal del Palacio Presidencial. Los gastos personales de la familia presidencial eran muy reducidos, y los servicios eran cubiertos por el presupuesto palatino, es decir, desde los automóviles tanto de él como de su esposa, como los asignados a cada uno de sus hijos y la gasolina, eran costeados por el presupuesto del palacio presidencial. Hasta su barbero particular, cobraba un sueldo como empleado de la presidencia, al igual que la enfermera que cuidaba a su hija menor. También las costureras y todos los que tuvieran algo que hacer en relación con la familia presidencial, incluyendo en estos gastos, no solamente la alimentación, sino también las medicinas, tintorería, lavandería, etc. Además de esos gastos, todas las recepciones o fiestas que se dieran eran cargados a la nómina palatina, sin afectar los dineros del Presidente. Por esos motivos, el Dr. Urrutia había podido ahorrar su sueldo prácticamente íntegro.

Cuando recibí la llamada y escuchando que era el mismo Presidente el que me hablaba, lo primero que me vino a la mente fue que una nueva crisis se acercaba y que el presidente de nuevo renunciaba a su cargo, pero esta vez se disponía a irse inmediatamente del Palacio Presidencial y deseaba llevar con él todas sus pertenencias, incluyendo desde luego, todo el dinero en efectivo que poseía y del que yo era custodio.

Mi sorpresa fue grande cuando llevé el total de todos sus ahorros a su oficina del tercer piso y me enfrenté que en la misma había un grupo de personas. El Dr. Bush me presentó a los visitantes y allí conocí al matrimonio que estaba vendiendo en esos momentos la residencia del Biltmore Club a Urrutia. Yo había creído que el asunto de la compra-venta de la residencia había sido olvidado y que Urrutia había comprendido el error de realizar esa transacción, pero para mi sorpresa, allí estaban realizando la operación de compra-venta, de la cual más tarde Castro se haría eco en su perorata televisada denunciándolo y acusándolo de "estar al borde de la traición".

Según me informó Urrutia días mas tarde , Bush, "como abogado es muy inteligente y de toda mi confianza, logrando la gran oportunidad de poder adquirir esa propiedad a tan bajo precio y por motivo de que él no tenía el suficiente efectivo, Bush le gestionó y le obtuvo un préstamo por la cantidad de doce mil pesos para la obtención del inmueble, toda vez que la familia que vendió la propiedad deseaba el dinero en efectivo". Al mismo tiempo el Dr. Urrutia me dio instrucciones de que todos los meses, de su cheque, pagara la cantidad de cuatro mil pesos. En la operación pagaba un ínfimo interés.

El Despacho particular del Presidente de la República, ubicado en el tercer piso de la Mansión Palatina, sin duda alguna, debe de haber sido testigo de muchas cosas raras, algunas inconfesables. Ahora bien, estamos seguros que a través de su ya larga vida, ningún Presidente hubo de adquirir dinero prestado para cumplimentar una obligación financiera, al igual que se contaran pesos y centavos hasta la cantidad de treinta y cinco, para comprar una residencia. A ese extremo llevó solapadamente, el Dr. Luis Bush al Presidente Urrutia, convenciéndolo con el argumento de que era lo mismo "como si tomara anticipadamente la paga de un mes de sueldo, sin preocuparse de tener que enfrentarse a gastos de familia".

Eran cosas inexplicables que sucedían. La reserva que mantenía el Presidente Urrutia hacia las personas que eran sus verdaderos amigos y en cambio la confianza total y absoluta, escuchando y aceptando las sugerencias de sus enemigos, como se demostró que era Bush, el cual siguió con su tarea de socavar y de eliminar a los hombres allegados al Presidente.

En los últimos días del mes de junio, después de una áspera discusión con el Presidente Urrutia, le presenté la renuncia de mi cargo, efectiva el 30 de junio de 1959. La renuncia la basaba, no solamente en el hecho de no querer seguir involucrado en un gobierno en el cual nadie representaba algo positivo o duradero.

Solo la palabra y la acción de Fidel Castro tenía validez en Cuba. Resultó que uno de los que fungía como jefe de uno de los grupos del Servicio Secreto del Palacio, redactó un informe al Presidente Urrutia diciendo que "la gasolina asignada al palacio presidencial estaba siendo usada indebidamente y que eran muchos los automóviles particulares que se abastecían en dicho lugar", insinuando que era algo de lo que yo era culpable por permitirlo.

Lo que no decía el informe del Servicio Secreto que firmaba el "agente Calzadilla", era que los automóviles que se abastecían de gasolina eran los de los familiares y amigos del Ministro de la Presidencia, así como de muchos comandantes y Ministros del gobierno revolucionario, que también llenaban los tanques de sus respectivos automóviles, unos por orden de la Casa Militar y otros por el Ministro de la Presidencia. De la misma manera, eran muchos los familiares del propio Presidente, que posiblemente sin él saberlo se buscaban la autorización del Dr. Bush, que en definitiva era el que tenía que autorizar todos esos gastos.

Cuando tuve conocimiento del informe entregado al Presidente Urrutia y la aprobación que éste hacía de las críticas que contenía hacia mi persona, le expresé mi determinación de renunciar inmediatamente al cargo al cual nos había designado, no por amistad puramente, sino por los derechos legítimos que teníamos de formar parte de un gobierno, en el que desde el primer momento, había colaborado decididamente a su triunfo. Urrutia trató de explicar que el agente Calzadilla, únicamente trataba de servir en la forma que estimara mejor, pero que yo debiera de seguir participando en el Gobierno. Simplemente, le dije al Presidente que mi decisión estaba tomada y era algo que no discutía ni negociaba, informándole que hacía tiempo deseaba separarme de todos los cargos oficiales, indicándole que era completamente imposible desarrollar una labor en el Palacio Presidencial y que posiblemente cuando el Dr. Bush designara a uno de sus íntimos amigos para mi posición, las cosas marcharían más a sus deseos.

Dando por terminada la conversación me dirigí a mis habitaciones en la Mansión Ejecutiva, informándole a mi señora que nos marchábamos en esos momentos y comenzamos a recoger nuestras pertenencias personales, que consistían solamente en nuestra ropa y una máquina de escribir portátil que siempre la tenía conmigo y en la cual muchas de las notas que me han servido para escribir el presente libro, fueron redactadas.

Estando recogiendo todas mis pertenencias, recibí un recado de la señora Esperanza Llaguno, esposa del Presidente, quien deseaba vernos. Cruzando el largo pasillo, me llegué a la pequeña sala de las habitaciones presidenciales. La Sra. Urrutia me pidió, que por favor, permaneciera por lo menos un mes más en el cargo, hasta tanto pudieran escoger a la persona que me sustituiría. Por consideración personal, accedí a lo solicitado, aclarando que el 31 de julio me marcharía del Palacio. Una semana más tarde tuve conocimiento de que Urrutia pensaba nombrar en el cargo que yo dejaba vacante a Calzadilla, lo cual tampoco pudo lograr, pues Bush, en definitiva escogió a una persona de su confianza.

La tensión en el Palacio Presidencial se había aliviado, en parte, por motivo que Bush conoció de mi renuncia y la posible sustitución por una persona de su confianza.

Pero la conspiración contra el Presidente Urrutia proseguía y Bush lo aconsejaba que continuara con sus denuncias públicas sobre la infiltración comunista.

El día 13 de julio de 1959, volvían las cámaras y los micrófonos al Palacio Presidencial, para una nueva exposición que hizo Urrutia. Irónicamente, cuatro días mas tarde sería destituido de su cargo. Lleno de entusiasmo, fue esa vez un poco más detallado en sus acusaciones. De manera enfática, se manifestó contra la infiltración comunista y en apoyo incondicional a Fidel Castro, lo cual era algo confuso y contraproducente. Sus pronunciamientos tuvieron ribetes dramáticos, como cuando recomendó al pueblo de Cuba la lectura del ya famoso libro "La Nueva Clase" del ex-comunista Milovan Jilas. En la televisión mostró el libro, diciendo que el primer deber de un buen revolucionario era denunciar la infiltración comunista.

Todo estaba preparado para lo que iba a suceder en pocos días. Entre Luis Bush, Raúl y Fidel Castro, Carlos Franqui y otros pocos habían decidido presentar el plan de ataque antes de terminar el mes de julio. Lo que ninguno de ellos, especialmente Bush, pudo o supo calcular, era cuál sería mi posición cuando se produjera la destitución presidencial, que por largo tiempo había sido incubada y de la que él había sido uno de sus principales organizadores.

Hasta que llegó el día 17 de julio de 1959. Sobre las cinco y media de la mañana, me despertó el timbre del teléfono que tenía con línea directa con el Estado Mayor de las Fuerzas Armadas en el Campamento "Libertad", antiguo Columbia. El oficial que me llamaba, me comunicó de parte del Comandante Raúl Castro que me pusiera bajo las órdenes militares de la Casa Militar del Palacio, ya que se avecinaban grandes acontecimientos, debido a que Fidel Castro había renunciado al cargo de Primer Ministro. Cuando tratamos de obtener mejor y más amplia información, solamente me dijeron que ésas eran las únicas instrucciones y que estuviera alerta durante la crisis que se avecinaba.

Inmediatamente me vestí y me encaminé a las habitaciones privadas del Presidente Urrutia, que estaban situadas al otro extremo del tercer piso como he indicado. Después de llamar insistentemente a las puertas de sus habitaciones, fue él quien nos abrió, mostrándose altamente alarmado por la forma en que lo habíamos despertado. Cuando le informé que me habían comunicado por teléfono que Fidel había renunciado a su cargo de Primer Ministro, Urrutia se mostró asombrado y me pidió información detallada del problema; pero sólo pude manifestarle las instrucciones que me habían dado en forma precisa y corta. En esos momentos le expliqué que yo no aceptaba la disposición de ponerme a las órdenes de la Casa Militar y que cualquier cosa que sucediera, él como Presidente podía contar conmigo incondicionalmente, pues aunque yo había renunciado a mi cargo en el Palacio Presidencial, por solicitud expresa de la familia, había accedido a permanecer cumpliendo con mis responsabilidades hasta el 31 de julio y por lo tanto yo estaba dispuesto a mantenerme asistiendo al Presidente de la República en todos los momentos. Él me pidió un tiempo para vestirse, pues había respondido a mi llamada, aún con la pijama de dormir, y me indicó que mientras tanto tratara de localizar a Fidel Castro "de parte del Presidente de la República".

De acuerdo con las instrucciones, hice innumerables llamadas telefónicas a los lugares en que Castro acostumbraba pernoctar, incluyendo la residencia de Celia Sánchez, a Raúl Castro y otros Jefes militares. Con ninguno de ellos me pude comunicar. Apenas anunciaba que la llamada era de parte del Presidente Urrutia, la respuesta era la misma: "no está la persona disponible en este momento para hablar por teléfono". Yo presentía que todo lo que se hiciera era inútil y que lo que sucedía era el resultado de algo que se había planeado por largo tiempo. En realidad no comprendía lo que Castro se proponía entonces, pero la realidad indicaba que constituía una mentira total y absoluta, su renuncia al cargo de Primer Ministro, ya que de haberla efectuado, no era al periódico "Revolución" ni mucho menos a Carlos Franqui, el lugar y la forma de presentarla, sino tenía que hacer entrega de la misma al Presidente de la República. A esas tempranas horas de la mañana, el periódico "Revolución", anunciaba a toda primera plana, con unas letras inmensas **"FIDEL CASTRO RENUNCIA"**. Prácticamente todas las actividades quedaron paralizadas en la nación. Era otro golpe estratégico maestro de Castro. Los letreros en los ómnibus, automóviles, camiones y todo medio de transportación eran letreros alusivos a la renuncia de Castro, sin siquiera tener el pueblo una idea de lo que estaba sucediendo. De nuevo las mismas consignas enarboladas desde los primeros días del triunfo revolucionario, aparecían en todos los lugares. Se veían letreros colgados de puertas y ventanas, en los balcones, es decir, era una campaña nacional, que aparentemente sin estar organizada, se producía como por encanto."NO RENUNCIES, FIDEL"; "TÚ ERES NUESTRO ÚNICO LÍDER"; "CONTIGO HASTA LA MUERTE" y otros muchos que aparecían en todos los lugares. Era como un inmenso carnaval nacional, compitiendo por demostrar quien era más fiel incondicionalmente a Castro. Los comercios comenzaron a cerrar sus puertas en solidaridad con el "líder de la revolución". En definitiva, la primera página del periódico "Revolución" representó la consigna nacional de comenzar el capítulo de la destitución presidencial.

Cuando buscando forma de establecer, lo que pudiera designarse como un grupo de apoyo para el Presidente Urrutia, que no comprendía lo que sucedía, traté de comunicarme con los Ministros del Gabinete del Gobierno, ninguno de ellos quiso comprometerse a hablar con el Presidente. Ellos, al igual que la mayoría de los que el día anterior merodeaban alrededor de Urrutia en busca de favores, habían desaparecido. En cuanto al "Servicio Secreto" del Palacio Presidencial, tanto el llamado de "protección a la vida del Presidente", como el que se suponía que se ocupara de "las conspiraciones extranjeras", se encontraban dando vueltas todos esos señores en el primer y segundo piso de la Mansión Ejecutiva, a las órdenes del Ministro de la Presidencia Bush y bajo la jurisdicción de la Casa Militar del Palacio Presidencial. De ese inmenso conglomerado de hombres, fueron muy pocos los que se mantuvieron fieles al Presidente; es mas, no recuerdo que uno de ellos presentara la renuncia del cargo que ostentaba.

Los primeros en llegar al Palacio Presidencial para ponerse a la disposición del Presidente, fueron Víctor de Yurre, ex-comisionado del Municipio de La Habana; Francisco Pérez Fernández, ex-Director de Información y Publicidad del Palacio Presidencial y un grupo de mis amigos y compañeros de luchas revolucionarias, que junto a mí compartían responsabilidades en la Mansión Ejecutiva. Entre ellos, y como dato histórico es necesario mencionar, por la actitud valiente y desinteresada que mantuvieron, a Francisco García, con el cual desde casi muchachos habíamos compartido tareas revolucionarias; Juan Jaraique, que expresó sin lugar a dudas su decisión de correr los riesgos necesarios en defensa del Presidente; mi hermano Santiago, el cual además de los lazos de sangre, había sido siempre mi fiel compañero y amigo, compartiendo hasta prisión conmigo; Orlando Pedroso y algunos empleados del Palacio que habían servido en sus posiciones por innumerables años y a quienes no permití que fueran cesanteados en sus cargos. También en las primeras horas se presentó el Dr. Roberto Pérez Fernández, hermano del periodista despedido por el Presidente, Paco Pérez; la señora Rosa Riverol, que se había distinguido en el exilio en todas las tareas, por difíciles que éstas fueran en favor de la causa revolucionaria; las hermanas Cira y Ana Falber, que eran ambas secretarias, una del Presidente de la República y la otra de la Primera Dama, que de acuerdo con el protocolo impuesto por el propio Urrutia, había que llamarlos por el título de Ciudadano y Ciudadana Urrutia. También llegaron algunos familiares del Presidente y de su esposa y unos pocos, que ignorando lo que sucedía, más que venir a apoyar al Presidente, acudían en busca de información para ver dónde se situaban finalmente.

También desde horas muy tempranas, pero con muy diferentes propósitos, comenzaron a llegar a la Mansión Ejecutiva, los Ministros del llamado Gobierno Revolucionario, que eran los mismos que Urrutia había nominado en sus posiciones. Lamentablemente, pensando en el proceso histórico, para ellos su postura de acatamiento a los dictados de Castro, quedaba como algo trágico y de vergüenza personal y oficial. Ninguno de ellos trató en algún momento de acercarse o comunicarse con el Presidente, con la sola excepción de la Ministro de Bienestar Social Dra. Raquel Pérez de Miret. Los Ministros, utilizando todos los medios posibles evitaron toda clase de contacto con Urrutia.

Aproximadamente a las diez de la mañana, después de comprender la inutilidad de establecer comunicación con Fidel Castro, el periodista "Paco" Pérez y yo, que éramos prácticamente los mas íntimos colaboradores del Presidente en el sentido personal y oficial, nos sentamos a conversar con él sobre la estrategia a seguir en vista de los acontecimientos. Cuando tratamos de analizar la situación, nuestra sorpresa rebasó todos los límites. Urrutia nos comunicó que él creía, que se trataba de un golpe de estado realizado por Raúl Castro y los miembros del Partido Comunista para deshacerse de Fidel. Nos explicó que probablemente Castro sería en esos momentos un prisionero de su hermano Raúl y sus "camaradas" y la posición que había que adoptar era movilizar al pueblo a favor de aquél, para detener lo que él pensaba que era una conspiración a nivel nacional. Sin querer tomar en consideración nuestras explicaciones en relación a lo que sucedía y lo que se incubaba por largos meses, el Presidente insistió en su posición, preguntándonos cual era en definitiva la actitud que nosotros asumíamos. Simplemente le respondimos que nuestra posición era permanecer a su lado y que con él estaríamos hasta las últimas consecuencias.

A esas horas, ya el pueblo comenzaba a llegar a los alrededores de la Mansión Ejecutiva y se situaba frente a la terraza norte del Palacio. Urrutia, insistiendo en sus ideas de "golpe de estado a Fidel Castro", me manifestó que lo acompañara hasta el segundo piso, pues quería dirigir la palabra a la multitud congregada pidiéndole que apoyaran al Primer Ministro Fidel Castro.

Desde esa terraza, que había sido histórica, el Presidente le habló al pueblo y le pidió que tuviera calma pero que al mismo tiempo se mantuviera alerta, pues él estaba seguro que "Fidel Castro reconsideraría su actitud, retirando su renuncia y se pondría al frente del gobierno como el único líder indiscutible de la revolución cubana".

El único Ministro que salió a la terraza norte, fue Armando Hart y esto, únicamente porque cuando nos dirigíamos con el Presidente hacia la terraza norte nos encontramos accidentalmente con él en uno de los pasillos, y sin darle tiempo a que se escondiera, como hicieron los otros Ministros, lo llevó junto a él para hablarle al pueblo. Luego, Armando Hart, justificaba el haber acompañado al Presidente, alegando que estaba preparado para asesinarlo allí mismo si se atrevía a hablar contra Castro. Hasta esos extremos llegaban la cobardía física y moral de estos "dirigentes revolucionarios".

De nuevo regresé junto al Presidente a sus habitaciones del tercer piso. Por largo rato traté de explicarle la realidad de la situación, demostrada con claridad por la actitud de los propios Ministros. Le señalé que todo ese aparato propagandístico que se extendía nacionalmente, no era producto del acaso, sino de un plan perfectamente organizado por los Castro, el Consejo de Ministros, los altos Jefes Militares y del impulsor de la movilización popular el director de "Revolución", Carlos Franqui, el cual aparecía junto a Castro, en las páginas del rotativo, fotografiados los dos, cuando éste "ayudaba" a componer la primera página del periódico destacando su "renuncia al cargo de Primer Ministro". Le explicamos que la conjura iba destinada contra él y el propósito a alcanzar era la renuncia del Presidente, sin que apareciera como un nuevo "golpe de estado", dado en esta ocasión por el propio Fidel Castro y repitiendo la costumbre de Batista de "cambiar presidentes en cada ocasión que el que estuviera de turno no le conviniera a sus intereses".

Urrutia no quiso aceptar ninguno de mis razonamientos. Me dijo que en su opinión el golpe de estado era contra la revolución y contra Fidel Castro y que precisamente la noticia de la renuncia del Primer Ministro, por la forma en que se producía, indicaba que estaba prisionero, pues de otra manera, de acuerdo con su función de Premier, la renuncia se la hubiera entregado al Presidente siguiendo el protocolo. Urrutia todavía mantenía su mentalidad de magistrado de acuerdo con reglas y procesos legales, sin darse cuenta del período revolucionario que vivía la nación, pero lo que aún era mas trágico, sin darse por enterado del tipo de persona con que se encontraba lidiando. La admiración y el respeto que el Presidente le profesaba a Fidel Castro, no le permitía al Primer Magistrado de la Nación comprender la situación a la cual se enfrentaba. Me dijo que precisamente, por motivo de que se había anunciado que Fidel Castro se presentaría en la televisión a las nueve de la noche, había que esperar confiadamente y con paciencia la comparecencia del "indiscutible líder de la Cuba revolucionaria". Generalmente en esa forma se expresaba él en cada ocasión que mencionaba a Fidel Castro. El presidente me indicó que "si Castro no se presentaba en la conferencia anunciada, entonces habría que tomar acciones encaminadas a rescatarlo donde quiera que él se encontrara prisionero y que la arenga que él había pronunciado al pueblo congregado frente al Palacio Presidencial, era parte de la táctica que había que mantener, para obtener el total respaldo de la nación frente a la "destitución que se pretendía realizar". Según el Dr. Urrutia, Fidel era un prisionero.

Cuando le hicimos la observación que todas las estaciones radioemisoras, al igual que los canales de la televisión y la prensa escrita, incluyendo los más recalcitrantes conservadores del país, reclamaban la presencia del "líder de la Sierra Maestra" al igual que las instituciones de todo tipo, económicas, sociales, profesionales, políticas, religiosas y en definitiva el pueblo de Cuba, reclamaba el respaldo incondicional y el absoluto sometimiento a los dictados del monstruo que estaban creando lo que constituía la mejor prueba de que ese movimiento, era producto de una organización, que sin darse cuenta muchos de esos factores, bien pudiera catalogarse de conspiración.

Comprendí la inutilidad de mis esfuerzos por convencer al Presidente de lo equivocado de su actitud y presenciaba cómo los amigos y colaboradores, desde los Ministros y militares, algunos de los cuales habían recibido en forma dadivosa múltiples favores del Presidente lo abandonaban cobardemente. Mientras tanto, se empeñaba en creer que la conjura o conspiración, no iba dirigida contra él y que si se hacía necesario el "Presidente de la República iría con el pueblo al rescate de Fidel Castro, frente a la conjura comunista de su hermano Raúl y el "Che" Guevara y el viejo Partido Comunista cubano. Simplemente le informé que deseaba hacerle saber, que había algunos compañeros míos de la revolución y otras personas que le profesaban amistad que estábamos dispuestos a mantenernos junto a él y dar los pasos necesarios para el mantenimiento de las funciones del Primer Magistrado de la Nación, sin tener en consideración las consecuencias que esta actitud pudiera deparar. Me pidió que permaneciera a su lado durante todas las gestiones que se realizaran y conforme se irían desarrollando los acontecimientos, él me daría las instrucciones para actuar.

La Casa Militar del Palacio Presidencial, había recibido órdenes directas de Raúl Castro que a nadie se le permitiera salir de la Mansión Ejecutiva, lo cual me fue comunicado por el capitán Cervantes, que más tarde fue ascendido a comandante y presidente de la Cruz Roja Cubana. Su actuación en los sucesos del Palacio Presidencial, probablemente le valieron los ascensos. Cuando le pregunté las razones que motivaban esas órdenes, me respondió que "no podía darme ninguna explicación, pero que estuviera seguro que esa orden sería mantenida en toda su extensión y a todo costo o consecuencia", lo cual decía bien claro la amenaza que representaba para todos los que estábamos vinculados a Urrutia. Inmediatamente, le comuniqué esta conversación al Presidente, la cual utilizó para mantenerse tozudamente en su actitud, argumentando que la mejor prueba de lo que pensaba sobre la conjura de Raúl Castro, era al comprobar que tanto el capitán Cervantes, como el también capitán José (Pepito) Cuza, que estaba situado en el Palacio para sustituir a Cervantes en el futuro inmediato, eran personas de la entera confianza de Raúl Castro, y que junto a él habían venido en su columna militar desde la Sierra Cristal en la Provincia de Oriente.

Tratando de buscar una confrontación que hiciera comprender al Presidente Urrutia la situación que se avecinaba, le insistí para que convocara a una reunión del Consejo de Ministros. Es decir, en sus funciones de Presidente de la República, con vista a la crisis planteada, exigirle a todos ellos que hicieran oficialmente acto de presencia, ya que todos estaban dentro de la Mansión Ejecutiva, para tratar y decidir la crisis nacional que existía.

Urrutia me replicó que probablemente también todos ellos estaban envueltos en la conjura, como él denunciaría, es decir eran parte de la conspiración comunista, toda vez que estando presente en el Palacio Presidencial ninguno de ellos había tratado de comunicarse con él. Cuando le preguntamos sobre la corta conversación que tuvo con la Dra. Pérez de Miret, me respondió simplemente que "Raquel estaba muy atribulada y después de un cariñoso saludo me abrazó prácticamente con lágrimas en los ojos, por lo que yo, sospechando la situación, no quise pedirle una explicación por motivo de ser la cuñada del comandante Pedro Miret, uno de los mas importantes Jefes Militares de la nación". Urrutia, queriendo convencerse de sus ideas, me recordó que precisamente había sido Pedro Miret uno de los que quedó preso en las cárceles de México y que se sentía preterido por el abandono de Castro cuando éste partió en la expedición para Cuba en el yate Granma. Por lo tanto su asociación con Raúl Castro era razonable.

El Dr. Urrutia, hombre inteligente y capaz en muchos aspectos, era lo que generalmente se dice un "analfabeto político" pues no podía comprender las situaciones difíciles que se presentaban. Pedro Miret, durante el ataque al Cuartel Moncada, al comprender que la batalla se había perdido, se mantuvo en su puesto de combate para salvar la vida de los Castro y que estos pudieran huir a refugio seguro. Entonces estuvo a punto de perder la vida y recibió múltiples heridas. La forma de comunicación y el mantenimiento de lazos de intimidad entre Miret y Castro, representaba una relación completamente simbiótica. Así se demostró cuando, después que Castro se declaró marxista-leninista, me encontré accidentalmente con Pedro Miret, con el que había tenido una buena amistad durante la revolución, y me manifestó que no comprendía mi actitud "contrarrevolucionaria", pues él que no era comunista, ni creía que nunca lo sería, se mantenía respaldando a Fidel Castro sin importarle la posición ideológica que éste tomara, pues lo consideraba como "el legítimo líder de una nueva América Hispana que surgiría libre del imperialismo norteamericano". Es decir, dos hombres que habían luchado dentro de un proceso revolucionario y que juntos habían compartido la prisión y el exilio, mantenían ideas políticas completamente opuestas y sin embargo, la fidelidad de Pedro Miret era algo patético, por llamarlo de alguna manera, hacia lo que él consideraba "su máximo líder y libertador de América".

En varias ocasiones bajé al segundo piso de la Mansión Ejecutiva. Era triste y trágico contemplar a todos esos señores —de los cuales algunos de ellos habían participado en el proceso revolucionario—, acobardados, arrinconados, sin poder moverse ni salir a la calle ni siquiera a ver a su familia, pues ellos también estaban confinados, en realidad "presos" en el Palacio Presidencial, conforme me lo comunicó el capitán Cervantes al decir que "nadie podía salir de la Mansión Ejecutiva hasta nueva orden". En un par de ocasiones, conversé, con algunos de los Ministros con los cuales tenía, o creía tener, más afinidad y confianza inquiriendo cuál era la posición que defendían o cómo interpretaban la situación planteada. La única respuesta que me ofrecieron fue que "ellos habían recibido instrucciones de mantenerse en Sesión Permanente hasta tanto se desarrollaran los acontecimientos". Cuando le pregunté quién había dado esa orden, simplemente me respondieron que "preferían no discutir el tema de la situación en aquellos momentos". Obviamente no se necesitaba preguntar mucho para darse cuenta de los problemas que se avecinaban. Lo único que uno de los Ministros me dijo en sentido muy confidencial fue que "ellos estaban esperando que Castro se presentara esa noche en el programa de televisión y explicara los motivos de la crisis y entonces todos nosotros, incluyendo al Presidente Urrutia, tendríamos que determinar nuestras decisiones.

Aproximadamente a las tres de la tarde, el Dr. Urrutia insistía infructuosamente en tratar de comunicarse con Fidel, que había desaparecido por completo. Las versiones que recogía el radio y la televisión, al igual que los periódicos que se habían apurado a publicar sus ediciones, comenzaron a señalar al Presidente como el responsable de la renuncia de Fidel al cargo de Premier. Esto no era suficiente para que aquél mantuviera su idea de la realización de un golpe de estado pensando en la prisión de éste por medio de un posible secuestro.

En las furtivas entradas y salidas que hacían los Ministros de los salones que se encontraban en el segundo piso de la Mansión Palatina, prácticamente me "tropecé" con el Dr. Rufo López Fresquet, con el cual durante los cortos meses dentro del Gobierno había yo desarrollado una buena amistad. Después de rogarme la total discreción, me informó que los ejes de la conjura en el Palacio, eran Bush y Olivares, cosa esta que conocíamos desde los primeros momentos. Al preguntarle sobre la posición de los Ministros, y especialmente la suya propia, conociendo yo que Fresquet hacía tiempo que estaba tratando de desvincularse del gobierno, me explicó que todos ellos recibieron órdenes estrictas dictadas por Raúl Castro a través del Estado Mayor de las Fuerzas Armadas, de que se mantuvieran dentro de la Mansión Ejecutiva hasta tanto Fidel, impartiera las órdenes que ellos tendrían que seguir. Comprendí que él se daba cuenta en esos momentos del triste papel que estaba representando y posiblemente, el estado de semi-locura que presentó con posteridad y que algunos dijeron que era solo "una comedia para irse de Cuba", fue causado en gran parte por tener que hacer o realizar acciones que estaban completamente opuestas a su forma de ser y actuar. Posiblemente, por temor a lo que ya se enfilaba en el futuro de Cuba, es decir la total fuerza de poder de Fidel Castro, no encontraba otra alternativa que "continuar el juego de hombre de confianza del Gobierno y de la Revolución", es decir de Fidel Castro.

Alrededor de las cinco de la tarde, me reuní con algunos pocos amigos y compañeros para planear la acción que tendríamos que tomar de acuerdo a las alternativas que se nos podían presentar. Los que junto a mí estaban dispuestos a enfrentarse a la situación se mantuvieron disgregados en el primer y segundo piso del Palacio e informándome cómo se desenvolvía la situación en el exterior, de acuerdo con lo que ellos podían apreciar con los que penetraban en la Mansión Ejecutiva con algún propósito determinado. A esa hora ya el Palacio Presidencial se encontraba prácticamente rodeado de una inmensa turba, que impulsada por los comunistas y muchos de los miembros del Gobierno, comenzaban a proferir gritos insultantes a la figura del Presidente de la República, e imitando el trágico y famoso grito de **"Paredón"** con toda la fuerza posible proclamaban, queriendo convertir la Mansión Ejecutiva en otro circo romano, **"a colgar a los traidores"**, refiriéndose a los que permanecíamos leales junto al Presidente y su familia.

Una de las veces que bajé al segundo piso, me encontré con el periodista Andrew St. George, con el cual había mantenido una larga amistad por varios años. Éste me recordó en tono alarmado que yo conocía su gran vinculación a las más altas figuras del Gobierno, tanto en las esferas militares como civiles, y conocía perfectamente la dura realidad que se estaba viviendo y que el único objetivo de toda la crisis, era que Castro quería eliminar al Dr. Urrutia como Presidente, pero forzándolo a renunciar para que no apareciera como un golpe de estado similares a los que habían sucedido en el pasado en Cuba. Agregó que él estaba dispuesto a informarle al Presidente de la situación si yo le facilitaba el llegar al tercer piso de Palacio. La realidad era que después del ataque a la Mansión Ejecutiva el 13 de marzo de 1957, Batista había ordenado reforzar el tercer piso, por medio de gruesas puertas de rejas de hierro, e incluso el elevador que conducía a las habitaciones presidenciales, únicamente se podía utilizar con una llave especial, que junto a las de las puertas de hierro en todas las escaleras que conducían al tercer piso, estaban en las habitaciones del presidente, y yo poseía otra copia de las mismas. Desde luego, los elevadores siempre habían estado prácticamente sin llave. Durante todo ese día la precaución de mantenerlos incomunicados se había restablecido, y cualquiera que quisiera ir al tercer piso, forzosamente tenía que tener la anuencia previa.

237

Después de consultar la solicitud de entrevista entre el periodista y el presidente y obtener la aprobación del Dr. Urrutia, llevé a St. George a la presencia del Presidente para que le expresara lo que el tenía conocimiento, y que ya en todo Palacio y sus alrededores era información pública.

El periodista, después de excusarse y lamentarse de ser el portador de una tan mala noticia —algo que hacía en forma confidencial y personal por la larga y buena amistad que nos unía—, le explicó detalladamente al incauto Presidente que desde hacía más de dos meses se estaba elaborando un plan para destituírlo sin que Castro apareciera como **"otro dictador que removía presidentes a su conveniencia y antojo"**. La entrevista se mantuvo por veinte minutos aproximadamente. Urrutia se mantuvo en completo silencio, haciéndole muy pocas y breves preguntas. Al terminar la conversación e informe del periodista, en forma muy escueta y ceremonial, el Presidente me dijo que llevara a St. George hasta el segundo piso, pues la entrevista la daba por terminada. En aquellos momentos, St. George, creo que basado en la amistad que me profesaba, me recomendó que tomara una posición, al menos equidistante, toda vez que las consecuencias podrían ser trágicas, pues Fidel Castro estaba determinado a que nadie ni nada se interpusiera en sus planes. Me recordó que yo era uno de los fundadores del Movimiento 26 de julio y que Castro podría utilizar ese argumento para acusarme de traidor a la revolución. Mi respuesta fue tan escueta como la del Presidente. Simplemente le informé a St. George que yo era parte del Gobierno revolucionario y que mi responsabilidad estaba en mantenerme al lado del Presidente de la República. Me dio un abrazo y nos despedimos. Después pasaron muchos años antes de volvernos a encontrar, los que habíamos sido tan buenos amigos.

Al regresar al tercer piso, quise conocer la opinión del Presidente en relación con la información que le había ofrecido el periodista. El Dr. Urrutia, en forma enfática, me manifestó que **"St. George desconocía lo que estaba sucediendo o lo más probable es que él era otro de los que se encontraban formando parte de la conjura comunista"**.

El Presidente Urrutia no podía concebir que Fidel Castro montara todo ese aparato emocional, llevando al país a una crisis, por el sólo hecho de destituírlo, toda vez que él hubiera entregado la renuncia del cargo, si Fidel Castro se la hubiera solicitado. En favor de sus ideas, alegaba que en las dos ocasiones que había presentado se renuncia, había sido el propio Castro el que le había suplicado que retirara las renuncias pues él estaba sirviendo a la revolución en su función de Presidente de la República. Una sola idea estaba fija en la mente de Urrutia: **"lo que estaba sucediendo, tenía que ser un golpe de estado dado por los comunistas al amparo de Raúl Castro, Che Guevara y Carlos Franqui"**.

Finalmente Urrutia, ante la imposibilidad de localizar a Fidel, decidió tranquilamente esperar hasta las ocho de la noche, hora que se anunciaba la comparecencia de Castro por todos los canales de televisión y estaciones radioemisoras que se habían situado en cadena nacional, para que **"el único líder de la** revolución explicara al pueblo de Cuba los motivos de la renuncia al cargo de Primer Ministro".

El Presidente y su familia cenaron temprano y junto a los pocos que nos manteníamos a su lado, decidió presenciar por televisión la presentación de Fidel Castro. Era increíble la actitud de Urrutia. Hubo momentos que pensé si él se encontraba en estado de "shock" incapacitado de poder formular una política a seguir durante la crisis, o simplemente en forma que lucía hasta infantil, esperando, como si fuera una "novela televisada" el próximo capítulo.

La última explicación que me ofreció el confiado Presidente, antes de la comparecencia televisada de Castro fue la siguiente: **"Si Fidel Castro no hacía su aparición ante las cámaras y micrófonos de la televisión, era que estaba prisionero y entonces su hermano Raúl lo haría junto a lo que sería su Estado Mayor. Si por el contrario, Fidel lograba presentarse, le daría toda la razón y declararía que había ordenado el arresto de Raúl Castro, Che Guevara, Carlos Franqui y los altos dirigentes del Partido Comunista. En esos momentos, sería cuando él, como Presidente, entraría en funciones, respaldando incondicional- mente al héroe de la Sierra Maestra y movilizando al pueblo cubano en una acción de apoyo".**

La multitud que había comenzado a llegar a los alrededores de la Mansión Ejecutiva desde horas tempranas, aumentaba por minutos según se aproximaba la noche. Constantemente se escuchaban por radio y televisión, mensajes apoyando al "líder de la revolución Fidel Castro" y pidiéndole al pueblo que marchara al Palacio Presidencial hasta que se definiera la situación que existía. A las siete de la noche, las tropas de choque del Partido Comunista, conjuntamente con los dirigentes y miembros del Movimiento 26 de julio y del Directorio Revolucionario y podemos decir que grandes núcleos de la población en general, llegaban en grandes oleadas a la Mansión Ejecutiva, profiriendo gritos insultantes y situándose en grandes cantidades en la calle Monserrate, frente a las habitaciones que ocupaba la familia presidencial y subiéndose en los quicios y escaleras de la Iglesia del Ángel, en la misma que Fidel Castro, tres meses antes, había llevado en brazos a la hija del Urrutia para que le derramaran las aguas bautismales como padrino de la niña.

Con la complacencia de los Jefes de la Guarnición Militar, los llamados Servicios Secretos de la Presidencia y el Consejo de Ministros, la turba congregada, portando en esos momentos, palos, sogas y todo tipo de armas y artefactos, amenazaba con gritos e improperios, no solamente la estabilidad política de la Nación, sino también la vida del Presidente de la República, su familia y de los pocos que permanecíamos a su lado.

Desgraciadamente, los asiduos al tercer piso brillaron por la ausencia. Los que con halagos y regalos buscaban afanosamente un cargo en el gobierno, o un favor cualquiera de la familia presidencial, no quisieron que los supieran apoyando al Presidente en desgracia. Aquí se puede decir que hay ausencias que honran y silencios elocuentes. Inclusive el agente Calzadilla, que había sido escogido por el Presidente Urrutia para sustituirme en el cargo, formó filas con la unidad militar de la Mansión Ejecutiva, poniéndose a disposición del Consejo de Ministros, sin siquiera haber sido nombrado funcionario del Gobierno. ¡La verdad es que el Presidente escogía a sus amigos y colaboradores, entre sus mayores enemigos!

Además de los pocos que permanecíamos junto al Presidente, deseo destacar a su propia madre, señora Herminia Lleó viuda de Urrutia. Esta dama cubana había ostentado el grado de capitana dentro del Ejército Libertador Cubano, durante nuestra Guerra por la Independencia en el siglo pasado. Joven aún perdió a su esposo, que también ostentó alto grado en las filas del Ejército Mambí. Sin lágrimas en los ojos, sin temblar, se daba cuenta de que la libertad, por la que tanto había luchado desde sus tempranos años, comenzaba a desaparecer; presintiendo que nuevas garras, las de Fidel Castro, iban a traer otra vez la desgracia y desolación para el pueblo de Cuba.

Estábamos seguros, que eso era lo que a ella más le dolía, no precisamente la destitución de su hijo como Presidente de la República, como tampoco le preocupaba ser asesinada, junto a los suyos y los pocos que quedábamos acompañando al Presidente, por aquella banda de facinerosos comunistas, acompañada por un pueblo engañado y fanatizado.

Poco antes de las nueve de la noche, nos encontrábamos junto al Dr. Urrutia y su familia, sentados todos frente al televisor, esperando por la anunciada comparecencia de Fidel Castro. Aproximadamente a las ocho y media de la noche, Castro comenzó a hablar, en forma vacilante y sudando copiosamente. El Primer Ministro decía haber renunciado, aunque solamente lo había hecho en los talleres que se editaba el periódico "Revolución" junto a Carlos Franqui. La farsa de la propaganda y su impacto era lo único que importaba a este monstruo de la publicidad.

Fidel Castro, lucía temeroso y dubitativo en cuanto a la forma en que presentaría al pueblo cubano y al mundo, la destitución que iba a realizar. Utilizó más de quince minutos de palabrería intrascendente antes de dar, por fin, al pueblo cubano y al Presidente Urrutia conocimiento del escandaloso espectáculo que escenificaba, cuando por fin comenzó declarando que **"divergencias surgidas con el señor Presidente de la República, me han obligado a presentar la renuncia del cargo de Primer Ministro..."**

Desde ese momento comenzó en su forma acostumbrada a lanzar diatribas y mentiras, tratando de justificar sin lograrlo moralmente, un proceder que hasta sus más allegados colaboradores deben haberse sentido repugnados. Entre las muchas acusaciones que pronunció esa noche señaló que Urrutia **"estaba bordeando la traición al negarse a firmar las leyes que el Consejo de Ministros aprobaba"**. Desde luego, el pueblo nunca pudo conocer que Luis Bush mantenía dichas leyes "engavetadas" obedeciendo las órdenes del propio Fidel Castro.

En la continuación de sus diatribas y mentiras, acusó al Presidente de haber comprado una residencia en el Biltmore Club a un costo de treinta y cinco mil pesos, pero no dijo la forma en que se realizó dicha operación, ni la participación que tuvo él mismo, a través de Bush. Habló del sueldo de doce mil pesos mensuales que recibía el Presidente Urrutia, pero no hizo mención de los inmensos fondos económicos obtenidos por concepto de contribuciones para la Reforma Agraria y otros muchos, eran situados en los Bancos extranjeros de Suiza, en cuentas particulares, de las cuales únicamente Raúl o Fidel Castro podían hacer uso. De la misma forma no explicó las razones para que tanto Raúl como él, pudieran expedir cheques para sufragar cualquier gasto que se les antojara, como si la República y su presupuesto anual representaran un negocio particular de ambos hermanos. Es de veras lamentable la política del Gobierno Suizo de mantener en secreto los depósitos de casi todos los bandidos internacionales que protegen sus capitales robados a través de esas cuentas secretas, pues de otra manera se pudiera conocer la totalidad de los millones depositados por los hermanos Castro, que piensan que los podrán utilizar si algún día, —que vendrá—, tienen que huir del infierno en que han convertido a la pobre y heroica Isla de Cuba en la que tantos de sus habitantes creyeron en el gran farsante de Castro.

Poco después de las nueve de la noche, recibí un mensaje de los Miembros del Consejo de Ministros que deseaban hablar conmigo. Al llegar al segundo piso, donde se encontraban reunidos, ocupando el despacho privado del Presidente de la República, viendo la comparecencia de Castro, una comisión de tres Ministros, compuesta por Augusto Martínes Sánchez, Manuel Fernández y Luis Bush, me hicieron pasar a las oficinas del Ministro de la Presidencia para pedirme que le informáramos a Urrutia que **"si presentaba en esos momentos la renuncia de su cargo de Presidente, ellos se comunicarían con Fidel Castro y este daría por terminada la comparecencia ante las pantallas de televisión"**.

Este era el chantaje más cobarde que se le podía hacer a un hombre, que prácticamente estaba ya vencido. Le contesté que el señor Presidente se encontraba en esos momentos escuchando a Castro y que él decidiría, cuando estimara oportuno, el tipo de acción que llevaría a efecto. Estos Ministros me señalaron la peligrosidad de la situación, enfatizando que **"el pueblo se encontraba muy excitado y estaba rodeando al Palacio Presidencial, respaldando a Fidel, por lo que era necesario evitar que pudiera haber un trágico desenlace con un gran derramamiento de sangre perdiendo la vida infinidad de personas, lo que pudiera perjudicar inmensamente la futura estabilidad del Gobierno Revolucionario"**.

Honestamente, cuando escuchaba esas palabras, lo que más deseé en esos momentos fue que la turba arrasara el Palacio Presidencial, aunque los que nos encontrábamos en el recinto fuéramos víctimas de ese horrendo crimen. Tal vez, eso hubiera evitado que Fidel Castro se posesionara completamente esa noche del poder, después de destruir moralmente a todos los que se plegaron humildemente e indecorosamente a sus mandatos, tanto el personal civil como militar. Cuba, en esos momentos, estaba cayendo en el comunismo, no por que Castro más tarde lo anunció, sino por la forma descarnada y terrible en que se plegaron todos a sus mandatos, perdiendo el prestigio que pudiera quedarles, el honor que creyeron tener, la virtud de la cual decían enorgullecerse, la bravura y el coraje revolucionario del que alardeaban.

Allí, esa trágica noche en la historia de Cuba, Fidel Castro, con la desfachatez y falta de escrúpulos que lo caracterizaba, sin tomar en consideración los sufrimientos, los sacrificios y las vidas de tantos hombres y mujeres que perdieron la vida por una Cuba Libre, se adueñaba del poder, en forma absoluta y total, con la complicidad de sus mayores aliados y simpatizantes y el silencio de los enemigos que seguramente tendría.

Al regresar al tercer piso, le informé al periodista y amigo Paco Pérez, la discusión que había tenido con los miembros del Consejo de Ministros y mi intención de no interrumpir al Presidente en esos momentos, para informarle del chantaje que pretendían hacerle. Paco siempre había sido un hombre valiente, de ideas arriesgadas habiendo sido siempre periodista de combate. El había sido el editor de varios periódicos durante la etapa revolucionaria en tiempos de la dictadura de Batista. Había conocido la tortura, la cárcel y el exilio. Me dijo que frente a la actitud de los Ministros había que realizar una acción desesperada. Me sugirió que lo mejor que podíamos hacer era llamar a la estación de televisión y pedir que enviaran las cámaras y micrófonos al Palacio Presidencial para que el Presidente de la República pudiera exponer sus puntos de vista. Al mismo tiempo teníamos que comunicarnos con las Embajadas de Francia, de España y de los Estados Unidos, solicitando oficialmente la presencia inmediata de los Embajadores de esas naciones en la Mansión Presidencial. La idea era que una vez que estos señores Embajadores llegaran al Palacio, llevarlos hasta el tercer piso junto al Presidente y convencer a Urrutia que destituyera al Consejo de Ministros completo y con los que estábamos a su lado, e inclusive si no éramos suficientes, utilizar a los camareros y sirvientes que estuvieran dispuestos a correr ese riesgo, y nombrar un nuevo Consejo de Ministros. Si la chusma que rodeaba el Palacio Presidencial, siguiendo las instrucciones de los agitadores que la dirigían, tomaban la Mansión Ejecutiva y nos ejecutaban a todos nosotros, se crearía una crisis internacional, ya que los tres Embajadores perecerían en la contienda.

La idea me pareció la única forma de contrarrestar a Fidel Castro y todo lo que estaba sucediendo. Si Castro quería deshacerse del Presidente Urrutia, que se hiciera responsable de dar un golpe de estado, pero lo que no se le podía dar era la oportunidad de aparecer como víctima que renunciaba para evitar una crisis nacional, haciendo aparecer a Urrutia como un vulgar ambicioso de poder y un traidor a la revolución.

Inmediatamente me comuniqué con la estación de televisión, y después de identificarme como el miembro de más alto rango en la Mansión Ejecutiva junto al Presidente, solicité que enviaran las cámaras y micrófonos de la televisión para que éste tuviera la oportunidad de explicar su posición y desmentir totalmente las acusaciones que Castro estaba haciendo en esos momentos. Recordamos que apenas terminamos de hablar con los dirigentes o dueños de las estaciones de televisión, el pueblo pudo observar cómo le entregaban una nota escrita, en forma apresurada. Éste, se removió en su asiento y todo el pueblo cubano fue testigo de la vacilación y las dudas, apenas contenida, con que Fidel Castro, apartándose de lo que estaba hablando, y mirando directamente a las cámaras de televisión, expresó: "el Presidente Urrutia ha llamado por teléfono solicitando las cámaras de televisión cuando nosotros hayamos terminado nuestra exposición al pueblo de Cuba". En tono falsamente dramático agregó: "¡Que le lleven las cámaras y los micrófonos a ver qué puede decirle al pueblo, a ver si se atreve a negar nuestro historial revolucionario!" y otras cosas por el estilo.

Allí mismo comenzaron a escucharse gritos demenciales de la multitud: "!Urrutia, traidor, a colgarlo junto con los que lo acompañan". La peligrosidad aumentaba por segundos. La tensión en la Mansión Ejecutiva hacía crisis. Allí, junto al Presidente, estaba toda su familia, compuesta por su esposa Esperanza, sus hijos Alejandro y Jorge y su hija de un año de edad, Victoria Esperanza, que Castro había bautizado meses antes. También estaba la suegra del Presidente, que estaba ciega y la madre de Urrutia. Junto a la familia presidencial, se encontraba mi esposa que se mantuvo siempre a mi lado a pesar de su condición de norteamericana, Víctor de Yurre, Juan Jaraique, Francisco García, Rosa Riverol, Ana y Cira Falber, Roberto Pérez Fernández y desde luego, junto a mí, organizando lo que pudiera ser la resistencia, el periodista Paco Pérez y mi hermano Santiago. Había algunos otros amigos y compañeros que permanecían en el segundo y tercer piso del Palacio Presidencial, esperando las orientaciones para actuar de acuerdo con los problemas que se presentaran.

Nos enfrentábamos a la situación de que la Mansión Ejecutiva estaba tomada por fuerzas militares, con órdenes estrictas de no dejar salir a nadie hasta tanto Fidel o Raúl lo ordenaran. Las tropas de choque del Partido Comunista, azuzando al pueblo que rodeaba el Palacio se mostraban más agresivas por minutos, aumentando considerablemente en número y poder ofensivo. Por otra parte, Castro, al no recibir noticias de la renuncia de Urrutia y en cambio le daban a conocer la solicitud de llevar las cámaras de televisión al Palacio, agitaba con sus palabras, para de acuerdo al plan preparado, el pueblo realizara un asalto al Palacio Presidencial y "ajusticiara" a los que junto al Presidente nos manteníamos. De esta forma, lucía un acto espontáneo del pueblo la masacre propuesta de cubanos verdaderamente patriotas, incluyendo mujeres, niños y ancianos que junto al Presidente defendíamos la constitucionalidad.

Otro inconveniente de mayores proporciones lo constituyó la realidad de que cuando nos comunicamos con las Embajadas extranjeras, todos nuestros esfuerzos por hablar con los Embajadores fueron inútiles. La respuesta que nos daban era que le comunicarían nuestro mensaje, pero que en esos momentos no se encontraban en los predios de sus respectivas Embajadas. Tal parecía que todos hubieran desaparecido cuando lo más probable era que estaban observando en sus televisores la comparecencia de Castro, para más tarde informarle a sus gobiernos lo sucedido. La verdad era que la cobardía y complicidad tocaba a todas las puertas. Fidel Castro producía los hechos que estimaba necesarios y todos respetaban y adulaban "al único y legítimo líder de la revolución cubana". Desde luego, los años han demostrado que la cobardía y la complicidad del silencio, la han tenido que pagar no sólo el pueblo cubano, sino un gran número de naciones del mundo, con pérdidas de vida, dineros y prestigio...

Sólo nos quedaba esperar los acontecimientos. Sentados en un pequeño círculo, contemplábamos la comparecencia de Castro. Aunque no está muy clara, presentamos la fotografía que publicó la revista "Bohemia" en la edición de aquella época, en la cual se puede observar a las señoritas Cira y Ana Falber, la señora Rosa Riverol, y sentados, el Presidente Urrutia y un ayudante militar, estando yo de pie entre ambos.

Recordamos que cuando Fidel Castro comenzó a mencionar los problemas que decía confrontar con el Presidente Urrutia, fue la única ocasión en que el Dr. Urrutia, mirando fijamente a la pantalla del televisor, preguntó en alta voz, lo que estimamos era parte de sus íntimos pensamientos expresados verbalmente: **"Yo, Fidel, que siempre te he ofrecido mi apoyo incondicional, que he renunciado dos veces y personalmente me pediste que permaneciera en el cargo, ¿cómo es posible que formules esas acusaciones?"** Esas fueron, más o menos, las únicas palabras que pronunció Urrutia durante todo el tiempo que permaneció sentado frente al aparato de televisión.

Cerca de las diez de la noche, el Presidente se levantó de su asiento y me llamó a la otra habitación, explicándome que no era mucho lo que se podía hacer y que por lo tanto le redactara su renuncia a la Presidencia de la República. No había nada que discutir. Lo conocía muy bien y sabía que una vez que tomaba una determinación, ésta era de carácter terminante e irrebatible.

Cruzando el largo corredor que separaba las habitaciones de la familia presidencial de las que yo ocupaba, me dirigí a mis habitaciones. La maquinilla de escribir portátil —que me acompañaba desde los días del exilio, que había traído desde Nueva York, y en la que muchas notas usadas en este libro fueron escritas— sirvió para redactar la renuncia del Dr. Manuel Urrutia al cargo de Presidente de la República de Cuba. Fueron pocas líneas que en el papel timbrado del Presidente de la República:

"La Habana, Julio 17 de 1959.

Al Consejo de Ministros :
Presente

    Por este medio pongo en manos del Consejo de Ministros la renuncia de mi cargo de Presidente de la República.
Atentamente

Dr. Manuel Urrutia Lleó"

Estas últimas líneas serían las que el Consejo de Ministros le entregarían a la revista "Bohemia", para ser reproducida en la siguiente semana.

EL PRESIDENTE DE LA REPUBLICA
PARTICULAR

La Habana, Julio 17 de 1959.

Al Consejo de Ministros.
Presente.

Por este medio pongo en manos del Consejo de Ministros la renuncia de mi cargo de Presidente de la República.

Atentamente,

Dr. Manuel Urrutia Lleó.

¡EXCLUSIVO! —Esta es la carta-renuncia del doctor Manuel Urrutia Lleó en la memorable noche del viernes 17 de julio de 1959.

Como dato histórico deseo señalar que cuando le presenté a Urrutia el importante documento, el Presidente que estaba dimitiendo de su alta investidura, hubo de indicarme que le agregara la palabra "**atentamente**" que yo había querido omitir. Después de revisarla cuidadosamente la firmó y me pidió que la presentara al Consejo de Ministros, con lo cual cumplí.

Aquellos hombres que habían sido nombrados en sus cargos por Urrutia, que tuvo los mayores escrúpulos para no seleccionar a un pariente o a un amigo, aunque estos tuvieran méritos y capacidad, daban muestras de que no eran dignos de la confianza que el Primer Magistrado de la Nación había puesto en ellos. Lo que ha sucedido y el tiempo ha demostrado, es que la mayoría no estaba de acuerdo con lo que sucedía, o con los métodos usados. Y sin embargo ninguno supo rebelarse. Ni siquiera retirarse de esa comparsa de miedo y sumisión. Al contrario, muchos de ellos estaban impacientes porque terminara aquel drama, que podría devenir en tragedia y en la que acaso algunos de ellos resultarían víctimas, ya que la efervescencia amenazaba con inundar la Mansión Ejecutiva y arrasar con todo.

Ante nuestra presencia, todos los Ministros dirigieron sus miradas inquiridoras hacia mi persona. Incluso los que se encontraban sentados o acostados en las alfombras de la oficina presidencial se pusieron de pie como movidos por un resorte. Era en realidad uno de los espectáculos más deprimentes que había observado en mi vida. Al informar que venía de parte del señor Presidente de la República a entregar la renuncia que éste hacía de su cargo, la alegría y las palmadas nerviosas de esos "ilustres Ministros" se hacían sentir en mi estómago, como deseos de vomitar.

En el pequeño salón se encontraba un joven capitán del Ejército Rebelde, que creo desempeñaba sus funciones como Ayudante Militar del Ministro de la Presidencia, llamado Lupiañez. Este hombre, había peleado, haciendo la guerra contra el ejército de Batista en las montañas de Oriente, y contrariamente a los Castros, en su cuerpo había varias cicatrices. Mientras observaba la escena de regocijo de los Ministros, el capitán Lupiañez, con el cual había mantenido estrecha amistad puso una mano sobre mis hombros y me dijo palabras que no creo fáciles de olvidar: "**Si yo me pudiera haber imaginado que mi lucha en las montañas de Oriente por la libertad de Cuba, podía producir semejante espectáculo, jamás hubiera participado en todo el proceso revolucionario. Si en algo puedo serte útil, por favor me lo dices que yo estoy a tu disposición**".

Los Ministros guardaron un cobarde silencio. Era la acusación de un hombre que honestamente había luchado por hacer una Cuba libre, tanto de dictadores, como de gobernantes pusilánimes como los que contemplaba. Junto al capitán Lupiañez, salí del Despacho presidencial y me dirigí al cuarto piso donde radicaba la oficina de la Capitanía Militar del Palacio Presidencial, para solicitar del capitán Cervantes su colaboración para abandonar la Mansión Ejecutiva con la familia presidencial, toda vez que el Presidente Urrutia, antes de ir a entregar la renuncia de su cargo, me pidió que todo lo arreglara para salir esa misma noche del Palacio.

Las palabras del capitán Cervantes, en respuesta a mi solicitud fueron escuetas y bien claras. Me dijo que mientras estuviéramos en el recinto palatino junto a la familia presidencial, él nos podía garantizar que no seríamos víctimas de maltrato físico, ni que nuestras vidas estuvieran en peligro, pero cuando dejáramos los predios palaciegos, nuestras vidas corrían por cuenta propia, ya que él no nos podía facilitar una escolta para atravesar la multitud que se agigantaba por momentos.

Al regresar al tercer piso, el Presidente estaba disponiendo cuáles serían los miembros de la familia que lo acompañarían. En realidad sentí una gran tristeza, y vergüenza también, al contemplar a un hombre que había ocupado la más alta magistratura de la nación, ahora obligado a salir de lo que había constituido su hogar, como si fuera un vulgar delincuente, siendo un hombre honrado. Pensé que tal vez, el ya depuesto Urrutia, que no había querido o podido mantener a su lado ni un solo amigo, quizás en ese instante deploraba su equivocada actitud, comprobando que en el segundo piso nadie lo respaldaba, ni lo defendía, ni siquiera lo respetaban... porque había que oír las cosas que del ex-Presidente decían los Ministros...

El proceso de la destitución del Presidente de la República había terminado. Fidel Castro había triunfado en su propósito. Ganó una batalla, pero perdió una revolución. Cuba lo había perdido todo, su democracia y con ella su libertad. Había caído en las garras del comunismo.

Sólo faltaba que Urrutia pudiera salir del Palacio Presidencial acompañado de su familia, ya que la jauría inhumana que estaba afuera, se había enardecido hasta el frenesí, después de oír la andanada de insultos y obscenidades del "abominable hombre de las barbas," quien, como fiera en su cubil, aullaba desaforadamente.

El cuadro que se nos presentaba no podía ser peor. Todos los que permanecíamos leales a Urrutia no sumábamos diez personas y las únicas armas que poseíamos eran algunos revólveres calibre 38 y algunas pistolas calibre 45. Bien poco podíamos lograr, pero el problema era salvar la vida del Presidente, para que él después, pudiera denunciar todo lo que había sucedido esa trágica noche en el Palacio Presidencial.

Mi recomendación fue que solamente el Presidente saliera de Palacio durante la madrugada y después, al día siguiente, su esposa, hijos y suegra no tendrían mucha dificultad para reunirse con él. Urrutia me dijo terminantemente que junto a él, partirían su esposa Esperanza y sus hijos Jorge y Alejandro. Que su pequeña hija Victoria Esperanza y su suegra permanecerían en la Mansión Ejecutiva. Me preguntó si mi esposa permanecería esa noche en el Palacio Presidencial y si podía hacerlo, que acompaña a su hija y a su suegra. Yo no había consultado con mi esposa sobre lo que ella iba a determinar, pues siendo norteamericana no pensaba que le prohibieran la salida de la Mansión Ejecutiva. Ella simplemente me dijo que cumpliera con lo que yo creía que era mi obligación y que tratara de que Urrutia pudiera salir con vida e ileso, y que después nos reuniríamos para decidir los futuros acontecimientos, decidiendo ella permanecer en el tercer piso con el resto de la familia presidencial. Esto se lo informé a Urrutia y él me dijo que en cuanto tuviéramos hecho todos los arreglos para partir se lo avisáramos.

Me reuní con el pequeño grupo que quedábamos para trazar la estrategia a seguir. Entre todos decidimos, que lo mejor sería que Urrutia saliera por la inmensa puerta que daba a la Avenida de las Misiones, toda vez que nadie se podía imaginar que dicha puerta sería abierta, por no ser utilizada frecuentemente.

Los pocos amigos que estaban dispuestos a luchar por salvar la vida del Presidente se situaron en los lugares mas convenientes del primer piso. A uno de mis amigos, Orlando Pedroso, hoy exiliado y residente en la ciudad de Nueva York, que había sido uno de mis ayudantes en las funciones oficiales del Palacio, le informé que en el momento que le avisara se dirigiera a los garajes de la Mansión Ejecutiva y ordenara que los automóviles presidenciales número uno y dos, encendieran los motores, porque el Presidente Urrutia y su familia se disponían a salir. Al mismo tiempo, con unos pocos de los que habían permanecido leales al presidente y que eran miembros del Servicio Secreto de Palacio, logramos apostar dos automóviles en el semi-círculo que forma la entrada del palacio, estando protegido de la vista por el propio edificio que formaba una concha para facilitar la entrada de los Embajadores extranjeros.

Antes de salir, decidí dirigirme en una última gestión, a las habitaciones que ocupaban los Ayudantes Militares del Presidente de la República. Allí me encontré únicamente al capitán César Gajate de la Marina de Guerra. Sin muchos rodeos, le informé de la situación y de la necesidad de que me acompañara a tratar de sacar a la familia presidencial y ponerla a salvo. Siempre recordaré la posición que mantuvo el capitán Gajate. Sin un instante de vacilación, me dijo que estaba a disposición de Urrutia, sin importarle las consecuencias que le deparara su actitud. El capitán Gajate daba una demostración de lo que era el verdadero honor, no solamente el militar, sino el concepto de honor de un hombre honrado y valiente.

Inmediatamente le expuse los detalles del plan y nos dirigimos a las habitaciones de Urrutia, que ya se encontraba listo para abandonar la mansión palatina. Le advertí a Orlando Pedroso que comenzara a desarrollar la parte del plan que le correspondía. Dirigiéndose al cuarto que ocupaba la escolta militar del Presidente, le informó que diera órdenes de preparar los automóviles para que él y su familia salieran del Palacio. Cuando se abrieron las puertas del garaje, que están en la calle Monserrate y frente a la iglesia "El Ángel", la multitud se arremolinó frente a las mismas, gritando desaforadamente **"a colgar a los traidores"**. La misma escolta que había sido del Presidente, hizo que la multitud se apartara para que los automóviles pudieran pasar apenas llegara la familia presidencial.

Al mismo tiempo que esto sucedía, bajamos por el elevador privado del Presidente Urrutia, su esposa Esperanza, sus hijos Jorge y Alejandro, el amigo y compañero Juan Jaraique y a mi lado, frente a la puerta del elevador, el Capitán Gajate.

Esa parte del recinto palaciego se había mantenido prácticamente sin luz, ya que en ese lugar comienzan las escaleras de mármol que conducen al Salón de Recepciones que generalmente se encuentran sin mucha iluminación, con la excepción de cuando se realizaban actos oficiales y ceremonias de presentación de credenciales de embajadores extranjeros. Situados en diferentes posiciones se mantenían alertas unos pocos dispuestos a vender caras sus vidas si el plan fracasaba.

Junto al capitán Gajate, me dirigí y abrí el inmenso portón de hierro, dejando únicamente una pequeña abertura por la cual pudieran pasar la familia presidencial y los que acompañarían a la comitiva. Apresuradamente todos penetraron en los dos automóviles, que sin encender las luces, emprendieron veloz carrera hacia la Avenida de las Misiones, para desde allí dirigirse al pueblo de Bauta, a una residencia en la cual permanecerían hasta tanto se decidiera el futuro inmediato.

Cuando la multitud se dio cuenta del engaño, trataron de correr hacia el lugar en el cual el Presidente había tomado los automóviles. Con gran esfuerzo, los que nos habíamos quedado para cubrir cualquier percance o emergencia, cerramos apresuradamente la inmensa puerta, justo al tiempo que llegaban los primeros "valientes" que pretendían derribarla, cerrando toda posibilidad de penetrar en el Palacio Presidencial.

De nuevo me dirigí al tercer piso para comunicarles a los que esperaban, que la familia presidencial había logrado salir ilesa y se encaminaba hacia un seguro lugar de refugio.

Eran las primeras horas de la madrugada cuando me dirigí nuevamente al segundo piso para comunicarles que el Presidente y su familia habían salido de la Mansión Ejecutiva y ˙solicitar un permiso o autorización para que los otros miembros de la familia presidencial, que aún permanecían en las habitaciones del tercer piso, pudieran regresar a sus respectivos hogares, especialmente la madre del Dr. Urrutia. Al llegar a las oficinas del Consejo de Ministros, se me informó que Osvaldo Dorticós Torrado había sido designado Presidente de la República y que deseaba verme inmediatamente.

Penetré en el despacho que hasta pocas horas antes le había pertenecido a Urrutia. Allí estaba Dorticós, tratando diferentes asuntos con los Ministros y conversando sobre los acontecimientos. Cuando me acerqué, éste le pidió a sus nuevos colaboradores, que habían sido sus compañeros de Gabinete, que nos permitieran conversar en privado. Me pidió información sobre los últimos momentos y la forma en que se habían desarrollado. En forma escueta, le informé que Urrutia y su familia inmediata no se encontraba ya en el Palacio Presidencial, cosa ésta que ya le habían informado. Le pedimos que se comunicara con la Casa Militar para que autorizara la salida de algunos empleados, amigos y familiares de Urrutia que se encontraban en el tercer piso, a lo que accedió inmediatamente, comunicándose con el capitán Cervantes y dándole instrucciones al respecto.

Seguidamente le informé de la necesidad de retirar de las habitaciones privadas, que ocupaba Urrutia con su familia, todas las pertenencias y propiedades que poseían y al mismo tiempo un tipo de salvo conducto para que la suegra y la hija menor del depuesto presidente, al igual que mi esposa, pudieran retirarse del Palacio en las primeras horas de la mañana. En esos momentos le expliqué a Dorticós, que conforme él conocía, yo tenía presentada mi renuncia a los cargos que ostentaba desde el 30 de junio pasado, pero que deseaba unos días para entregar todos los valores y dineros que estaban bajo mi custodia, que esto lo haría únicamente con la certificación y la presencia de los miembros del Tribunal de Cuentas de la nación, que serían los responsables de confirmar que todo se encontraba en perfecto orden.

En esos momentos, Dorticós se levantó de su butaca frente al escritorio y se sentó en uno de los pequeños sofás que hay en el despacho, invitándome a que me sentara junto a él. Dorticós se veía cansado, posiblemente la tensión desde las horas de la madrugada del día anterior, estaban haciendo estragos en la condición física que él padecía. Se quejaba de grandes dolores en la columna vertebral. Me dijo que conocía perfectamente todos los problemas que había atravesado y la situación que confrontaba con Bush, pero él quería hablar con Fidel Castro, pues deseaba ratificarme la confianza para que yo permaneciera en el cargo. Me manifestó que él sabía que Castro estaba extremadamente molesto por la posición que yo había tomado durante la crisis, pero en definitiva, yo era uno de los miembros fundadores del Movimiento 26 de Julio y él necesitaba personas de entera confianza en las posiciones claves dentro del Palacio Presidencial.

Le agradecí la petición que me formulaba el nuevo Presidente de Cuba, pero le expliqué que mi decisión era irrevocable y nada ni nadie me la haría cambiar. Estaba extremadamente cansado de tantos problemas y de las dificultades que se presentaban y por lo tanto deseaba tener un poco de tiempo libre para organizar mi vida y decidir qué era lo que en definitiva deseaba hacer. Muy amablemente me respondió que en cualquier momento que cambiara de opinión, tuviera presente el ofrecimiento de trabajar junto a él. Me dijo que no tendría problemas en extraer todas las pertenencias del doctor Urrutia y podría hacerlo a mi comodidad. Después de esos momentos, invitó a entrar a Bush para darle instrucciones sobre lo que me proponía realizar.

Apenas el personaje penetró en el despacho, me pidió le entregase todas las llaves que correspondían al tercer piso, a lo cual me negué, explicándole que aún mi señora y parte de la familia de Urrutia se encontraban en las habitaciones, al igual que las pertenencias, tanto de la familia presidencial como las mías.

Dorticós, cortando la conversación que se hacía áspera, le dio órdenes a Bush para que cumpliera con mi solicitud, a lo que éste replicó que esperaba que yo pudiera liquidar todos esos problemas en las próximas 24 horas.

Prácticamente sin haber dormido, en las primeras horas de la mañana traté de encontrar una agencia de mudanzas que viniera a buscar las pertenencias de Urrutia, lo que se hizo muy difícil. La verdad es que parecía como si el pueblo de Cuba y todas sus instituciones, pequeñas y grandes, le daban un respaldo total a Fidel Castro, y veían, a los que habíamos permanecido leales a Urrutia, como traidores a la revolución. Finalmente, hicimos contacto con una agencia que se dispuso a venir a recoger las propiedades de la familia presidencial. En cuanto a la hija menor del matrimonio Urrutia, el cuñado del que había sido Presidente vino a buscarla, al igual que a la suegra, que en definitiva era su madre.

Después de esa tarea cumplida, me comuniqué con los miembros del Tribunal de Cuentas para que hicieran la revisión del presupuesto y el estado de cuentas que estaban bajo mi responsabilidad, entregando en los próximos días la Dirección

General del Palacio Presidencial y la Pagaduría General, a la persona que Dorticós había designado, que precisamente no había sido el agente Calzadilla.

El "famoso" Tribunal de Cuentas, que siempre estaba a las órdenes de Fidel Castro supervisó cuidadosamente la entrega de valores y documentos que se encontraban oficialmente bajo mi responsabilidad y custodia.

Al día siguiente de la destitución de Urrutia, la prensa, la radio, la televisión, el comercio, la industria, la banca; todas las fuerzas vivas del país; los estudiantes, los obreros, los campesinos, que comenzaban a llegar a La Habana para festejar el día 26 de julio; los colegios profesionales, el magisterio, la judicatura, en fin, SIN EXCLUSIONES, la representación del pueblo cubano, que en definitiva no era, ni podía llegar a ser nunca comunista, únicamente por la fuerza, dieron vivas nuevamente a Fidel Castro, el farsante, el apátrida, el verdadero traidor a la revolución que con la destitución del Presidente Manuel Urrutia, le abría de lleno las puertas al comunismo internacional, para él convertirse en el tirano vitalicio de la sufrida patria cubana.

Mientras tanto, ni los más capaces, ni los más doctos, ni los más iluminados, habían querido darse cuenta del grave peligro que corría la República con todas las instituciones democráticas, por el aplauso unánime y el acatamiento total que le rendían al monstruo de la perversidad, a Fidel Castro.

Ese trágico día, el 17 de abril de 1959, se cerraba definitivamente la etapa revolucionaria. Fidel Castro, con la soberbia del tirano, borraba con su gesto toda la mística del proceso revolucionario; desconocía el esfuerzo heroico de los combatientes; el dolor y el sacrificio que habían aportado los cubanos para terminar con una dictadura. Lo que Castro un día organizó, junto a los exiliados y emigrados cubanos en la ciudad de Nueva York, fundando oficialmente el Movimiento Revolucionario 26 de Julio, que sería el vehículo que llevó la revolución armada a la tierra cubana quedaba oficialmente abolido. Su gran traición, imitando al Dictador Batista, al eliminar al Presidente de la República, abría una nueva etapa de luto y dolor con su consecuencia de muerte, presidio y exilio.

Lo que Fidel Castro había realizado en esa trágica noche de la destitución del Presidente de la República, constituía la etapa final de la revolución cubana. Ese enorme y generoso esfuerzo que la generación de esa época habían realizado, recogiendo la herencia heroica de la gesta emancipadora del pasado siglo. En esta ocasión, hombres, mujeres y hasta niños, sacrificando el bienestar que pudieran haber acumulado, viviendo en tierras extrañas, pero estando seguros y protegidos, se habían dado a la tarea de reunir, con esfuerzos y enormes sacrificios, los efectivos necesarios para comenzar el duro y peligroso camino de la liberación, una vez mas, de la Patria Cubana.

La promesa, hecha en tierra extranjera, de terminar con todos los Golpes de Estado, con todos los dictadores, haciendo que la libertad y la democracia fueran en lo adelante tan saludables y vigorosas que nadie ni nada podría de nuevo destruir. Esas promesas, hizo que el pueblo cubano, respondiera presente al llamado de la revolución, que al igual que en el pasado siglo, el grito de "Libertad o Muerte" se escuchaba a través de los mares, encendiendo el patriotismo cubano y preparando a toda una generación a la generosa entrega de haciendas y vidas por la libertad de Cuba. ¡Y esa trágica noche, Fidel Castro realizaba la etapa final de la revolución cubana!

Los cubanos pensamos que con el advenimiento del nuevo año de 1959, la felicidad del pueblo estaba asegurada y la libertad nunca más volvería a estar ausente en la tierra que nuestros héroes y mártires, los de los siglos pasados y los del presente siglo, habían derramado la sangre en forma generosa para conquistarla.

De nuevo nubes de la tiranía obscurecía la Patria de Martí, Agramonte y Maceo. Una vez más, el pueblo cubano se enfrenta a un desafío el cual no puede rechazar. Lo que el tirano no piensa, ni mucho menos cree, es que Cuba, en definitiva será Libre y Soberana, de dictadores y tiranos del patio propio y explotadores y opresores del patio ajeno. La etapa final de la revolución cubana, la que comenzó un día 30 de octubre de 1955 en la ciudad de Nueva York, terminaba su proceso histórico el 17 de julio de 1959.

Pero el verdadero despertar revolucionario, comenzó al siguiente día de la gran traición de Fidel Castro. Sin vacilaciones, sin dudas, sin que el cubano deje un solo día de soñar, esperar, luchar y sacrificarse por la redención de la Patria. Treinta y ocho años no han podido eliminar, ni siquiera enfriar, el amor que sentimos por nuestra madre Patria, Cuba Eterna.

El porvenir de libertad, democracia y paz nos pertenece y lo conquistaremos. **¡De eso nadie dude!**

EPÍLOGO

Han pasado treinta y ocho años desde el día que el tirano Fidel Castro decidió dar por terminada la etapa de la revolución, idealista, martiana, generosa y sacrificada. La revolución que sería la que terminaría para siempre con los regímenes de opresión en la Patria Cubana, sirviendo de ejemplo y guía a todos los pueblos de América y del mundo, demostrando lo que una nación, amante de su historia y de la libertad, podía realizar sin esfuerzo ajeno. Fidel Castro no es solamente un tirano, sino su mayor culpabilidad radica en la traición a los ideales de todos los hombres y mujeres que sufren y luchan por un poco de pan y de libertad. Fidel Castro prometió alumbrar el faro de esperanza de todos aquellos que padecen de hambre y sufren en la opresión. Su infame traición ha representado para muchos pueblos y naciones la frustración de los que buscan un porvenir mejor, no solamente en nuestro pueblo cubano, sino todos aquellos que creyeron que en la Isla de Cuba, la Perla de las Antillas, había aparecido una estrella luminosa, al igual que veinte siglos antes, que señalaba el camino de la paz y la felicidad.

Desde los primeros momentos, la revolución empezó a empañarse con sus desafueros trágicos de venganza y de muerte. Los que habíamos participado en el proceso revolucionario, creímos firmemente que la revolución sería generosa y humana, que sabría perdonar y unir, que se había realizado para traer la felicidad y la paz a la familia cubana.

Sin que el pueblo de Cuba llegara a conocer en toda su extensión, se comenzó a asesinar a ciudadanos, culpables o no de posibles delitos cometidos, pero sin darle tiempo ni oportunidad de ser juzgados de acuerdo a los mas elementales principios de derecho humano.

Se comenzó con los que parecían tener responsabilidad con los crímenes cometidos por la dictadura de Fulgencio Batista. Se fusilaba sin piedad, sin el más mínimo sentido de justicia. Los que aplaudieron esos hechos, algunos con justificado coraje y otros como actores o simples espectadores de un circo romano, no se dieron cuenta, que lo que se iniciaba en aquellos momentos, nunca tendría final. Un tirano se alimenta solamente de nuevos atropellos, nuevas torturas, nuevos crímenes. Sus cárceles tienen que estar siempre repletas de seres humanos, viviendo en las más terribles condiciones que la historia puede imaginarse.

Después del día 17 de julio de 1959, no fueron sólo víctimas los que habían sido acusados de crímenes durante la dictadura de Batista. Las nuevas víctimas que se enfrentaban al fatídico paredón y las ergástulas castristas, provenían de la cantera revolucionaria. En definitiva, todos aquellos que demostraban o simplemente enseñaban tener y mantener una opinión propia, que no estuviera de acuerdo con el patrón establecido por los Castro, era un enemigo de la revolución.

Nadie podía tener el derecho ni siquiera de apartarse del gobierno o diferir de sus dictados. La opinión Castrista tenía que ser acatada sin vacilación, sin discusión, sin apelación. Los que se atrevían a demostrar o expresar una idea que previamente no había sido aprobada por "el gran líder", serían condenados, por lo menos al total ostracismo y mas tarde vigilados constantemente, para en definitiva ser enviados a prisiones y campos de concentración.

Y así comenzaron a caer hombres y mujeres que no aceptaban sus órdenes y dictados. Lo trágico lo constituía la cobardía de muchos de los dirigentes revolucionarios, que conocían perfectamente lo que sucedía y lo acataban con temor y sumisión.

Desgraciadamente, la mayoría de los mas destacados representantes del pueblo cubano, solo habían aprendido a decir **"Gracias, Fidel"**, **"Esta es tu casa, Fidel"** sin tener en consideración las tropelías o crímenes que éste hubiera cometido. Era triste contemplar el espectáculo de los que gritaban los lemas que el propio Castro ordenaba que se repitieran, utilizando el periódico "Revolución". Las figuras mas conocidas de la vida económica de la nación; las mas connotadas familias de la sociedad cubana; los intelectuales de mas sólido prestigio, hacían coro en sus halagos al llamado "héroe nacional de la Sierra Maestra". Se podía trazar un paralelo, entre las "notables figuras" representativas de la vida política, social, económica y religiosa del país, que en sumisa caravana e infamante comportamiento, hicieron largas líneas para felicitar al dictador Batista, después del ataque efectuado al Palacio Presidencial un día 13 de marzo de 1957, por haber el dictador salvado la vida y también haber logrado asesinar a los que tomaron parte en dicha acción, con los que después del golpe de estado del 17 de julio de 1959, cantaban alabanzas a la "ecuanimidad, inteligencia y generosidad de Fidel Castro por su actuación en la destitución del Presidente Manuel Urrutia. Las mismas figuras, el mismo comportamiento, idéntico resultado.

Fidel Castro prosiguió su carrera criminal adueñándose de todo el poder. Todo aquel que pudiera representar algo individual, se convertía en enemigo potencial de los Castros. El mismo día que el Dr. Humberto Sorí Marín, como Ministro de Agricultura, informó que había terminado de redactar la ley de la Reforma Agraria, firmó sin saberlo, su sentencia de muerte. De la misma forma, algunos meses después de la destitución del Presidente Urrutia, la lucha por el poder que se adivinaba en las fuerzas militares que representaba el comandante Hubert Matos y Fidel Castro, daría como resultado no solamente la detención y prisión por veinte años del que había sido su compañero en el Ejército Rebelde, sino que serviría de motivo para la eliminación física del hombre que el mismo Castro, sin darse cuenta, lo señaló públicamente al preguntarle demagógicamente: **"¿Voy bien, Camilo?"**, lo cual convertiría al comandante de las barbas mas largas, en héroe nacional, cosa ésta que Castro no le podía permitir ni siquiera a su hermano Raúl.

Es verdad que se hace muy difícil presentar pruebas sobre este crimen cometido por Fidel Castro, pero posiblemente, otros que continuaron a su lado, puedan también escribir "la historia íntima de la tiranía castrista", cuando llegue la oportunidad. Entonces se podrá conocer lo que muchos sabemos sin poder probar, es decir, que Castro utilizó la lucha por el poder con el comandante Matos, para enviar a la ciudad de Camagüey a Camilo Cienfuegos, como si fuera éste un policía o simple carcelero. Aún se hace absolutamente imposible creer, inclusive para los mas fervientes creyentes, que el Jefe de las Fuerzas Armadas de Cuba en la etapa revolucionaria Camilo Cienfuegos, fuera enviado a la ciudad de Camagüey para resolver el grave problema que se planteaba entre dos comandantes que luchaban denodadamente por el poder. Una vez terminada la misión de Camilo Cienfuegos se le pidió que regresara a La Habana en el avión que Fidel Castro envió para recogerlo. Dicho avión era una pequeña nave bimotor Cessna, piloteada únicamente por el Luciano Fariñas Rodríguez, el cual había sido mandado a buscar desde la provincia de Matanzas en la que se encontraba, ordenándole que regresara a La Habana y de allí se dirigiera a buscar al Comandante Cienfuegos a la ciudad de Camagüey. En el pequeño avión solamente subió el soldado Félix Rodríguez como acompañante de Camilo Cienfuegos. Incluso la noticia de la desaparición del avión Cessna con sus ocupantes, no se dio a conocer hasta dos días después, el viernes 30. El llamado comandante Juan Almeida, que actuaba como Jefe de la Fuerza Aérea, cuando no conocía ni siquiera las regulaciones para manejar un carro tirado por burros, era uno de los principales dirigentes para seguir la trayectoria del avión con la idea de localizarlo. Almeida aceptaba incondicionalmente las órdenes de Castro, y el mismo Castro, lo utilizaba diciendo que muchos no lo aceptaban por motivo de que Almeida era negro. Es decir, Castro preparó todos sus peones para realizar su juego. Inmediatamente aseguró que el hermano de Camilo Cienfuegos, se convirtiera en Ministro de Obras Públicas, siendo parcialmente analfabeto y los padres del comandante desaparecido, comenzaron a participar en el festín del reparto de poder que Castro le concedía a la familia Cienfuegos.

Desde luego, eso sólo representó una página en la historia de tropelías y crímenes de los Castro. Los suicidios y otras muertes presentadas como simples accidentes, se convirtieron en la nueva forma de eliminar a los combatientes. En esta larga lista de suicidios y accidentes la puede encabezar el que se prestó a la sustitución del Presidente Urrutia, Osvaldo Dorticós, que buscó como única salida a su vida de traiciones, el suicidio. La Ministro de Bienestar Social, la única persona del Consejo de Ministros que subió al tercer piso del Palacio Presidencial para despedirse de la familia Urrutia el día de la destitución, murió trágica y misteriosamente en un accidente en su provincia natal de Oriente, la Dra. Raquel Pérez de Miret. En esa larga lista se destaca el nombre de la mujer que desde los días del ataque al Cuartel Moncada había acompañado a Castro en todas sus andanzas revolucionarias, Haydée Santamaría, que al igual que los anteriores, buscó el suicidio como medio de salir del callejón triste en que se había situado.

En esta larga etapa de crímenes que se cometían contra los propios revolucionarios, fueron muchos los que cayeron poco a poco. Largas de condenas de prisión en las mas terribles condiciones sufrieron y aún continúan sufriendo los combatientes revolucionarios. El paredón ha sido causa común de los que lucharon por traer libertad y paz a Cuba. Otros muchos, con más suerte, hemos logrado llegar a formar parte de este exilio de más de un millón de ciudadanos.

Las protestas del pueblo de Cuba pueden catalogarse de heroicas. Los combatientes, de nuevo, antes de terminar el primer año del triunfo revolucionario, comenzaron a escalar las montañas de Cuba, tanto en la Sierra Maestra como en la Sierra del Escambray para presentar una guerra frontal contra la tiranía. Se comenzó a conspirar y una vez más, los hombres y mujeres en la peligrosa clandestinidad empezaron a realizar sabotajes, sin miedo ni claudicaciones; también los que desde las playas del exilio realizaban peligrosas incursiones de penetración y combate en la Isla esclavizada. En definitiva, todos, los que de una u otra forma se aprestaron a la desigual lucha por conquistar la libertad. Son miles de cubanos los que yacen en tierra cubana en tumbas escondidas de héroes anónimos; decenas de millares que han sufrido la prisión en las ergástulas cubanas; más de un millón que viven en un exilio extremadamente lárgo, constituyen la mejor prueba, en un mundo acobardado y pusilánime, que Cuba no muere ni se rinde.

Han sido muchos los episodios en los cuales en ocasiones, grandes núcleos de familias cubanas se han envuelto. Primero lo constituyó la salida precipitada de infinidad de seres humanos que aterrorizados por un "paredón que se ufanaba de mantenerse funcionando las 24 horas del día, en tres turnos consecutivos" buscaron la salida del territorio nacional. Más adelante, la llamada "Operación Peter Pan", que tanto dolor y lágrimas ha costado, no solamente a los padres que se separaban de sus hijos enviándolos a tierras extrañas, sino principalmente a esos miles de niños, que sufriendo lo que ellos interpretaban como el rechazo de sus propios padres, sin comprender las motivaciones que habían tenido para la triste y dañina separación, ha representado heridas muy profundas en los corazones cubanos.

Según se afincaba la revolución en el poder, el éxodo era mayor. Así Castro, primeramente catalogó a los que salían de Cuba como "gusanos"; más tarde fueron llamados "camarioqueros" por haber logrado abandonar el país por el puerto de Camarioca; finalmente los que denominaron como "marielitos" por el gesto heroico que comenzó con más de diez mil cubanos asilándose en la Embajada de la República del Perú en la ciudad de La Habana, terminando con el valiente desafío de mas de 125.000 seres humanos cruzando el peligroso Estrecho de la Florida.

Estas menciones solamente describen, en brevísimas líneas y conociendo que se omiten grandes tragedias, algunas de las realidades que ha sufrido CUBA como nación y los cubanos como pueblo. Pero serán otros los que cuenten esas historias. Otros, que al igual que yo, hayan tenido la triste oportunidad de conocer íntimamente las verdaderas causas y acciones de los sucesos que después del 17 de julio de 1959, siguieron sufriendo los ciudadanos del desdichado pueblo cubano.

Desde luego, lo más doloroso de todas las realidades, es lo que significa TREINTA Y OCHO AÑOS en la vida de una nación, de un pueblo asesinado, torturado, encarcelado y exilado que nunca podrán compensar los Castros y todos los que se han beneficiado con esos crímenes, incluyendo, desde luego, todos los cobardes gobiernos que con el silencio y apoyo, han traicionado no solamente al pueblo cubano, sino también a sus propios pueblos y todos los seres humanos de América y el mundo que han soñado y han luchado por la libertad. TREINTA Y OCHO AÑOS, en los cuáles todos esos canallas han disfrutado del poder sin límites, con crueldad y abundancia de prebendas y bienandanzas.

En definitiva, la total y verdadera historia, se conocerá cuando CUBA recobre su libertad, QUE LA RECOBRARÁ, y entonces, comenzar a construir sobre los cimientos calcinados de una nación sufrida y tiranizada por largos TREINTA Y OCHO AÑOS, la República libre y soberana que todos los verdaderos cubanos llevamos en lo más profundo de nuestros corazones. ¡ASÍ SERA!

COLECCIÓN *CUBA Y SUS JUECES*
(libros de historia y política publicados por EDICIONES UNIVERSAL):

0359-6	CUBA EN 1830, Jorge J. Beato & Miguel F. Garrido
044-5	LA AGRICULTURA CUBANA (1934-1966), Oscar A. Echevarría Salvat
045-3	LA AYUDA CUBANA A LA LUCHA POR LA INDEPENDENCIA NORTEAMERICANA, Eduardo J. Tejera
046-1	CUBA Y LA CASA DE AUSTRIA , Nicasio Silverio Saínz
047-X	CUBA, UNA ISLA QUE CUBRIERON DE SANGRE, Enrique Cazade
048-8	CUBA, CONCIENCIA Y REVOLUCIÓN, Luis Aguilar León
049-6	TRES VIDAS PARALELAS, Nicasio Silverio Saínz
050-X	HISTORIA DE CUBA, Calixto C. Masó
051-8	RAÍCES DEL ALMA CUBANA, Florinda Álzaga
0-6	MÁXIMO GÓMEZ ¿CAUDILLO O DICTADOR? Florencio García Cisneros
118-2	EL ARTE EN CUBA, Martha de Castro
119-0	JALONES DE GLORIA MAMBISA, Juan J.E. Casasús
123-9	HISTORIA DEL PARTIDO COMUNISTA DE CUBA Jorge García Montes y Antonio Alonso Avila
131-X	EN LA CUBA DE CASTRO (APUNTES DE UN TESTIGO) Nicasio Silverio Saínz
1336-2	ANTECEDENTES DESCONOCIDOS DEL 9 DE ABRIL Y LOS PROFETAS DE LA MENTIRA, Ángel Aparicio Laurencio
136-0	EL CASO PADILLA: LITERATURA Y REVOLUCIÓN EN CUBA Lourdes Casal
139-5	JOAQUÍN ALBARRÁN, ENSAYO BIOGRÁFICO, Raoul García
157-3	VIAJANDO POR LA CUBA QUE FUE LIBRE, Josefina Inclán
165-4	VIDAS CUBANAS - CUBAN LIVES.- VOL. I., José Ignacio Lasaga

205-7   VIGENCIA POLÍTICA Y LITERARIA DE MARTÍN MORÚA DELGADO, Aleyda T. Portuondo

205-7   CUBA, TODOS CULPABLES, Raul Acosta Rubio

207-3   MEMORIAS DE UN DESMEMORIADO-LEÑA PARA EL FUEGO DE LA HISTORIA DE CUBA, José R. García Pedrosa

211-1   HOMENAJE A FÉLIX VARELA, Sociedad Cubana de Filosofía

212-X   EL OJO DEL CICLÓN, Carlos Alberto Montaner

220-0   ÍNDICE DE LOS DOCUMENTOS Y MANUSCRITOS DELMONTINOS, Enildo A. García

240-5   AMÉRICA EN EL HORIZONTE. UNA PERSPECTIVA CULTURAL, Ernesto Ardura

243-X   LOS ESCLAVOS Y LA VIRGEN DEL COBRE, Leví Marrero

262-6   NOBLES MEMORIAS, Manuel Sanguily

274-X   JACQUES MARITAIN Y LA DEMOCRACIA CRISTIANA . José Ignacio Rasco

283-9   CUBA ENTRE DOS EXTREMOS, Alberto Muller

293-6   HISTORIA DE LA ODONTOLOGÍA EN CUBA. VOL.I: (1492-1898)   César A. Mena

310-X   HISTORIA DE LA ODONTOLOGÍA EN CUBA VOL.II: (1899-1940)   César A. Mena

311-8   HISTORIA DE LA ODONTOLOGÍA EN CUBA VOL.III:(1940-1958)   César A. Mena

344-4   HISTORIA DE LA ODONTOLOGÍA EN CUBA. VOL IV: (1959-1983)   César A. Mena

3122-0   RELIGIÓN Y POLÍTICA EN LA CUBA DEL SIGLO XIX (EL OBISPO ESPADA), Miguel Figueroa y Miranda

298-7   CRITICA AL PODER POLÍTICO, Carlos M. Méndez

313-4   EL MANIFIESTO DEMÓCRATA, Carlos M. Méndez

314-2   UNA NOTA DE DERECHO PENAL, Eduardo de Acha

319-3   MARTÍ EN LOS CAMPOS DE CUBA LIBRE, Rafael Lubián

320-7   LA HABANA, Mercedes Santa Cruz (Condesa de Merlín)

328-2   OCHO AÑOS DE LUCHA - MEMORIAS,
Gerardo Machado y Morales

340-1   PESIMISMO,
Eduardo de Acha

347-9   EL PADRE VARELA. BIOGRAFÍA DEL FORJADOR DE LA
CONCIENCIA CUBANA, Antonio Hernández-Travieso

353-3   LA GUERRA DE MARTÍ (LA LUCHA DE LOS CUBANOS POR
LA INDEPENDENCIA), Pedro Roig

354-1   EN LA REVOLUCIÓN DE MARTÍ,
Rafael Lubián y Arias

358-4   EPISODIOS DE LAS GUERRAS POR LA INDEPENDENCIA DE
CUBA, Rafael Lubián y Arias

361-4   EL MAGNETISMO DE JOSÉ MARTÍ,
Fidel Aguirre

364-9   MARXISMO Y DERECHO,
Eduardo de Acha

367-3   ¿HACIA DONDE VAMOS? (RADIOGRAFÍA DEL PRESENTE
CUBANO), Tulio Díaz Rivera

368-1   LAS PALMAS YA NO SON VERDES (ANÁLISIS Y
TESTIMONIOS DE LA TRAGEDIA CUBANA), Juan Efe Noya

374-6   GRAU: ESTADISTA Y POLÍTICO (Cincuenta años de la Historia
de Cuba), Antonio Lancís

376-2   CINCUENTA AÑOS DE PERIODISMO,
Francisco Meluzá Otero

379-7   HISTORIA DE FAMILIAS CUBANAS (VOLS.I-VI)
Francisco Xavier de Santa Cruz y Mallén

380-0   HISTORIA DE FAMILIAS CUBANAS. VOL. VII
Francisco Xavier de Santa Cruz y Mallén

408-4   HISTORIA DE FAMILIAS CUBANAS. VOL. VIII
Francisco Xavier de Santa Cruz y Mallén

409-2   HISTORIA DE FAMILIAS CUBANAS. VOL. IX
Francisco Xavier de Santa Cruz y Mallén

383-5   CUBA: DESTINY AS CHOICE,
Wifredo del Prado

387-8   UN AZUL DESESPERADO,
Tula Martí

392-4   CALENDARIO MANUAL Y GUÍA DE FORASTEROS DE LA
ISLA DE CUBA

393-2   LA GRAN MENTIRA, Ricardo Adám y Silva

403-3   APUNTES PARA LA HISTORIA. RADIO, TELEVISIÓN Y
FARÁNDULA DE LA CUBA DE AYER...,
Enrique C. Betancourt

407-6   VIDAS CUBANAS II/CUBAN LIVES II,
José Ignacio Lasaga

411-4   LOS ABUELOS: HISTORIA ORAL CUBANA,
José B. Fernández

413-0   ELEMENTOS DE HISTORIA DE CUBA,
Rolando Espinosa

414-9   SÍMBOLOS - FECHAS - BIOGRAFÍAS,
Rolando Espinosa

418-1   HECHOS Y LIGITIMIDADES CUBANAS. UN
PLANTEAMIENTO Tulio Díaz Rivera

425-4   A LA INGERENCIA EXTRAÑA LA VIRTUD DOMÉSTICA
(biografía de Manuel Márquez Sterling),
Carlos Márquez Sterling

426-2   BIOGRAFÍA DE UNA EMOCIÓN POPULAR: EL DR. GRAU
Miguel Hernández-Bauzá

428-9   THE EVOLUTION OF THE CUBAN MILITARY (1492-1986)
Rafael Fermoselle

431-9   MIS RELACIONES CON MÁXIMO GÓMEZ,
Orestes Ferrara

436-X   ALGUNOS ANÁLISIS (EL TERRORISMO. DERECHO
INTERNACIONAL),
Eduardo de Acha

437-8   HISTORIA DE MI VIDA,
Agustín Castellanos

443-2   EN POS DE LA DEMOCRACIA ECONÓMICA, Varios

450-5   VARIACIONES EN TORNO A DIOS, EL TIEMPO, LA MUERTE
Y OTROS TEMAS, Octavio R. Costa

451-3   LA ULTIMA NOCHE QUE PASE CONTIGO (40 AÑOS DE
FARÁNDULA CUBANA/1910-1959), Bobby Collazo

458-0   CUBA: LITERATURA CLANDESTINA,
José Carreño

459-9   50 TESTIMONIOS URGENTES,
José Carreño y otros

461-0   HISPANIDAD Y CUBANIDAD,
José Ignacio Rasco

466-1   CUBAN LEADERSHIP AFTER CASTRO,
Rafael Fermoselle

483-1   JOSÉ ANTONIO SACO ,
Anita Arroyo

479-3   HABLA EL CORONEL ORLANDO PIEDRA,
Daniel Efraín Raimundo

490-4	HISTORIOLOGÍA CUBANA I (1492-1998), José Duarte Oropesa
2580-8	HISTORIOLOGÍA CUBANA II (1998-1944), José Duarte Oropesa
2582-4	HISTORIOLOGÍA CUBANA III (1944-1959), José Duarte Oropesa
502-1	MAS ALLÁ DE MIS FUERZAS , William Arbelo
508-0	LA REVOLUCIÓN , Eduardo de Acha
510-2	GENEALOGÍA, HERÁLDICA E HISTORIA DE NUESTRAS FAMILIAS, Fernando R. de Castro y de Cárdenas
514-5	EL LEÓN DE SANTA RITA, Florencio García Cisneros
516-1	EL PERFIL PASTORAL DE FÉLIX VARELA, Felipe J. Estévez
518-8	CUBA Y SU DESTINO HISTÓRICO. Ernesto Ardura
520-X	APUNTES DESDE EL DESTIERRO, Teresa Fernández Soneira
524-2	OPERACIÓN ESTRELLA, Melvin Mañón
532-3	MANUEL SANGUILY. HISTORIA DE UN CIUDADANO Octavio R. Costa
538-2	DESPUÉS DEL SILENCIO, Fray Miguel Angel Loredo
540-4	FUSILADOS, Eduardo de Acha
551-X	¿QUIEN MANDA EN CUBA? LAS ESTRUCTURAS DE PODER. LA ÉLITE., Manuel Sánchez Pérez
553-6	EL TRABAJADOR CUBANO EN EL ESTADO DE OBREROS Y CAMPESINOS, Efrén Córdova
558-7	JOSÉ ANTONIO SACO Y LA CUBA DE HOY, Ángel Aparicio
7886-3	MEMORIAS DE CUBA, Oscar de San Emilio
566-8	SIN TIEMPO NI DISTANCIA, Isabel Rodríguez
569-2	ELENA MEDEROS (UNA MUJER CON PERFIL PARA LA HISTORIA), María Luisa Guerrero
577-3	ENRIQUE JOSÉ VARONA Y CUBA, José Sánchez Boudy

586-2   SEIS DÍAS DE NOVIEMBRE,
Byron Miguel
588-9   CONVICTO,
Francisco Navarrete
589-7   DE EMBAJADORA A PRISIONERA POLÍTICA: ALBERTINA
O'FARRILL,
Víctor Pino Llerovi
590-0   REFLEXIONES SOBRE CUBA Y SU FUTURO,
Luis Aguilar León
592-7   DOS FIGURAS CUBANAS Y UNA SOLA ACTITUD,
Rosario Rexach
598-6   II ANTOLOGÍA DE INSTANTÁNEAS,
Octavio R. Costa
600-1   DON PEPE MORA Y SU FAMILIA,
Octavio R. Costa
603-6   DISCURSOS BREVES,
Eduardo de Acha
606-0   LA CRISIS DE LA ALTA CULTURA EN CUBA - INDAGACIÓN
DEL CHOTEO, Jorge Mañach (Ed. de Rosario Rexach)
608-7   VIDA Y MILAGROS DE LA FARÁNDULA DE CUBA I,
Rosendo Rosell
617-6   EL PODER JUDICIAL EN CUBA,
Vicente Viñuela
620-6   TODOS SOMOS CULPABLES,
Guillermo de Zéndegui
621-4   LUCHA OBRERA DE CUBA,
Efrén Naranjo
623-0   HISTORIOLOGÍA CUBANA IV (1959-1980),
José Duarte Oropesa
624-9   HISTORIA DE LA MEDICINA EN CUBA I: HOSPITALES Y
CENTROS BENÉFICOS EN CUBA COLONIAL,
César A. Mena y Armando F. Cobelo
626-5   LA MÁSCARA Y EL MARAÑÓN (LA IDENTIDAD NACIONAL
CUBANA), Lucrecia Artalejo
639-7   EL HOMBRE MEDIO,
Eduardo de Acha
644-3   LA ÚNICA RECONCILIACIÓN NACIONAL ES LA
RECONCILIACIÓN CON LA LEY, José Sánchez-Boudy
645-1   FÉLIX VARELA: ANÁLISIS DE SUS IDEAS POLÍTICAS,
Juan P. Esteve

646-X   HISTORIA DE LA MEDICINA EN CUBA II
(Ejercicio y enseñanza de las ciencias médicas en la época colonial,
César A. Mena

647-8   REFLEXIONES SOBRE CUBA Y SU FUTURO,
(segunda edición corregida y aumentada), Luis Aguilar León

648-6   DEMOCRACIA INTEGRAL,
Instituto de Solidaridad Cristiana

652-4   ANTIRREFLEXIONES,
Juan Alborná-Salado

664-8   UN PASO AL FRENTE,
Eduardo de Acha

668-0   VIDA Y MILAGROS DE LA FARÁNDULA DE CUBA II,
Rosendo Rosell

676-1   EL CAIMÁN ANTE EL ESPEJO (Un ensayo de interpretación de lo
cubano), Uva de Aragón Clavijo

677-5   HISTORIOLOGÍA CUBANA V,
José Duarte Oropesa

679-6   LOS SEIS GRANDES ERRORES DE MARTÍ,
Daniel Román

680-X   ¿POR QUÉ FRACASÓ LA DEMOCRACIA EN CUBA?,
Luis Fernández-Caubí

682-6   IMAGEN Y TRAYECTORIA DEL CUBANO EN LA HISTORIA
I (1492-1902), Octavio R. Costa

683-4   IMAGEN Y TRAYECTORIA DEL CUBANO EN LA HISTORIA
II (1902-1959), Octavio R. Costa

684-2   LOS DIEZ LIBROS FUNDAMENTALES DE CUBA (UNA
ENCUESTA), Armando Álvarez-Bravo

686-9   HISTORIA DE LA MEDICINA EN CUBA III (1899 a 1909),
César A. Mena

689-3   A CUBA LE TOCÓ PERDER,
Justo Carrillo

690-7   CUBA Y SU CULTURA,
Raúl M. Shelton

702-4   NI CAÍDA, NI CAMBIOS,
Eduardo de Acha

703-2   MÚSICA CUBANA: DEL AREYTO A LA NUEVA TROVA,
Cristóbal Díaz Ayala

706-7   BLAS HERNÁNDEZ Y LA REVOLUCIÓN CUBANA DE 1933,
Ángel Aparicio

713-X   DISIDENCIA,
Ariel Hidalgo

715-6   MEMORIAS DE UN TAQUÍGRAFO,
Angel V. Fernández

716-4   EL ESTADO DE DERECHO,
Eduardo de Acha

718-0   CUBA POR DENTRO (EL MININT),
Juan Antonio Rodríguez Menier

719-9   DETRÁS DEL GENERALÍSIMO (Biografía de Bernarda Toro de
Gómez «Manana»), Ena Curnow

721-0   CUBA CANTA Y BAILA (Discografía cubana),
Cristóbal Díaz Ayala

723-7   YO,EL MEJOR DE TODOS(Biografía no autorizada del Che
Guevara), Roberto Luque Escalona

727-X   MEMORIAS DEL PRIMER CONGRESO DEL PRESIDIO
POLÍTICO CUBANO, Manuel Pozo (ed.)

730-X   CUBA: JUSTICIA Y TERROR,
Luis Fernández-Caubí

737-7   CHISTES DE CUBA,
Arly

738-5   PLAYA GIRÓN: LA HISTORIA VERDADERA,
Enrique Ros

739-3   FILOSOFÍA DEL CUBANO Y DE LO CUBANO,
José Sánchez Boudy

740-7   CUBA: VIAJE AL PASADO,
Roberto A. Solera

743-1   MARTA ABREU, UNA MUJER COMPRENDIDA
Pánfilo D. Camacho

745-8   CUBA: ENTRE LA INDEPENDENCIA Y LA LIBERTAD,
Armando P. Ribas

746-8   A LA OFENSIVA,
Eduardo de Acha

747-4   LA HONDA DE DAVID,
Mario Llerena

752-0   24 DE FEBRERO DE 1895: UN PROGRAMA VIGENTE
Jorge Castellanos

753-9   CUBA ARQUITECTURA Y URBANISMO,
Felipe J. Préstamo

754-7   VIDA Y MILAGROS DE LA FARÁNDULA DE CUBA III,
Rosendo Rosell

756-3   LA SANGRE DE SANTA ÁGUEDA (ANGIOLILLO, BETANCES
Y CÁNOVAS), Frank Fernández

760-1   ASÍ ERA CUBA (COMO HABLÁBAMOS, SENTÍAMOS Y
ACTUÁBAMOS), Daniel Román

765-2   CLASE TRABAJADORA Y MOVIMIENTO SINDICAL EN
         CUBA I (1819-1959), Efrén Córdova
766-0   CLASE TRABAJADORA Y MOVIMIENTO SINDICAL EN
         CUBA II (1959-1996), Efrén Córdova
768-7   LA INOCENCIA DE LOS BALSEROS,
         Eduardo de Acha
773-3   DE GIRÓN A LA CRISIS DE LOS COHETES: LA SEGUNDA
         DERROTA, Enrique Ros
779-2   ALPHA 66 Y SU HISTÓRICA TAREA,
         Miguel L. Talleda
786-5   POR LA LIBERTAD DE CUBA (RESISTENCIA, EXILIO Y
         REGRESO), Néstor Carbonell Cortina
792-X   CRONOLOGÍA MARTIANA,
         Delfín Rodríguez Silva
794-6   CUBA HOY (la lenta muerte del castrismo),
         Carlos Alberto Montaner
795-4   LA LOCURA DE FIDEL CASTRO,
         Gustavo Adolfo Marín
796-2   MI INFANCIA EN CUBA: LO VISTO Y LO VIVIDO POR UNA
         NIÑA CUBANA DE DOCE AÑOS, Cosette Alves Carballosa
798-9   APUNTES SOBRE LA NACIONALIDAD CUBANA,
         Luis Fernández-Caubí
803-9   AMANECER. HISTORIAS DEL CLANDESTINAJE (LA LUCHA
         DE LA RESISTENCIA CONTRACASTRO DENTRO DE CUBA,
         Rafael A. Aguirre Rencurrell
804-7   EL CARÁCTER CUBANO (Apuntes para un ensayo de Psicología
         Social), Calixto Masó y Vázquez
805-5   MODESTO M. MORA, M.D. LA GESTA DE UN MÉDICO,
         Octavio R. Costa
808-X   RAZÓN Y PASÍON (Veinticinco años de estudios cubanos),
         Instituto de Estudios Cubanos
814-4   AÑOS CRÍTICOS: DEL CAMINO DE LA ACCIÓN AL CAMINO
         DEL ENTENDIMIENTO, Enrique Ros
820-9   VIDA Y MILAGROS DE LA FARÁNDULA CUBANA. Tomo IV,
         Rosendo Rosell
823-3   JOSÉ VARELA ZEQUEIRA (1854-1939); SU OBRA
         CIENTÍFICO-LITERARIA, Beatriz Varela
828-4   BALSEROS: HISTORIA ORAL DEL ÉXODO CUBANO
         DEL '94 / ORAL HISTORY OF THE CUBAN EXODUS OF
         '94, Felicia Guerra y Tamara Álvarez-Detrell
831-4   CONVERSANDO CON UN MÁRTIR CUBANO: CARLOS
         GONZÁLEZ VIDAL, Mario Pombo Matamoros

832-2   TODO TIENE SU TIEMPO,
Luis Aguilar León
833-0   CUBA: HISTORIA DE LA EDUCACIÓN CATÓLICA 1582-
1961 (2 vols.),
Teresa Fernández Soneira
836-5   LA CIUDAD CENTENARIA EN CUBA,
Guillermo de Zéndegui
838-1   8-A: LA REALIDAD INVISIBLE,
Orlando Jiménez-Leal
840-3   HISTORIA ÍNTIMA DE LA REVOLUCIÓN CUBANA,
Ángel Pérez Vidal